此书为国家社科基金项目"新媒体环境下的海峡两岸网络新闻语篇对比研究"（项目编号：14BYY056）的最终成果，鉴定等级为良好，证书号：20201971。

海峡两岸
网络新闻语篇研究

林纲 ◎ 著

中国社会科学出版社

图书在版编目（CIP）数据

海峡两岸网络新闻语篇研究/林纲著. —北京：中国社会科学出版社，2023.12

ISBN 978-7-5227-2932-9

Ⅰ.①海… Ⅱ.①林… Ⅲ.①海峡两岸—互联网络—新闻语言—研究 Ⅳ.①G210

中国国家版本馆 CIP 数据核字（2023）第 247781 号

出 版 人	赵剑英
责任编辑	郭晓鸿
特约编辑	杜若佳
责任校对	师敏革
责任印制	戴 宽

出　　版	中国社会科学出版社
社　　址	北京鼓楼西大街甲 158 号
邮　　编	100720
网　　址	http://www.csspw.cn
发 行 部	010-84083685
门 市 部	010-84029450
经　　销	新华书店及其他书店
印　　刷	北京明恒达印务有限公司
装　　订	廊坊市广阳区广增装订厂
版　　次	2023 年 12 月第 1 版
印　　次	2023 年 12 月第 1 次印刷
开　　本	710×1000　1/16
印　　张	19
插　　页	2
字　　数	264 千字
定　　价	108.00 元

凡购买中国社会科学出版社图书，如有质量问题请与本社营销中心联系调换
电话：010-84083683
版权所有　侵权必究

新闻语言研究应自觉推动新闻语言生活的现代化

知识决定行动。人类已经进入信息时代，新闻（尤其是网络新闻）越来越深刻地影响着人类的知识构成和发展，从而也越来越深刻地制约着公众的行动目的和方式。由此，作为新闻主要载体的新闻语言，也就越来越需要我们加以深入的考察。可惜，无论在语言学界还是新闻学界，新闻语言（包括网络新闻语言）的研究，还远未获得应有的重视。

"任何研究范式都是目标、问题、方法的统一"，新闻语言研究也不例外。国内新闻语言研究，主要有两类不同的旨趣：一是从"语域"或"语体"概念出发，把新闻语言看作全民语言的一个功能变体，考察在新闻这一特定的语域中，句法、词汇、语义乃至语音具有怎样的特点，由此丰富对于一种语言的"本体研究"的认识；一种是从"场域"的概念出发，把新闻语言看作以语言实现新闻意图的过程，考察在新闻这一特定的社会活动场域中，人们是如何建构、传播与接收语言信息的，由此深化对于新闻及其背后的意识形态乃至对整个社会生活的认识。在中国学界，前一旨趣的研究未可说已经比较充分，而后一旨趣的研究却的确刚刚起步。

林纲教授的《海峡两岸网络新闻语篇研究》可以说是我国第一部比较系统地对比考察海峡两岸新闻语言，以推进两岸媒体信息交流乃至社会公众相互理解的著作。

新闻意味着公共信息的传播，可长期以来，由于地理与政治上的隔绝，海峡两岸公共信息的互相传播一向比较困难，新媒体技术的出现和发展改变了海峡两岸人们的生活方式和媒体使用方式，也为彼此的新闻信息沟通与交流开拓了新的可能。《海峡两岸网络新闻语篇研究》将网络新闻语篇视为社会性过程和结果，在自建"两岸网络新闻语篇文本语料库"的基础上，运用语料库语言学与数理统计学等手段和语篇分析、语用学、社会语言学、符号学、传播学、文体学等理论方法，对比分析了海峡两岸网络新闻语篇在语篇结构、衔接与连贯、图式选择、指示现象、隐喻运用、言语行为上的一系列特征，并由此分析网络新闻语篇文本与语境之间的社会认知作用，构建了一个多视角考察新媒体背景下两岸网络新闻话语生态世界的研究模型。

"网络新闻语篇研究"是横跨语言学、新闻学和新媒体的研究，而"海峡两岸网络新闻语篇研究"更是牵涉地缘政治、社会体制和历史文化的理论命题，具有相当高的难度。《海峡两岸网络新闻语篇研究》已经做了难能而可贵的尝试，不过也给我们提出了更多的问题：

——任何言语行为都有一定的规则，我们分析过新闻言语行为的构成性规则（胡范铸：《试论新闻言语行为的构成性规则》，《修辞学习》2006年第1期），在"自媒体时代"，新闻语言的规则是否会有变化，将发生哪些变化？

——新闻语言的基本要义是客观性，则在"后真相语境"中，新闻语言的客观性到底如何坚守，"众声喧哗"究竟是降低还是提高了新闻语言的客观性，新闻客观性的语言标记如何建立？

——传统的新闻意味着是某个特定作者专门写就的一个语篇，而在网络新闻时代，媒体新闻与读者跟帖构成了比"语篇"更大的单位"超语篇"（参见周萍《中国形象传播的"超语篇"》，学林出版社2019年版），则不同管控条件下形成的"超语篇"的意识形态到底如何解读？

——新闻都离不开特定的利益集团、特定的社群，则新闻语言研究推动不同利益集团、不同社群的互相沟通，进而推进新闻语言生活的现代化，推进人类命运共同体的构建是否可能，如何展开？

……

凡此种种，期望林纲教授，也期望更多的学人能够由此出发，继续努力，给予新的回答。

胡范铸

2020 年 8 月于上海

（胡范铸：中国修辞学会执行会长、上海市语文学会会长、华东师范大学国家话语生态研究中心首席专家、复旦大学《当代修辞学》杂志编委会主任）

目 录

绪论 …………………………………………………………（1）

第一章 海峡两岸网络新闻语篇结构 ………………………（21）
第一节 网络新闻语篇的形式要素 ………………………（22）
一 标题与电头 …………………………………………（24）
二 导读 …………………………………………………（28）
三 正文 …………………………………………………（29）
四 相关新闻 ……………………………………………（32）
第二节 网络新闻语篇的内容要素 ………………………（33）
一 网络新闻语篇内容要素组合的变体类型 …………（34）
二 网络新闻语篇变体模式分析 ………………………（45）
第三节 网络新闻语篇的事件要素 ………………………（48）
一 网络新闻语篇事件要素的变体类型 ………………（49）
二 网络新闻语篇事件要素的变体模式分析 …………（56）
本章小结 …………………………………………………（61）

第二章 海峡两岸网络新闻语篇的衔接与连贯 ……………（62）
第一节 网络新闻语篇的衔接 ……………………………（63）
一 网络新闻语篇的篇内衔接方式 ……………………（64）
二 网络新闻语篇的篇际衔接 …………………………（82）

第二节　网络新闻语篇的连贯 …………………………………（89）
　　一　网络新闻语篇连贯的外部条件 ……………………………（90）
　　二　网络新闻语篇衔接保证语篇的连贯 ……………………（100）
　本章小结 ……………………………………………………………（106）

第三章　海峡两岸网络新闻语篇的图式选择 ………………（108）
　第一节　网络新闻语篇的图式构建 …………………………（108）
　　一　图式理论简介 ……………………………………………（109）
　　二　网络新闻语篇生成运用的图式类型 ……………………（110）
　第二节　网络新闻语篇的图式解读 …………………………（123）
　　一　网络新闻语篇不同图式的解读 …………………………（124）
　　二　运用故事图式理论理解网络新闻语篇 …………………（128）
　本章小结 ……………………………………………………………（137）

第四章　海峡两岸网络新闻语篇中的指示现象 ……………（138）
　第一节　网络新闻语篇直接表达人际意义的指示语 ………（139）
　　一　人称指示 …………………………………………………（139）
　　二　社交指示 …………………………………………………（146）
　第二节　网络新闻语篇间接表达人际意义的指示语 ………（149）
　　一　时间指示 …………………………………………………（149）
　　二　空间指示 …………………………………………………（156）
　　三　语篇指示 …………………………………………………（163）
　本章小结 ……………………………………………………………（168）

第五章　海峡两岸网络新闻语篇中的隐喻运用 ……………（169）
　第一节　网络新闻语篇中的概念隐喻 ………………………（170）
　　一　概念整合理论与世界杯报道语篇 ………………………（171）
　　二　世界杯报道语篇战争隐喻的基础:相似性关系 ………（172）

三　世界杯报道语篇战争隐喻的概念整合 …………… (174)
　第二节　网络新闻语篇中的批评性隐喻 ……………………… (185)
　　一　两岸网络新闻语篇批判性隐喻的识别 ……………… (187)
　　二　两岸网络新闻语篇批判性隐喻模式的理解与解释 …… (192)
　本章小结 ……………………………………………………… (195)

第六章　海峡两岸网络新闻语篇中的言语行为 ………………… (197)
　第一节　网络新闻语篇言语行为的规则与主体 ………………… (198)
　　一　网络新闻语篇言语行为的构成性规则 ……………… (199)
　　二　网络新闻语篇的言语行为主体 ……………………… (202)
　第二节　网络新闻语篇言语行为的层次与类型 ………………… (210)
　　一　网络新闻语篇言语行为的层次 ……………………… (211)
　　二　网络新闻语篇言语行为类型对比分析 ……………… (214)
　本章小结 ……………………………………………………… (225)

第七章　海峡两岸网络新闻语篇中的互文性 …………………… (226)
　第一节　网络新闻语篇的篇内互文性 …………………………… (227)
　　一　网络新闻语篇中的转引与互文性 …………………… (228)
　　二　网络新闻语篇中的流行语与互文性 ………………… (239)
　第二节　网络新闻语篇的篇际互文性 …………………………… (245)
　　一　网络新闻宏观语篇与互文性 ………………………… (246)
　　二　网络新闻跨语篇与互文性 …………………………… (250)
　本章小结 ……………………………………………………… (255)

结语与余论 ………………………………………………………… (257)
参考文献 …………………………………………………………… (275)
附录 ………………………………………………………………… (290)
后记 ………………………………………………………………… (293)

绪　　论

共同的语言是把国家与民族密切联系在一起的重要纽带。海峡两岸的语言虽然具有高度的一致性，但由于历史隔绝，海峡两岸的政治制度、文化教育和社会生活等多方面存在较大差异，因而形成了具有明显差异的两个言语社会。近年来，随着海峡两岸在政治、经济、文化各方面交流的不断发展，两岸言语生态的交流也随之不断深入。

当前，随着科学技术的进步，新媒体得到了广泛的应用，形成了独具特色的话语语境。参与社会实践、再现社会事实、构建社会关系的新闻话语差异表现尤其明显，从新闻用语到篇章结构，从叙事策略到意识形态，无不彰显其间差异的客观存在，显现两岸社会语境的不同与主体意识表达的多样化。网络新闻语篇作为一种全新的媒体语言的承载形式，是信息时代再现世界功能、再现社会关系功能、再现社会地位与身份功能的载体形式。不同的话语形式必定有不同的意识形态功用。

新媒体时代下的两岸网络新闻话语作为信息社会生态话语的集中反映，体现时代的发展和两岸社会变化的动向。网络新闻语篇不仅是语篇类型，更是一种社会叙事。研究新媒体时代下的两岸网络新闻话语，至少有以下四个方面的意义。

一是有助于找出两岸网络新闻话语的异同，探讨其未来发展趋向。对比分析是语言学领域一种重要的科学研究方法。通过对比，我们可以分析汉语网络新闻话语在不同地区的使用特点，进而发现并洞察两岸的文化和意识形态。

二是有助于加强汉语篇章语法宏观层面的研究。运用宏观结构、修辞结构、现代图式、故事语法等语篇结构研究理论，从现代语言学的角度探讨两岸网络新闻语篇的基本结构要素状况与结构范畴规律，将在语篇宏观结构研究方面有所加强。

三是有助于丰富领域语言学新闻语篇分析的研究。探讨两岸网络新闻语篇各种变式及其发展规律，呈现两岸网络新闻不同修辞策略与叙事特色，可加强语言应用研究，促进语篇分析、语用学、新闻传播学的发展。

四是有助于语言规范与语言教学。对两岸网络新闻语篇语料的搜集与分析，可以为语言规范提供现实依据和有价值的参考。研究两岸网络新闻语篇差异的特点，可以改进阅读与写作课程的教学效果，辅助提高学生的语篇理解能力与语篇生成能力，对于汉语对外教学同样具有积极意义。

2019年8月30日，中国互联网络信息中心（CNNIC）在首都北京发布第44次《中国互联网络发展状况统计报告》（以下简称《报告》）。《报告》显示，截至2019年6月，我国网民规模达8.54亿，普及率达61.2%，较2018年底提高1.6个百分点，新增网民2598万。以上数据表明，互联网在我国正以非比寻常的速度继续向深度和广度两个维度发展，向着普及全社会的目标快速前进。互联网在我国的迅猛发展极大地带动了网络在社会各方面的应用。作为网民快速获取信息的重要工具，网络基础应用之一的网络新闻，是以网络为载体的新闻，具有多渠道、多面化、多媒体、高效快速、双向互动等特点，其使用率在80%以上。与传统媒体新闻相比，网络新闻在及时性、交互性方面具有无法比拟的优势，再加上引入语音视频等技术，受众面获得极大扩增，用户数量随着网民规模的增长而上升。《报告》显示，网络新闻用户规模达6.75亿，使用率81.4%，相比2017年底，增长率为4.3%。网络媒体的网络介质使其囊括了传统媒体新闻表现的多种手段；网络新闻媒体承载的各种意见与评论使其真正成为大众舆论交换的场所。

1994年4月，我国大陆地区开始全面接入互联网。1995年1月，《神州学人》刊物成为我国第一家网络媒体。从那时开始，我国网络媒体经历了20多年的发展，从最开始的电子版和网络版逐渐发展为独立的专业新闻网站、地方门户网站以及其他综合性网站。部分新闻网站（如新华网、人民网、中国新闻网等）拥有独家记者进行新闻采访，不再依赖传统媒体的新闻内容，甚至开始影响传统媒体的新闻报道。在这个历史时期，我国大陆地区的网络媒体事业取得了长足的发展，其中一个最直接、最突出的表现，就是网络媒体在新闻业务方面的发展与进步。

台湾地区自1991年正式成为国际互联网的一员，很快就成为全世界互联网发展最先进的地区之一。特别是其强大的硬件制造与创新实力，为台湾地区互联网发展奠定了良好基础。网络媒体在我国台湾地区称为电子报。以专业新闻为服务的网络电子报构想，在台湾地区被应用源自1995年9月中国时报系成立《中时电子报》。1998年10月第一次改版，增加了新闻图片和即时新闻，并制作了简体字版本。2000年6月再度改版，以扩大的电子报页面，提供了新闻检索和新闻专辑、生活资讯服务，并强化了互动机制。2003年6月5日，《中时电子报》又一次改版，将电子报传统的新闻网站角色提升为整合新闻、内容和服务三位一体的全新的网络平台。目前的中时网络家族共拥有电子报、中时理财网、中时娱乐网、中时科技网、中时生活网、中时旅游网、中时视频宽频、中时购物网和中时人力等网站，其中《中时电子报》设置了"家族、频道、服务、商务"四大版块。当下，台湾地区影响比较大的网络媒体除了《中时电子报》以外，还有联合新闻网、《自由时报》电子报、三立新闻网、"中央日报"网路报、东森新闻网、《中华日报》、《苹果日报》等。

网络新闻作为网民获取新闻的主要渠道之一，其发展不仅对网络媒体本身的发展与繁荣产生重大意义，而且对我国传媒业的进一步变革也有一定的影响。2006年6月，网络新闻作品被正式列入中国新闻奖的评奖范围。互联网已成为新闻传播领域最具影响力和潜在的主流媒体。新兴的网络新闻话语日益成为应用语言学研究的重要范畴。

一 本课题研究概况

本课题是对新媒体语境下的海峡两岸网络新闻话语/语篇研究，涉及的研究范围首先从两岸的话语研究出发，继而回溯两岸新闻话语/语篇研究，最后再探讨两岸的网络新闻话语/语篇研究。

（一）两岸话语研究

进入 21 世纪以来，海峡两岸的话语生态逐渐为学界所关注。但语言学界更多的研究主要针对两岸语言特别是词汇的差异。如刁晏斌（2000）较为全面地从语音、词汇、语法和表达方式入手，考察、比较、分析了海峡两岸语言应用的差异与融合。李平（2002）围绕台湾地区社会文化心理与语言使用、共同语与方言、本民族语词与外来借词等三方面，挖掘两岸词语运用差异的深层动因。蒋有经（2006）指出两岸用语词汇的主要差异类型包括同形异义、异形同义两大类，其中从其他民族语言借入的外来词现象是最为亟须解决并且差异最大的问题。造成两岸用语词汇出现差异的原因主要是社会原因，主要涉及语言政策、社会生活两方面的差别，还包括特定言语社区文化的影响与外来借词的作用等。廖新玲（2010）以《两岸现代汉语常用词典》为考察对象，综合运用定量统计和定性分析等方法，比较海峡两岸现代汉语词汇读音差异的类型，并对其进行深入分析和原因探究。李昱、施春宏（2011）在互动观念的指导下研究大陆和台湾的词语系统相互影响的方式、过程和效果，将海峡两岸的词语互动关系归纳为七种模式，将互动过程概括为三种层级，并简要探讨了海峡两岸词语互动过程中的同步现象及合力作用问题。吴礼权（2012）指出，海峡两岸两个不同的语言社会分别形成表现形式不同的"同义异序词"与"同义异构词"，但并不会影响两岸不同语言社会的语言使用者对它们的理解。张慧宇（2012）指出由于独特的历史遭遇、地缘差异以及政治上长时间的隔绝，两岸汉语使用在词汇的选择、语体和外来语的影响等方面都存在不同。姜敬槐（2013）分析了两岸常用差异词语类型，指出这些差异词语彼此间可以"互动"或"融合"。李行健（2013）对差异词界定的基础上，对两岸差异词类型进行了积极的探索。毛浩然（2013）在分析两岸对话体系核心要素的基础上，从系统论的宏观视角和语用学的微观视角全面地研究了两岸对话体系。许蕾（2013）指出，海峡两岸词语的差异类型可以从词语有无的角度来划分或词形的异同、词语的来源、词语差异的原因来划分。王立、储泽祥（2014）研究数据来自两岸大中学校实施的问卷调查，被调查词语来源认知调查结果呈现的两种状态显示两岸词语存在一定差异，指出两岸词语差异是汉语内部的差异，随着两岸互动日渐频繁，部分词语自身的印记已开始模糊并逐渐淡化，因而两岸互动是汉语词语融通最便利最经济的途径。王幼华（2016）基于我国大陆和台湾的标准词典，并参考台湾广播公司和电视台的直播新闻，希望找出海峡两岸汉语儿化词的真相，通过三方的语音比较，给出一定的解释和对策，为海峡两岸的汉语语音研究提供参考资料。纵观以上研究，学者们主要是从语言学的角度围绕语言现象的若干要素展开研究。伴随着海峡两岸各方面交流的快速发展，塑造地区形象的新闻媒体在两岸互动上扮演的角色也越来越重要，由此两岸新闻话语的研究也随之为学界所关注。

（二）两岸新闻话语研究

与两岸话语研究相比，学界涉及海峡两岸新闻话语差异的研究相对较少。这方面的研究较多停留在静态、表层的分析，主要是在微观层面上对新闻用语的词汇、语法等表层差异的分析。例如，杨必胜（1998）指出大陆和台湾的新闻用语部分存在一定的对应性，分析了两岸之间存在的七对同义词的对应关系。黄榛萱（2008）从词汇与修辞两个角度探讨了两岸新闻标题的语言使用状况及差异，认为从总的来看，两岸词汇的差异有明显缩小的态势，其中台湾地区新闻标题修辞运用的形式与数量比例,远比大陆地区丰富。杨阳(2011)从词语差异模式、词语的特殊用法、词语的融合、差异原因等方面探讨了两岸传媒语言的差异现象。张一凡(2013)从语体特点、构词及词义差异、词汇词源、词汇差异原因等方面分析两岸报刊语言的差异。文雯(2017)选择海峡两岸的主流报纸媒体《人民日报》和《中国时报》时政新闻报道中的新闻用语为主要研究对象,对比分析海峡两岸时政新闻用语,挖掘两地较有特色的时政新闻用语表达方式。谢文龙(2017)以海峡两岸电视新闻标题语言为切入点,通过比较双方电视新闻标题语言本体的差异,总结出电视新闻风格在不同社会环境中的差异,进而分析不同社会环境和语言政策对海峡两岸媒体语言使用和发展的影响,并对两岸媒体语言的使用和发展提出了建议。许蕾、李权(2019)基于台湾联合新闻网体育部门和内地人民网络体育部门近 32 万字符的语料库,采用 Biber 的多功能多维语言分析方法,运用 Antconc、Debug、Microsoft Access 等语料库处理软件,定量比较了海峡两岸体育新闻语言的标准/子比率、词汇密度和词频、覆盖率、高频词、低频词、词类分布、词长、句子长度、句类等语言特征。

我们可以看出,以上研究主要偏重两岸新闻用语(特别是报刊标题用语)的词汇使用分析,相比之下,对新闻语篇结构与新闻用语意识形态等宏观层面差异的分析比较少见,如王茜(2015)通过对海峡两岸时政新闻语篇语言运用的比较分析,揭示了不同政治体制和意识形态下语言使用的异同。

还有部分学者集中对具体个案进行研究,缺乏更为宏观、系统的整体研究。如张晓坚(2007)通过对"赠台大熊猫"事件的两岸媒体报道模式和内容的比较分析,揭示两岸媒体如何选择新闻资料,并通过哪种方式构建政治事件报道,在此基础上形成不同的媒体现实。张佳佳(2010)从海峡两岸媒体报道三鹿奶粉事件的新闻框架与主观解读出发,探讨传播学框架理论在相关新闻报道中的具体应用机制,并提出如何看待媒体之间新闻框架的异同。雷鸣(2015)以框架理论、议程设置理论等为理论指导，以内容分析法为主要研究方法，探讨两岸不同意识形态、市场环境以及政治立场对两岸主流市场化报纸关于"雾霾"这一中性议题新闻报道的影响。

传播学界主要关注语言与媒体的关系，媒体与社会、政治的关系，例如康怡（2007）选取大陆和台湾各自具有代表性和影响力的报纸《人民日报》《中国时报》作为样本，以框架理论为指导，指出两岸媒体在新闻来源、新闻形式结构上差异不显著，但在消息来源、新闻主题意义和报道对象上存在显著差异。祝克懿（2009）从新闻叙事范式的角度，比较了海峡两岸新闻风格在不同历史文化背景下的同源性，描述了社会文化因素影响下叙事范式的个体特征，并总结了新闻叙事范式与社会文化之间共同变化的规律性。黄裕峰（2011）将两岸新闻用语的差异变化与两岸关系建立关联。韩畅（2012）选取中国大陆《人民日报（海外版）》与台湾《联合报》为样本，从两家报社报道的体裁、主题与消息来源，到对海峡两岸经济合作框架协议报道的篇幅、用语语气，再到展现海峡两岸经济合作框架协议影响的特定产业领域，以及海峡两岸经济合作框架协议对两岸的实质性影响等 7 个方面进行分析，呈现由海峡两岸经济合作框架协议所折射的海峡两岸两份报纸的新闻报道框架，探寻框架理论在新闻报道中的运作机制，研究两岸新闻媒体对海峡两岸经济合作框架协议事件看法和架构的异同。陈兴中（2013）从社会背景、媒体环境、报道观念和报道方式等方面探讨了海峡两岸媒体报道同一新闻事件的差异，以及双方在各个层面开展交流与合作的可能性。翁路易（2013）借助内容分析法，分析台湾《中国时报》（支持国民党）和《自由时报》（支持民进党）八次"江陈会"的报道，探讨台湾媒体的党派立场如何影响媒体对两岸新闻的报道。周子恒（2014）在探讨新闻娱乐化现象成因、分析新闻娱乐化利弊的基础上，对比研究海峡两岸新闻娱乐化现象。

综上所述，我们不难发现，目前学界对两岸新闻话语差异的研究主要集中于报刊等传统媒体，更多停留在静态、表层的分析，或者集中于某一具体事件的报道，或者从某一视角或运用某一语言学、传播学理论开展，缺乏语篇宏观结构的研究，关注篇章语法结构并由此探讨语篇与社会评价、社会权力功能等关系的研究比较少见。

（三）两岸网络新闻话语研究

当下，海峡两岸的网络媒体发展势头正猛。相比之下，学界关注两岸网络新闻话语的研究实际上还处于附属地位，有待从质量、数量上进一步提升。吴琳琳（2008）选取两岸垂直财经网络媒体的代表和讯网和钜亨网作为比较研究的目标媒体，对比分析主要报道对象、稿件来源、报道内容、"次级债危机"的影响等方面。杨建伟（2013）指出网络等新媒体促进两岸旅游业的进一步发展升级，提升两岸经贸合作与交流，构建便捷文化通道，增进两岸文化认同有重要作用，推动开创两岸交流的新格局。王瑞琪（2013）结合新媒体的传播特点及传播学相关理论，总结两岸交流新趋势，探讨如何有效利用微博这一平台进行两岸沟通和交流，更好地减少两岸交流中产生的偏见与误解。林纲（2015）以语言模因和语篇互文性的共通之处为基础，对比分析海峡两岸网络新闻语篇所引用的社会流行语，认为两岸社会流行语与网络新闻语篇互文的过程就是流行语模因传播的过程，并指出海峡两岸网络新闻语篇引用社会流行语模因呈现互动性。

可以看出，涉及两岸网络新闻话语的研究目前还局限在表层、微观分析上；对于网络新闻语篇差异的分析，多见个案性的微观研究，系统性的宏观研究还没有发现。新媒体的迅猛发展已经让两岸的网络新闻话语扮演了越发重要的角色，这种形势要求系统探寻两岸网络新闻语篇共通与差异的对比研究成为当务之急。

二 本课题研究对象

（一）新媒体

随着科学技术的发展，移动互联网时代的兴起引发了信息传播环境的变化，一种新的媒体格局应运而生。传播媒体经历了报纸杂志、广播、电视等传统阶段，逐渐向以视频网站、论坛、微博、移动终端等的普及为标志的新媒体时代转变。以互联网为核心技术的媒体都出现了传统媒体不曾具备的一些新特点，包括互动性、虚拟性、超越时空、快速传播、超文本、海量信息等特征，尤其是互动性特征打破了原有的社会传播机制，提高了信息接收方的地位，增强了个体交流能力，使原有的传播受众具有自我传播交流的能力，演变为传播用户。与传统大众媒体不同，新技术的应用和高度互动是新媒体最显著的特征。新媒体实质上是一种数字环境，包括了所有基于数字技术支持的媒体形态。联合国教科文组织对新媒体下了这么一个定义："以数字技术为基础，以网络为载体进行信息传播的媒介。"相对于报纸、杂志、广播、电视这些传统意义上的媒体，新媒体被形象地称为"第五媒体"，是在新出现的计算机网络技术支撑体系下出现的网络传媒、数字报纸、数字杂志、移动电视、移动应用等诸多媒体形态。

传统媒体时代传播者和接收者之间的严格界限如今已经被新媒体的迅速发展所打破，这不仅宣告了互联网新时代已经到来，同时也预示着以大众化的传播主体，海量的信息内容，限时、碎片化、高速的传播形式为特点的新媒体时代的到来。在技术应用方面，数字技术的发展实现了不同媒体之间的信息交换，特别是促进了各种硬件终端的兴起。新媒体时代以其不可抗拒的参与和影响力改变着全民的生活方式、沟通方式和思维方式。在新媒体快速发展情形下，依托网络的新的交流工具和应用程式不断涌现，以计算机网络为媒介的人与人之间交流过程中产生的新媒体话语不断发展，通过电脑、手机等终端，利用网络、移动等数字技术进行交流传播的新媒体语篇大量产生并传播，催生了新闻传播模式特别是网络新闻传播模式的相应转变。新媒体时代盛行的超文本和超媒体的非线性阅读习惯给语篇结构带来了巨大的变化。新媒体的信息传递具有高度的交互性，因此语篇分析的人际意义分析已经开辟了一个更广阔的领域。网络新闻生成于新媒体时代,再现相应的社会现实与社会关系,梳理网络新闻语篇当下的传播特点,洞察网络新闻语篇未来的发展趋势,有助于我们更好地建构与反思当下媒体话语的生成与接收,理解新媒体时代的社会关系的延展。

新媒体语境赋予社会大众近乎平等的发布与传播自己声音的权利,传统媒体一统天下时代的为社会精英与权力部门掌控的话语霸权逐渐消解,话语权的主体正逐步走向民间。借助网络平台兴起的自媒体话语顺应了新媒体时代话语表达风格差异化、多样化与非主流化的潮流,顺应了新媒体时代阅读碎片化和即视感交流互动的需要,正逐步成为官方媒体话语的有益补充。

(二)语篇

"语篇"的概念涉及"话语"和"篇章",有时三者被交替使用。不同时期的学者对话语和篇章的理解各异,并未统一术语界定的标准。一般认为"话语"偏动态,重在交际对话;"篇章"以言语或书面语的形式记录语言活动,呈现的最终产物多以书面记录为主,因此相对于话语,更偏于静态。"语篇"是"话语"和"篇章"的综合体,本文的研究对象是网络新闻话语,是以音频、书面等形式记录保存的文本,因此以"语篇"统称比较客观。

语篇是一系列动态发展的语句构成的语言整体,不是一种停滞不前的语言形式,而是一种交际事件。它的研究不应局限于文本的语言结构,还要注意与文本交流相关的诸多因素。这些因素不仅包括内部因素,如文本要素的相关性、文本结构,也应该包括外部因素,例如交际情境和交际者等因素,还应包括各种因素之间的相互作用,例如交际情境如何影响或限制文本结构,传播者如何在文化、认知、亲疏关系中发生变化,以及它们如何导致语言变化形式和语篇文本结构的变化,等等。

纵观语篇语言学的发展史,中外学者对"语篇"概念的界定趋于明晰化。

早在东汉时期，王充在《论衡》中描述过"篇章"的雏形："经之有篇也，犹有章句。有章句，犹有文字也……篇则章句之大者也。"① 其后陆机等学者初步勾勒出汉语篇章学的轮廓，阐述各体文章的性质、特征、流变过程等。由此可见，中国古代学者认为句子是语篇形成的基本单位，语篇是句子的集合体，而且仅限于书面语言。

20世纪60年代前后，学界对语篇的研究侧重于语法形式，认为句子之间通过各种语法手段集结成为整体，形成语篇。这一时期倾向于从语法的角度研究语篇的结构。

韩礼德和哈桑（Halliday & Hasan, 1976）突破对语篇的静态研究，不再囿于深究语篇的结构，而是从语篇的外部形成条件，将语篇的研究投放到对其语义功能研究的领域，将语篇视为使用中的语言，是具有统一主题内容的语义单位。语篇应该是具有连贯意义的语言单位，这阐释了语篇与句子的区别并非形式上的长短，语篇也非必须具备语法衔接手段。因此，只要语义连贯完整的几个句子或一个句子就可形成语篇。

黄国文认为，"语篇一般是指一系列连续的句子或话段组成的语言整体"②。黄国文兼顾语篇研究的语法形式和意义连贯，将语法的合理性和语义的连贯性视为语篇的必备条件。

胡壮麟指出："语篇指在特定语境下不完全受句子语法约束的具有完整语义的自然语言。"③ 胡壮麟先生将语篇视为语言学的分支学科，意图凭借语言媒介的交际功能成功实施某行为。

刘辰诞、赵秀凤在前人研究基础上，将篇章定义为："连续的话段或句子构成的语言整体，是一段有意义、传达一个完整信息、前后衔接、语义连贯，且具有一定交际意图和功能的言语作品。"④ 篇章篇幅可长可

---

① 转引自丁金国《语篇特征探析》，《当代修辞学》2014年第1期。
② 黄国文：《语篇分析概要》，湖南教育出版社1988年版，第7页。
③ 胡壮麟：《语篇的衔接与连贯》，上海外语教育出版社1994年版，第1页。
④ 刘辰诞、赵秀凤：《什么是篇章语言学》，上海外语教育出版社2011年版，第3页。

短,通常由一定数量的大于句子、具有一定交际功能的语义单位组成,通过口头或书面形式表现出来。只要围绕一个核心主题,合乎语法、语义和语用连贯,并且可以实现一定的交际功效,不管这些组合在一起的语义单位表现形式怎样,都可以成为一个篇章。

综上所述,相关研究者大多从语法结构、交际功能、语义等角度界定"语篇"。只从语法结构的视角研究语篇的表面形式结构,往往会使语篇各要素间孤立、静止,疏漏语篇的交际功能;单从语义或功能角度界定"语篇"概念,又往往会疏漏语篇的语法形式结构。仅从一个角度孤立地定义"语篇"的概念,都会导致研究结果的片面化。因此,本课题借鉴唯物辩证法的精髓,将语法结构、语义和功能等角度综合、联系起来尽量全面地定义"语篇":语篇是在实现交际意图的前提下构成的符合语法规范且语义连贯的语言整体。语篇通常围绕一个特定的主题,由前后衔接且语义连贯的连续句子或话段组建。

成立完整的语篇应该具备必要的前提条件,它们相辅相成地构成语篇的统一体。德·波格然德与德莱斯勒(De Beaugrande & Dressler,1981)提出了篇章七要素:衔接、连贯、目的性、可接收性、信息性、情景性、互文性[1]。以上七个要素是形成语篇的基本条件,语篇是满足这些条件的连续话段或句子。

语篇的衔接是指在符合语法标准的前提下,连接语篇成分的表层语言关联形式。语篇的连贯是指语篇成分之间语义关联,形成完整的语义脉络。语篇的衔接涉及语篇的语法结构形式,连贯则呈现语义的顺畅传达。这两个要素侧重于语篇本体的分析,其他五个要素则侧重于语篇使用主体情况的研究。目的性表现为语篇生成者的创作意图,语篇的产生势必是生成者目的驱使的表现结果。可接收性是从语篇受众的角度出发,表现为语篇必须满足受众理解、接收的条件。信息性指语篇的内容在人

---

[1] 转引自徐赳赳《现代汉语篇章语言学》,商务印书馆2010年版,第8页。

们已知或者预测范围内的程度,语篇提供给人们的新信息越多,那么相对来说,其可读性越高,信息量越大。情景性涉及特定的语境,关注点集中于把语篇和事件情景相关联的一系列要素。互文性指语篇之间的某种联系,表现为对语篇中某些内容的理解,需要借助以往阅读过的语篇及其认知。以上五个要素体现语篇的功能特点,彰显了语篇生成到接收的动态交际功能。在这七个要素中,衔接与连贯是以语篇为中心的,其他五个要素是以使用者为中心的。前两个要素即衔接与连贯是语篇研究的核心问题,它们是语篇特征的重要内容,是实现其他特征的基本手段。衔接存在于语篇表层,是语篇的有形网络;连贯存在于语篇的底层,是语篇的无形网络。作为语篇成立与否的关键性标准,语篇的七个要素相辅相成,互相制约、互相联系,共同决定语篇交际的成败,较为全面地阐释了语篇结构与功能方面的特点。

对于语篇的认识经历了三个发展阶段,分别是从结构角度、从功能角度、从结构与功能综合角度来界定,显示学者们对语篇的认识在不断地深化。从结构角度对语篇所下的定义以语篇结构作为主要衡量要素将语篇看作"超/跨句单位",是具有自身结构的静止的语言单位,却忽略了语篇的交际要素,语篇的功能因此无法得到相应的解释。从功能角度对语篇下的定义则是按照社会交际的标准界定语篇,在一定程度上揭示了语篇某一方面的特性,但正因为如此,势必会使这一方面的特性片面化、绝对化,不能全面概括语篇。因此,我们赞成兼顾结构与功能两方面要素、全面概括语篇整体特征的界定,认为:语篇是指连续的话段或句子构成的语言整体,是一段有意义、传达一个完整信息、前后衔接、语义连贯且具有一定交际目的和功能的言语作品。一般说来,语篇是大于句子、具有一定交际功能的语义单位,或口头或书面,或短或长,无论它的体现形式是什么,只要合乎语法、语义和语用连贯,具有一个中心论题,完成一定的交际功能,就是一个语篇。在本课题的研究中,术语"语篇、篇章、话语"没有本质的区别。

作为一门还有很大研究空间的学科,语篇研究并没有形成单一而且固定的研究方法或者步骤。美国语言学家希夫林(Schiffrin,1994)列举了可以用于语篇分析研究的六种学科研究方向,包括变异分析理论、交际文化学、互动社会语言学、言语行为理论、语用学和会话分析。目前我们国家也有很多学者在语篇分析领域取得了一定的成绩,有的注重理论的探讨,有的注重将理论与实践相结合。绝大多数学者还是立足韩礼德系统功能语言学的相关理论,并尝试探索其他分析角度,如语义研究、衔接与连贯理论的运用等等,研究步骤和方法趋于完善和多样。

(三) 网络新闻语篇

网络新闻随网络时代应运而生,学界不少学者从不同角度尝试对其界定。例如中国社会科学院新闻与传播研究所研究员闵大洪认为,网络新闻是指通过互联网(Internet)发布、传播的新闻,其发布者(指首发)、转发者可以是任何社会组织机构也可以是任何个人,其途径可以是万维网(www)网站、新闻组(Usenet News)、邮件列表(Mailing list)、公告板(BBS)、网络寻呼(ICQ)等手段的单一使用或复合使用[1]。彭兰认为,网络新闻的报道对象仍然是客观世界的对象,只是其发布途径是借助网络平台,它与传统新闻对新闻规律的运用方面是一致的[2]。以上定义强调了互联网是网络新闻的传播通道以及网络新闻传播所具有的多重途径。但是,新闻传播的意义不仅在于传播,更在于传播效果,也就是受传者的接收与反馈。这些定义只是片面强调网络新闻的传播者一方必须经过互联网这一媒介发布,但却忽略了网络新闻的受传者同样要借助网络平台接收这一环节。例如由于网络的时效性更强,当前许多报纸刊登的新闻消息(以国际新闻和娱乐新闻为主)实质上是从网络上获取而直接加以登载,虽然读者从报纸上读到的这些新闻消息从源头上看也是通过互联网平台发布和传播出来的,但是他们此时看到的这些新闻毕竟

---

[1] http://www.zijin.net/blog/user1/119/archives/2005/105.shtml.

[2] 彭兰:《网络传播概论》,中国人民大学出版社2001年版,第139页。

是从报纸上获得,因此已经不能算是严格意义上的网络新闻了。钟瑛则提出,网络新闻是在互联网上传播的新近发生的、为受众所关注的信息。① 这个定义合理的一面是强调了新闻"新近发生的"和"为受众所关注"等基本特性,但是此定义将其属概念定位于"信息",这个结论有待商榷。新闻是新的信息,属于信息的一种。信息包括新闻,但信息不一定都是新闻。杜骏飞认为,网络新闻是指传受基于 Internet 的新闻信息。换句话说,网络新闻是任何传送者借助互联网平台发布或者再次发布,而任何受传者同样通过互联网平台浏览、下载、交互或传播新闻信息②。国外的学者也提出过有关网络新闻的定义,罗兰·德·沃尔克称网络新闻为"多媒体新闻",指出作为一个多媒体的报道,可以分成三个层次:第一层次只是对新闻事实进行一个比内容摘要稍微详细一点的事件叙述,这样可以让新闻受众自行决定是否需要了解更多更详细的内容;第二层次进一步将摘要层次的内容展开,让受众了解更为具体的新闻事实;第三层次允许受众借助不同途径的交流互动深入新闻报道中,这样就可以获得他们希望得到的更多的有深度的新闻报道。③

我们赞同杜骏飞(2001)的观点,认为网络新闻应该是指传播者和受传者双方都基于互联网的对新近或正在发生的事实进行的形象化报道。具体说来,它是任何传播者通过互联网发布或转发,任何受传者通过互联网接受的新闻信息。这样,我们可以明确网络新闻的基本特征:传播媒介是互联网,传播内容是新闻信息。

根据以上所述,我们认为,网络新闻语篇就是传播者和受传者双方都基于互联网的用于传受新闻事实的一系列连续的语段或句子所构成的语言整体。语篇各成分之间,在形式上是衔接(cohension)的,在语义

---

① 钟瑛:《论网络新闻的伦理与法制建设》,《新闻与传播研究》2000 年第 4 期。
② 杜骏飞:《网络新闻学》,中国广播电视出版社 2001 年版,第 44 页。
③ [美]罗兰·德·沃尔克:《网络新闻导论》,彭兰等译,中国人民大学出版社 2003 年版,第 56 页。

上是连贯（coherence）的。

　　网络新闻语篇肩负着向网络受传者（网民）表述新闻事实、传递新闻信息的特殊使命，是传播网络新闻报道的载体。网络新闻语篇作为一种语篇类型，无论是在语义上还是在语用上都是非常连贯的，作为一种非典型的交际形式，是发生在网络新闻传播者与受传者之间的一种动态过程。网络新闻语篇在其发展实践中已经形成了自身的语篇体系，有着独具的特点和规律，也有自身的语言技巧。

　　由于"新华网""人民网"与"中国新闻网"新闻的原创性与权威性，本课题所研究的大陆网络新闻语篇语料，主要来自这三家新闻网站，另外考虑到覆盖面的问题，一部分语料来自"新浪网""搜狐网""网易网""腾讯新闻网"等门户网站与"东方网""中华网""四月网""大众网""南方网""凤凰网"等综合网站，少量语料是从各种规模的网络论坛收集来的新闻语言材料和利用网络搜索工具搜索得到的新闻材料。根据影响力，台湾网络新闻语篇语料主要选自《中时电子报》、"联合新闻网"、《自由时报电子报》、"中华日报新闻网"、"三立新闻网"、"东森新闻网"、"MSN新闻网"等。

　　本课题研究试图在一个相对宽泛的范围内对网络新闻语篇进行穷尽性的调查与统计考察，在此基础上分析其动态传播过程。因此，以上语料的选择，应该能够大体满足本课题研究的需要。新闻通常包括消息、通讯、新闻分析、新闻评论等多种体裁，限于时间与精力因素，同时为了更好地深入对比海峡两岸网络新闻语篇的叙述结构的分布状况、构成规律与新闻语篇折射的价值理念与意识形态，本课题所探讨的新闻语篇仅是狭义的语篇概念，就是网络新闻中的消息报道，但不包括视频、照片、图表或图画等符号表现形式。文字、图片、语音、动画、视频等构成的多模态网络新闻语篇研究是本课题下一步努力的方向。

三　本课题研究内容、重点与难点

　　本课题是一项跨学科、涉及多个社科研究领域的项目，需要结合语篇分析、语用学、符号学、语料库语言学与新闻传播学等多门学科理论。

(一) 本课题研究内容

本课题在社会文化背景下，结合语用学、批判语言学、符号学等多门学科理论，以海峡两岸的网络新闻消息语篇为语料，构建两岸网络新闻语篇对比研究的理论框架，展开微观与宏观、表层与深层的对比研究，包括以下三个方面。

一是以定量分析为主，从微观、宏观两大视角厘清两岸网络新闻语篇各自的文本结构要素，探寻两岸网络新闻用语在篇章、句法、词汇等方面的特点，从静态与动态两个视角剖析两岸网络新闻语篇结构范畴的衔接与连贯，考察原式与变式、简单变式与复杂变式之间的转变关系及原因，对比分析两岸网络新闻语篇内部与外部两个层面的衔接问题，从现代语言学的角度深入系统地探讨两岸网络新闻语篇基本结构要素与结构范畴的生成理据。

二是依据网络新闻语篇结构的生成理据，结合具体的新闻案例，对比研究两岸网络新闻语篇，在定量分析隐喻修辞在两岸网络新闻话语事实建构与意识形态建构中运用形式与频率的基础上，考察隐喻修辞在两岸网络新闻话语建构中的功能与作用，探讨两岸网络新闻语篇的隐喻话语建构如何强化新闻的说服功能并消减差异的价值观与意识形态，揭示两岸网络新闻语篇、社会、评价与认知的多维互动过程。

三是运用互文性理论定量分析两岸网络新闻语篇的互文手法，探寻新闻热点事件两岸网络舆论的形成、发展及走向规律，借此考察语篇文本与网络互动实践之间的关系过程中生成的意义，研究网络新闻语篇和社会、评价、认知等的多维互动过程，探讨两岸网络新闻话语主观性、社会认知、社会交流与社会权力功能等隐性意义，试图发掘两岸网络新闻语篇结构与各自所反映的话语权之间的关联，揭示隐藏在两岸网络新闻语篇显性命题背后的不同意识倾向，考察网络新闻语篇结构与意识形态的关联，整合研究本课题。

（二）本课题研究的基本观点

1. 两岸网络新闻语篇同样形成微观与宏观两套语篇结构体系，大陆网络新闻语篇超链接手段运用相对较多，两岸网络新闻语篇采取何种变式，是由各自的新闻立场与意识倾向决定的。

2. 在网络新闻语篇隐喻修辞对新闻话语事实与意识形态的建构方面，无论是在形式种类上还是在使用频率上，台湾都比大陆更为丰富，生动性更强。

3. 网络新闻的互动特性为新闻话语叙述者与叙述对象带来新关系，进而影响语篇文本的声音。两岸网络新闻语篇呈现不同的话语形式，必定有不同的意识形态功用。大陆的网络新闻语篇主要表现为国家利益，台湾则更多由党派利益与商业利益驱动。

（三）本课题研究的重点

1. 收录代表性强、研究价值大的两岸网络消息语篇，标注结构范畴和语篇层级，建成网络新闻语篇语料库，并在此基础上分析网络新闻语篇结构要素种类与结构特性，进一步探讨网络新闻语篇结构的生成理据。

2. 研究网络新闻语篇意义，探讨语篇文本符号之间的关系，考察文本符号如何再现两岸社会文化，分析语篇意义是如何产生、如何互动、如何理解的，研究隐含在语篇文本符号中的意识倾向，对比两岸网络新闻话语如何通过选择新闻话题、建构共识、排斥异议来建立并维持主流价值观。

（四）本课题研究的难点

1. 台湾地区网络新闻语篇语料的获取。目前获取台湾地区新闻语料主要通过台海网、中国台湾网等新闻网站的转载，不能及时获取最新与全面的台湾地区新闻语篇信息。

2. 两岸网络新闻语篇语料选择的代表性与标注的准确率。本课题自建海峡两岸网络新闻语篇文本语料库，尽可能选择海峡两岸不同新闻网站对于同一新闻事件的新闻报道语篇，在人工标注语篇结构范畴的基础上，以定量分析为主，对比分析海峡两岸网络新闻语篇的结构范畴生成理据。

3. 两岸网络新闻语篇结构分析标准的统一。本课题侧重于定量分析，力求在客观统一的话语结构分析标准基础上，从微观和宏观两个层面阐明海峡两岸网络新闻语篇的文本结构要素，从静态和动态两个角度探寻两岸网络新闻语篇结构的表现。

4. 两岸网络新闻语篇结构类型与各自新闻意识形态之间的有机联系。本课题探讨海峡两岸网络新闻语篇文本与网络互动实践关系的生成意义，研究新闻话语、社会、评价和认知的多维互动过程，把握两岸网络新闻话语的内隐意义，试图探寻两岸网络新闻话语及其反映的话语权之间的内在关系。

四　本课题研究的方法

海峡两岸网络新闻话语的研究必将是一个跨学科、全方位的研究项目，涉及许多学科的理论和方法。研究方法的正确性直接影响研究结论的有效性。因此，有必要熟练掌握和使用研究方法，以获得有关语言使用的有用信息。对于网络新闻话语的研究，我们主要采用数据库中的实证研究方法进行定量统计，经过定量分析后得到充分解释。我们认为，只有通过实例分析才能得出科学可靠的结论。此外，我们将使用以下媒体话语分析方法。

（一）语言学与社会语言学分析法

本课题运用语言学原理的分析法主要探索媒介话语的语言特征，如两岸网络新闻语篇结构要素不同组合形成的框架结构范畴特征以及语篇的衔接手段，由此生成的媒介诠释框架。社会语言学分析法则主要关注媒介话语的语言特征与社会文化语境之间的互动关联，考察两岸同中有异的社会语境对网络新闻话语生产与理解的影响。

（二）符号学分析法

本课题运用符号学分析方法，在定量考察两岸网络新闻语篇结构特征的基础上，关注语篇生成的相关技巧或者过程，考察语篇符号之间的关系，探寻语篇符号如何再现社会文化，研究语篇意义的产生、转换、互动与理解，挖掘隐藏在语篇文本符号背后的意识形态，如两岸网络新闻话语如何通过一系列地选择新闻话题、建构共识、排斥异议，突显某些信息、忽略其他信息，隐蔽地建构现实，来建立并维持各自的主流价值观。

（三）批判分析法

本课题把一种语言学文本分析方法与一种有关语言在政治和意识形态过程中的功能的社会理论结合起来，强调媒介文本的多功能性（再现世界功能、再现社会关系功能、再现社会地位与身份功能），认为语篇文本实质上是在词汇、语法等方面进行选择的结果，是意识形态过程和语言过程的互动；比较"媒介现实"和"社会真实"，了解两岸网络新闻话语中描述不同社会群体和社会焦点事件背后折射的意识倾向，以此来评价在社会权力运作过程中两岸网络媒体的地位和立场，强调不同的话语形式背后必定有不同的意识形态所驱动。面对同一新闻事件，两岸网络新闻话语往往通过相异的叙事手段再现真实世界里的社会观念和行为，隐含地表达自己的态度，掩盖为权力利益服务的实质，以主流意识的框架化阐释社会焦点事件，从而达到影响舆论的目的。

（四）内容分析法

作为一种揭示社会事实的数据调查方法，内容分析法通过对一个现存内容进行分析而认识它所产生的联系、发送者的意图、对接收者或社会情境的影响，通过媒介内容和再现手段来描述传者相关的变量信息，描述媒介内容和再现手段的特征和趋势；比较不同新闻网站报道同一新闻信息的新闻语篇，由此分析其意识倾向；比较两岸网络媒体报道同一新闻事实之间的内容差异，比较"媒介现实"和"社会真实"之间的关系，即通过研究两岸网络媒介的报道内容和再现社会现实观念、行为的手段，考察两岸网络媒介如何对待不同阶层群体和社会热点议题，以此来评价两岸媒介与社会权力运作之间的关系。

第一章　海峡两岸网络新闻语篇结构

　　言语交际从本质上讲是社会群体之间权力关系的变相表达方式之一。任何语言的交际、使用和表达实质上都包含着交际双方社会空间和地位的相关因素，诸如年龄、性别、受教育程度、阶层、地位等，折射着双方在权力资源上的差别。

　　语篇作为言语交际的手段和结果，是基于交际决策和话语框架的大型编码产生的语言单元或者交际事件。新闻语篇的意义，不仅作为记录社会、传播信息、反映时代的一种文体，而且是创作者及其委托人实施发表见解、表明主张、说服公众等功能的社会活动的强有力工具。人们开展任何的社会实践都有功利性的特点，而新闻作为社会实践活动的代表，也必然会有其特定目的。从新闻语篇创作者角度来说，作为新闻活动的主导者，他们必然是希望通过组词排句、设定语篇结构再现新闻事件，让公众能够相信自己传播的信息进而认可自己的主张、立场，以达成共识，所以新闻发布者的目的也就是新闻的目的；从受传者的角度来说，每一个受传者都是独立的个体，带着相似的或者不同的目的接收新闻信息，对新闻传播的内容都会有自己的见解与看法，尽管如此，他们也都能够从同一则新闻语篇中汲取到自己所需要的内容，如果新闻传播者的目的和受传者的目的能够达成一致，在精神层面形成共识，这就是比较圆满的结果，也会是一场比较完美的新闻传播活动。如果新闻传播的效果和目的能够在受传者接收新闻语篇信息之后继续延续下去，并能够在一定程度上指导或者引导人们的行动,这才是新闻的最终和最高目的,也就发挥了新闻作为社会活动的作用。

第一节 网络新闻语篇的形式要素

网络新闻的表现方式不同于传统新闻,主要在于其文本具有非线性的超文本特性。网络新闻的"超文本"形式是指语篇文本的信息区块化并加以超链接。受传者可以在语篇中通过链接点进行非线性的阅读,自由决定阅读的顺序。与传统新闻不同,网络新闻文本的信息分布区块化并加以超链接,具有非线性超文本特征。网民可以在新闻语篇内部通过点击链接以非线性方式阅读文本,自主决定阅读顺序。

结构主义语言学认为,语言符号系统具有不同的层次,语言结构由若干要素从小到大按照一定的层次逐级构成。网络新闻语篇的结构成分关系是一种超越句子内部关系的一种关系,展示了网络新闻语篇的全部要素。网络新闻语篇各要素的位置并非固定不变。网络新闻作者有时会根据新闻事件的状况、时空因素、新闻价值等,有意识地调整各范畴的位置。不同的网络新闻语篇采用不同种变式,这是由语篇作者按照其委托人主观意志决定的。

网络新闻语篇形式要素是指网络新闻语篇呈现给读者的组合样式,通常包括"新闻标题"、"语篇文本"和"新闻链接"等形式元素。这些形式要素都有狭义与广义之分。广义的网络新闻标题还包括电头,语篇文本包括导语与正文,新闻链接包括关键词与文末链接。我们先来看一篇经过人工标注的网络新闻语篇:

例1-1:
【标题】台湾迎回远征军缅甸阵亡将士英灵 入祀"忠烈祠"
【电头一】2014年8月27日15:53 来源:中国新闻网

第一章　海峡两岸网络新闻语篇结构　　23

　　【电头二】中新网 8 月 27 日电【导语事件】【信源】据台湾"中央社"报道，【角色】台湾军方【时间】27 日下午【事实】迎回当年在印度、缅甸作战的中国远征军英灵牌位。

　　报道说，【事件背景】中国远征军当年在印、缅作战，死伤惨重。【主体事件】台湾方面为表彰远征军官兵的忠烈事迹，由军方成立迎灵小组。

　　8 月 24 日迎灵小组重返缅甸北部密支那主战场"招魂"，灵鹫山心道法师则邀请众多高僧于当地寺庙举行隆重的超度仪式，合力诵经，以酬慰漂泊异域 70 载的忠魂，许多侨胞也纷纷主动参加祭祀典礼，【事件评析】场面令人动容。

　　迎灵小组人员 27 日下午 1 时 30 分搭机返抵台湾，台军少将黄情捧英灵牌位入境，台军方象征性地在入境证件查验台盖章，表示英灵入境，【事件评析】典礼庄严肃穆。

　　报道说，迎灵小组也安排仪仗队，以军礼迎接英灵，随后驱车前往位于台北的"国民革命忠烈祠"，举行入祀典礼。

　　【新闻链接】
　　·台湾方面迎返缅甸中国远征军阵亡将士英灵
　　·中国远征军缅境老兵现状：健在 15 人年龄均过九旬
　　·远征军老兵：我们不害怕死亡　害怕被遗忘

　　例 1-1 是一篇包含语篇要素比较全面的网络新闻语篇。整个语篇呈现"倒金字塔结构"，新闻标题是整个新闻事件主题的高度概括，导语事件则是对新闻事件主题内容的概括，是对新闻标题内容的具体化。与新闻标题相比，导语更为详细，传达的信息更为具体；与正文相比，它的篇幅又简短得多，内容也相对概括。语篇正文部分先介绍新闻事件背景，然后按照时间顺序报道新闻事件，中间穿插对新闻事件的评析。正文之后以"远征军"为关键词链接三篇网络新闻语篇，形成具有网络特色的宏观语篇。

一 标题与电头

网络新闻语篇的标题起着特别重要的作用,其价值远远超过传统媒体新闻标题。在传播信息的同时,网络新闻实质上还与其接收者进行言语交际。在网络新闻语篇的生成过程中,为了追求时效性和其他原因,大多数网络新闻语篇并非运用所有新闻要素,极少数网络新闻甚至只有标题,形成标题网络新闻。由于新闻网站首页版面空间有限,只能允许发布新闻标题,网络新闻语篇采用标题和正文分离形式,新闻网站首页呈现为"读题化"。新闻网站的首页列有很多新闻标题,在没有上下文语境的情况下,如果希望获得更多的点击并触发更为深入的阅读,需要认真斟酌设计新闻标题。再加上网络信息纷繁复杂,网民大多是快餐式地选择和接收新闻信息。新闻标题成为读者识别新闻内容和评判新闻价值的第一个信号,也是读者决定是否要求提供深度新闻信息的首选。读者如果对新闻标题有兴趣,就会点击链接阅读语篇正文。所以网络新闻标题不仅是新闻内容的基本提示,也是新闻话语的起点。作为网络新闻多级阅读的开始,新闻标题负责引导接收者深入阅读,这是对网络新闻语篇中传播事件的高度总结。从这个意义上说,网络新闻标题应该能够传达新闻事实的基本要素,通常是对新闻事件的高度浓缩报道。我们借助 Excel 软件中的 randbetween 函数随机抽取时间为 2019 年 4 月 21 日,将所选的大陆地区与台湾地区新闻网站各自编号随机抽取,最终确定为新华网与自由时报电子报,从这两家新闻网站再利用随机函数各自选择五则网络新闻标题,共计 10 则网络新闻标题:

例 1-2:

1) 巴基斯坦采取措施加强管控与伊朗边界 防止越界袭击(新华网)

2) 青海油田启动史上面积最大山地三维地震项目(新华网)

3）<u>非洲百名青年军官代表团</u>访华（新华网）

4）<u>杭州</u>开放首批三个公共遛犬区试点（新华网）

5）<u>伊朗</u>声称查明美国在伊间谍网络 已经逮捕几十人（新华网）

6）<u>拜登</u>本周宣布参选美总统（《自由时报电子报》）

7）查获逾2吨毒品<u>越南</u>破跨国贩毒集团逮2台男（《自由时报电子报》）

8）<u>斯里兰卡</u>惊传教堂、饭店连环大爆炸 160死数百伤（《自由时报电子报》）

9）<u>美日安保</u>纳网络攻击（《自由时报电子报》）

10）<u>4艘中国海警船</u>驶入钓鱼台外围 引日本警告（《自由时报电子报》）

从以上各例可以看出，网络新闻语篇标题的主语多由人（例3、6）、国家（例1、5、7、8）、地点（例2、4）、事物（例9、10）来担当，谓语部分主要报道事件主体发生了何种行为、具有何种属性、状态等，一般不涉及时间因素。以上各例只有例6中"本周"属于指示时间因素，并非绝对时间，需要读者联系"电头"要素才能明确。电头，也被称为"消息头"，是网络新闻消息体裁的外部标志，表明播发新闻稿件的新闻单位、地点、时间，由于地点因素重要性相对较低，因此有的新闻稿件只表明新闻单位和发稿时间。例如：

例1-3：
《中国第七批赴马里维和部队全部启程》（中国新闻网，2019年5月21日22：40）

例1-4：
《北市民权东路住宅起火 疑有人受困急待救援》（三立新闻网，

2019年4月3日20：13：00）

例1-3标题中只交代了新闻主体"中国第七批赴马里维和部队"与新闻事件"全部启程"，例1-4标题出现的是新闻地点"北市民权东路住宅"与事件"起火"，事件的时间信息由新闻的"电头"要素补足。网络新闻电头的内容可多可少，多的包括新闻机构、报道地点、时间和记者；少的可以只有发稿的新闻网站。网络新闻语篇的电头一般出现在标题下方，部分电头还会出现在新闻正文开头位置，形成两个电头。电头并非新闻导语事件的构成要素，但因为它用于表示消息来源、地点、时间等，所以与新闻事件的诸要素关系密切。例如：

例1-5：

【标题】韩国瑜返台　怒批：民进党有办法让人民过好日子　我投你

【电头】联合新闻网，2019年3月28日12：12　联合报　记者杨濡嘉、刘星君/实时报导

新闻报道立足于具体的社会生活，因此要求在新闻语篇的开头部分交代绝对语境，也就是要在新闻语篇与其外部的客观世界之间建立关联，让语篇读者明确新闻所指。所以，电头的功能主要用于标明新闻稿的发出单位。这是电头的最基本功能，目的是显示消息的"身份"，同时证实消息的可靠性。例如：

例1-6：

【标题】台旅会北京办事处成立9周年　推台湾小镇旅游

【电头】2019年5月4日18：53　中时电子报　首页　两岸　旺报　吕佳蓉

上例电头中的"中时电子报、吕佳蓉"用来解释发稿单位与作者，以此承担发表新闻作品的责任，接受社会公众的监督。作为新闻事实的记录者和报道者，新闻语篇电头部分的记者承担着重要的作用。虽然他们本身并不参与新闻事实进程，但可以让读者感受新闻事件的真实性，增加新闻报道的可信度。

电头还可以为新闻事件要素提供参照，注有记者发稿的时间与地点，用来说明新闻事件发生的时间、地点等，借以传达某种信息。例如：

例 1-7：

【标题】加拿大将运回其在菲律宾的垃圾

【电头一】新华网，2019 年 5 月 3 日 13：01

【电头二】新华社<u>渥太华 5 月 2 日电</u>（记者李保东）据加拿大电视台 2 日报道，【导语】加拿大将把 60 多个装满垃圾的集装箱从菲律宾运回加拿大温哥华港。

上例具备两个电头，这是大陆部分网络新闻语篇经常采用的方式，用来交代更为全面的语境信息。电头中的"渥太华"指示发稿地点，"5 月 2 日"说明记者发稿时间，"2019 年 5 月 3 日 13：01"为新闻网站发表时间。相比较于大陆地区网络新闻语篇，台湾地区的网络新闻电头主要体现发稿单位与时间，较少说明发稿地点。例如：

例 1-8：

【标题】印度宣布 9 月登陆月球南极　探索未开发大陆

【电头】自由时报电子报　首页　即时　国际 2019 年 5 月 2 日 21：23

可以看出，例 1-8 中的电头没有说明具体的发稿地点，也没出现记者的发稿时间，只有新闻网站的发表时间。

二　导读

与传统新闻语篇相比，部分网络新闻语篇增加了"导读"要素。导读为读者提供新闻语篇核心内容，引发读者阅读新闻事实的兴趣，与报刊新闻语篇中的导语有些相仿，但其位置是在标题与新闻语篇正文之间，严格意义上来说，导读并非新闻正文的一部分。例如：

例1-9：

【导读】瑞典学者解读，瑞典脉络下的民粹主义并非基于种族性。这些声称"我们瑞典人"指的是"瑞典价值"，"我们瑞典人"害怕这些价值和传统因外来文化和价值而消失、被遗忘，因而选择站出来捍卫。

【正文】反对移民的极右翼"瑞典民主党"（SD）自2010年国会大选获5.7%得票率并首次进入国会以来，支持率节节上升，在去年刚结束的大选中获得17.6%得票率，比起2014年大选增加4.6%，获得62席，稳坐瑞典第三大党宝座。

捍卫"瑞典价值"民粹之风吹到北欧

……

（选自《模范生的反叛　瑞典民粹崛起诉求"真相"》，MSN新闻网，2019年3月6日8：23）

从上例可以看出，"导读"要素揭示新闻事件最重要信息，体现语篇意义，主要适用于较长篇幅的网络新闻语篇。与传统媒体新闻相比，网络新闻的语篇大多短小精悍。我们设置2019年4月1日到2019年5月31日为考察期，对搜集的大陆地区与台湾地区网络新闻语篇编号排序，借助Excel软件中的randbetween函数选取大陆地区与台湾地区网络新闻消息语篇各500篇，发现大陆地区篇幅超过两个屏幕的新闻语篇为47篇，占9.4%；台湾地区篇幅超过两个屏幕的新闻语篇仅为31篇，占6.2%。这是由以下几方面原因造成的。

一是网络社会崇尚高效快捷。新闻网站每天都会发布海量信息，大多数网民在阅读网络新闻时不愿意滚动屏幕。他们中的大多数人只是挑选关键词、醒目的语句和有兴趣的段落，浮光掠影地浏览新闻文本；较短篇幅的新闻语篇由于其独特的主题和事件元素的集中，更有可能受到读者欢迎。这也解释了网络新闻语篇保持报刊新闻语篇传统，采用"倒金字塔结构"，把最重要、最新鲜、最能吸引受传者的新闻事实放在最前面的原因。

二是网络媒体倡导的即时性为缩短网络新闻篇幅长度提供了极大的便利。网络新闻的发布可以采用滚动报道的形式，让网民能够即时体验现场实时报道，从而将原先较长篇幅的新闻分解为若干篇新闻。

三是篇幅较长的新闻文本很容易导致读者视觉疲劳。与报纸相比，网民在屏幕上阅读网络新闻，更加费力，网络更不利于新闻事件的传播。因此，读者在新闻网站首页受到标题的吸引点击链接进入新闻正文页面，看到相对完整的"导读"要素后，就已经对新闻信息有了一般性的了解，如果还需要探寻更为完整的信息内容，可以进一步点击阅读语篇正文。对于篇幅较长的网络新闻，网络新闻编辑可以采用网络化编排，使用超链接方式将其分解为多个部分，还可以运用副标题把长篇新闻分成小部分，使用文本、图片和超文本链接碎片化，每一段只说明一个新闻事实或者新闻评析。

三 正文

网络新闻语篇正文部分陈述新闻事实，与整个语篇结构类似，通常采用"倒金字塔结构"，首先报道最重要的事实，其次报道次要的事实，依次类推。从传播内容上看，新闻正文可由"新闻事件"、"新闻背景"和"新闻评析"三个要素构成。"新闻事件"指新闻报道中的事件，传播新闻事实信息;"新闻背景"指新闻事件发生之前的相关情况;"新闻评析"是新闻语篇创作者用来评论与分析新闻事件的,其中"评论"的主观评判色彩较为明显,"分析"则通常显得相对理性客观。这三大要素在网络新闻语篇中的重要程度并不一样,它们的出现频率往往也各不相同。

在网络新闻语篇中,新闻事件是新闻话语中最重要的元素,通常由时间、地点、人物、情节、反应/后果和其他从属元素组成,简称为"事件",包括"核心事件"、"反应/后果事件"、"预告事件"与"相关事件"等。例如:

例1-10:

氹仔军营还将在5月1日和2日,向澳门广大市民和青年学生开放,预计3天将有近万人入营参观。(选自《解放军驻澳门部队举行第十六次军营开放活动》,新华网,2019年4月30日21:04)

例1-11:

香港特首林郑月娥今日(19日)上午在广州出席首届粤港澳大湾区媒体峰会,致词表示,大湾区发展将为媒体提供报导材料,政府也应该配合接受访问、响应查询,接受媒体监督,"香港记者以拼搏出名,相信会在大湾区做好丰富多彩的报导"。(选自《林郑月娥:盼港澳青年到大湾区追梦》,《中时电子报》2019年5月19日12:57)

从上面两例新闻正文内容与标题反映的新闻主题关系可以看出,例1-10发布的新闻事件属于"预告事件",例1-11则属于新闻事件中的"核心事件"。

从性质、关系、要素、时间、空间等不同角度,新闻背景可以有不同的分类,包括目前背景与过去背景,事件背景与知识背景,时间背景与地域背景,人物背景、人员背景、组织背景,直接背景与间接背景,篇内背景与篇外背景等，这些背景内容往往互相交织。例如：

例1-12：

拜登曾于1988年和2008年两度竞选美国总统，均告失败。这将是他第三度挑战入主白宫。2008至2016年，拜登在民主党总统奥巴马的两届任期内出任副总统。（选自《美国前副总统拜登宣布参加2020年大选》，新浪网，2019年4月25日18：05）

例1-13：

二战期间台中州厅未遭破坏，除北侧附属厅舍改建外，其余厅舍均采原样修复，各阶段营建成果得以原貌保存，现因其重要性及保存完整，成为日治初期参采西方新古典主义建筑风格近代之建筑典范。（选自《路思义教堂、台中州厅入列 国定古迹增至105处》，联合新闻网，2019年4月25日22：21）

可以看出，以上对新闻背景的分类并不是按照同一标准，所以不是互相排斥的，而是对同一背景在不同视角下的区分，难免存在背景"兼用"的现象。例1-12中描述的是新闻人物背景/过去背景的套叠，例1-13则属于知识背景/地域背景的交织。

新闻评析也可以从不同角度做不同的分类，包括直接评析与间接评析，内部评析与外部评析，对内评析与对外评析，事件背景评析、核心事件评析、预告事件评析，篇内评析与篇外评析等。例如：

例1-14：

吕耀东还分析称，这对日本社会来讲，"也是一个全新的时代"。平成时期，日本经济的不景气对社会影响比较大，整个社会情绪不是太高涨。而从社会角度来看，大家对"新时代能否带来新的开始"

还是有期盼的。（选自《天皇退位！日本告别"平成"，迎来"令和"》，中国新闻网，2019年4月30日17：00：06）

例1－15：

　　荷兰旅游局（Dutch Tourist Board）认为，观光客自拍风气的盛行，是因为IG的兴起。发言人范伍伦（Elsje van Vuuren）表示："10年前，来参观的大多是50岁以上的游客，但最近2年，由于IG的兴起，有越来越多千禧世代前来。我们当然非常欢迎，但请注意，进入花田是被禁止的行为。"（选自《荷兰郁金香花季开跑　游客闯花田自拍　花农痛诉心血被踩烂》，《自由时报电子报》2019年4月30日00：18）

　　与新闻背景的情况类似，以上对新闻评析要素的分类并非按照同一个标准进行，所以不是互相排斥的，而是对同一评析内容在不同视角下的区分，难免存在评析"兼用"的现象。例1－14由相关人物对核心事件进行评析，评析者与新闻事件没有直接关联，属于间接评析/外部评析。例1－15则是由新闻事件主体的上级管理部门发出的评析，属于间接评析/内部评析。

四　相关新闻

　　相关新闻通常包括与网络新闻语篇正文以外的当前新闻相关的新闻链接语篇。通常由网络新闻作者提供关键词，新闻网站编辑使用网络新闻发布系统在网站新闻数据库中搜索包含关键词的其他新闻，然后作者或网站新闻编辑者可以根据需要从系统中进一步筛选搜索结果。新闻链接部分提供与新闻事件或主题相关的背景信息和相关知识。通过引入有关类似事件的信息，相关新闻扩展并扩展了读者的阅读范围，并丰富了当前新闻语篇的内容。例如：

例 1-16：

相关新闻：

· 国民党代表拟提案　删除台湾地区领导人兼党主席规定
· 国民党 2020 初选敲定 5 家民调机构　7 月 15 日公布结果
· 国民党 2020"大选"初选　确定不纳入手机民调
· 国民党办 2020 初选参选人座谈会　3 人出席、2 人派代表

（选自《国民党办 2020 初选参选人座谈会　3 人出席、2 人派代表》，中国新闻网，2019 年 6 月 11 日 10：04）

上例语篇围绕新闻主题通过相关新闻链接诸多同类新闻语篇，为读者提供更为全面的信息。对统计的海峡两岸各 500 篇网络新闻语篇调查显示，网络新闻语篇可以没有导读要素，可以没有相关新闻要素。标题与电头、正文是网络新闻语篇必不可少的形式要素。

第二节　网络新闻语篇的内容要素

网络新闻语篇实质上是一种社会活动，是语篇作者及其委托人的一种参与社会实践的方式。语篇分析是语用主义的，涉及结构主义语言学、系统功能语言学、文体学、语用学、认知语言学、语篇语言学、社会语言学、批评语言学等。作为现代语言学学科的基础，结构主义语言学为语篇分析提供了基本条件，同时也指引了它的发展方向。对网络新闻语篇的语用分析侧重于语篇的产生和理解，首先涉及语篇的文本结构，有必要找出文本结构的要素以及这些要素如何形成语篇。文本结构指"人在认识过程中所形成的对客观事实的一种简化模式"[①]。认知主体面对变化的客观世界，通过文本结构可以掌握语篇文本中结构要素之间的组合

---

① 丁和根：《大众传媒话语分析的理论、对象与方法》，《新闻与传播研究》2004 年第 1 期。

关系,描述和把握无穷无尽的事实。从这个意义上说,对网络新闻语篇结构的分析实质上是把握作者通过网络新闻把握世界的方式,力图从作者的视角理解、阐释世界和社会。网络新闻语篇生成后,将显示为客观存在的文本。网络新闻语篇分析需要对新闻话语中使用的语言单位进行清晰、系统的描述,描述网络新闻话语的各个层次(包括词汇、语法和话语),总结网络新闻语篇结构的范畴种类、组合层次和常规程式,探寻网络新闻语篇的结构原则与结构规律。

一 网络新闻语篇内容要素组合的变体类型

娄开阳指出,所有的新闻语篇一级要素都可以分析为"新闻事件"、"新闻背景"和"新闻评析"这三个要素[①]。在不同的网络新闻语篇中,"新闻事件""新闻背景""新闻评析"这三种要素的重要程度并不一样,它们的出现频率也各不相同。根据排列组合,这三种新闻要素一共具有以下 15 种组合形式。我们统计了上文提及的海峡两岸各 500 篇网络新闻语篇,各种变体模式出现的具体情况分布如下。

(一)事件

这类网络新闻语篇通篇只有新闻事件要素。例如:

例 1-17:

【主体事件】共同社 22 日报导,日本神奈川县横须贺市 22 日发布消息称,部署在美海军横须贺基地的核动力航母里根号于当天从基地港口启航。

报导指出,为执行对周边海域实施警戒的长期航海任务,里根号将与以岩国空军基地(山口县)的舰载机汇合,在九州岛附近的太平洋上开展反复触舰起降的航母舰载机起降资格认证训练(CQ)。

---

① 娄开阳:《现代汉语新闻语篇的结构研究》,世界图书出版公司 2008 年版,第 45 页。

(选自《美核动力航母里根号　驶离日本准备军演》,《中时报电子报》2019 年 5 月 22 日 17：56)

如同上例这样只报道新闻事件的语篇大多属于新闻快讯,通常一事一讯,内容单一,新闻记者为了迅速、及时地报道国内国际的重大事件,以报道事件为核心目的。统计显示,这种变体模式在我们调查的大陆地区 500 篇网络新闻语篇中有 119 篇,占比 23.8%；在台湾地区 500 篇网络新闻语篇中有 105 篇,占比 21%。这体现了新媒体时代下新闻时效的重要性。

(二) 事件 + 背景

网络新闻语篇先后出现新闻事件与新闻背景两种要素。例如：

例 1 – 18：

综合韩国媒体报道,【主体事件】5 月 24 日,一艘驱逐舰在索马里海域执行反海盗任务后,返回韩国,但在进行庆祝仪式时发生严重事故,造成一名韩国海军军官死亡,四人受伤。据韩联社报道,【目前背景】事故发生在上午 10 点 15 分,当时在韩国南部港口镇海海军基地口举行了欢迎仪式,庆祝这艘在索马里附近的亚丁湾海域执行护航和反海盗任务长达 6 个月的战舰返回本国。(选自《韩国军舰返航庆祝仪式乐极生悲,绳索断裂导致一死四伤》,环球网,2019 年 5 月 24 日 17：13)

这样的网络新闻语篇往往出现在新闻事件出现以后,随着时间的推移,事件背景因素逐渐为人所知,新闻记者为了更加全面地报道,于是添加各种新闻背景要素。统计显示,这种变体模式在我们调查的大陆地区 500 篇网络新闻语篇中有 143 篇,占比 28.6%；在台湾地区 500 篇网络新闻语篇中有 113 篇,占比 22.6%。

(三) 事件 + 评析

网络新闻语篇先后出现新闻事件与新闻评析两种要素。例如：

例 1-19：

　　据《CNN》报导，【主体事件】加拿大埃布尔达省的洽克艾格溪（Chuckegg Creek）燃起野火，火势已经延烧 2 天，蔓延超过 800 平方公里，5000 多名民众被迫离家避难。【间接评析】官方表示，"这只是另一次野火自燃引起失控森林大火的案件"，但埃布尔达省省长康尼（Jason Kenney）表示，这次的火灾指数达 6 为最高，意即火灾在森林间扩散的速度非常快。（选自《加拿大埃布尔达森林大火　延烧 2 天超过 5 千人逃难》，《自由时报电子报》2019 年 5 月 22 日 21：22）

　　新闻事件结果落实之后，逐渐会出现各种各样的评论与分析，因此如同例 1-19 的新闻报道语篇通常会比前两种图式新闻语篇滞后一段时间。统计显示，这种变体模式在我们调查的大陆地区 500 篇网络新闻语篇中有 76 篇，占比 15.2%；在台湾地区 500 篇网络新闻语篇中有 86 篇，占比 17.2%。

（四）事件 + 背景 + 评析

　　网络新闻语篇依次出现新闻事件、新闻背景与新闻评析三种要素。例如：

例 1-20：

　　【主体事件】因脱欧歹戏拖棚而四面楚歌的英国首相梅伊，日前提出若国会（第四次）表决通过脱欧协议，愿意把二度脱欧公投纳入选项，掀起内阁另一波逼官跳船潮，《泰晤士报》今天报导，梅伊很可能在明天就辞职。

　　【事件背景】关于梅伊要走人的传闻流传已久，不过近日更是甚嚣尘上，力主脱欧的下议院领袖利德森 22 日愤而请辞，表示对梅伊的脱欧立场完全无法苟同。

　　【间接评析】梅伊曾表示只要她还是首相，让脱欧协议在国会过关就是她的职责，但最新提议让原本支持她的党内人士都挺不下去。

(选自《泰晤士报：英相梅伊可能明天宣布请辞》，《中时电子报》2019年5月23日22：00)

通常情况下，新闻事件曝光以后，一些背景因素才会渐渐为公众所知，等到新闻事件尘埃落定以后，相应的评论与分析也会随之出现。如同例1-20的新闻语篇集"新闻事件、新闻背景、新闻评析"三种要素于一身，而且顺序也与实际情景一致，但相应地，篇幅会比只有两种新闻要素的新闻语篇长一些。统计显示，这种变体模式在我们调查的大陆地区500篇网络新闻语篇中有103篇，占比20.6%；在台湾地区500篇网络新闻语篇中有83篇，占比16.6%。

(五) 事件+评析+背景

网络新闻语篇由新闻事件要素、新闻评析要素与新闻背景要素先后组合而成。例如：

例1-21：

据法新社华盛顿21日电，【主体事件】美国总统特朗普当天提名前驻芬兰大使、亚利桑那州女企业家巴雷特（Barbara Barrett）出任空军部长。【间接评析】特朗普推文说："她将会是出色的部长！"

【人物背景】68岁的巴雷特过去担任过律师、试飞员，曾于2008至2009年小布什执政期间出任美国驻芬兰大使，也曾在提供研究分析报告给美国军队的智库兰德公司（Rand Corporation）当过董事。

(选自《特朗普提名巴雷特出任美国空军部长》，人民网，2019年5月22日14：48：37)

与"事件+背景+评析"新闻模式类似，"事件+评析+背景"新闻模式语篇篇幅较长。不同的是，"新闻评析"要素出现在"新闻背景"要素之前,这样的安排一般出现在处于社会舆论焦点、影响较大的新闻事件报道语篇中。统计显示,这种变体模式在我们选择的大陆地区500篇网络新闻语篇中有23篇,占比4.6%;在台湾地区500篇网络新闻语篇中有31篇,占比6.2%。

(六)背景

即只有新闻背景的网络新闻模式。由于本课题关注的是狭义新闻语篇即消息语篇,因此在我们调查的大陆地区与台湾地区各500篇网络新闻语篇中,都没有出现这种变体模式,占比皆为0%。

(七)背景+事件

即由新闻背景要素与新闻事件要素先后出现的网络新闻语篇。例如:

例1-22:

【目前背景】第72届世界卫生大会(WHA)日前在瑞士日内瓦所举行,【主体事件】其世界卫生组织(WHO)成员国们,在昨(25)日正式将"电玩成瘾症"(Gaming disorder)纳入"国际疾病分类"第十一修订版(ICD-11)中,且该标准将于2022年1月1日生效。(选自《WHO正式认定"电玩成瘾"是精神疾病!患者有三种特征》,三立新闻网,2019年5月26日20:00:00)

这种网络新闻模式实质上与"先事件后背景"的新闻规律相违背,通常背景要素与事件要素往往关联非常密切或者背景要素是事件要素的目的。统计显示,这种变体模式在我们调查的大陆地区500篇网络新闻语篇中仅有6篇,占比1.2%;在台湾地区500篇网络新闻语篇中有13篇,占比2.6%。

(八)背景+评析

即只出现新闻背景要素与新闻评析要素的网络新闻模式。由于本课题关注的是狭义新闻语篇即消息语篇,因此在我们调查的大陆地区与台湾地区各500篇网络新闻语篇中,都没有出现这种变体模式,占比皆为0%。

(九) 背景+事件+评析

即新闻背景、新闻事件、新闻评析三种要素相继出现的网络新闻语篇模式。例如:

例1-23:

【过去背景】5月9日对俄罗斯人来说是神圣而庄严的一天。74年前的5月9日,苏联以牺牲2700万人的代价战胜德国法西斯,庆祝卫国战争胜利日从此走入俄罗斯历史,俄罗斯人以此来铭记英雄,铭记历史。

【近期背景】今天的莫斯科,鲜艳的红旗到处飘扬,每一座桥梁都被悉心装扮,几乎每栋建筑都插上了俄罗斯国旗。《神圣的战争》《喀秋莎》《莫斯科郊外的晚上》《斯拉夫送行曲》……穿梭在街头的车辆,披着俄罗斯国旗,高声播放着这些传唱至今的二战歌曲。

不同于往日的喧嚣,这一天的莫斯科红场上,所有人都在安静等待一场庄严的盛典——庆祝反法西斯战争胜利74周年阅兵式。

【主体事件】当红场救世主塔楼上的自鸣钟指针指向10时,钟声敲响。在军乐队演奏的《神圣的战争》伴奏下,仪仗兵迈着整齐的步伐,举着胜利旗帜和俄罗斯国旗阔步踏入红场。军鼓响起,徒步方队走过,敲击声与踏步声震颤着人们的心弦。

在场的所有人纷纷起立,向为国捐躯的英魂致敬,向胜利致敬。

……

"我们不想延续仇恨,但也不能忘记过去,"战争期间曾担任T-34坦克射手的老兵杰米扬·齐瓦列夫说,"我们经历过战争的苦难,因此深知和平来之不易,回首胜利是为了告诉人们要珍爱和平,不要让战争再次爆发。"

(选自《纪念胜利 珍爱和平——俄罗斯庆祝卫国战争胜利74

周年》，新华网，2019年5月10日11：08）

这种新闻模式可以说是由"背景+事件"模式扩展而成，一般出现社会影响较大的新闻事件报道语篇中。由于违背了"先事件后背景"的新闻规律，加上篇幅较长，所以这样的语篇数量很少。统计显示，这种变体模式在我们调查的大陆地区500篇网络新闻语篇中仅有5篇，占比1%；在台湾地区500篇网络新闻语篇中有12篇，占比2.4%。

（十）背景+评析+事件

就是新闻背景要素出现在前，新闻评析、新闻事件两种要素相继出现在后的网络新闻语篇模式。例如：

例1-24：

【过去背景】74年前5月9日，纳粹德国宣布无条件投降，第二次世界大战的欧洲战场宣告结束，在俄国，称为"卫国战争胜利纪念日"，并且成为国定假日。【近期背景】普丁上台之后，积极推动胜利日纪念活动，于是阅兵游行经常选在这一天（也会选在11月7日莫斯科会战胜利日）。【间接评析】普丁表示，胜利日是对卫国战争士兵的最好纪念，同时俄罗斯将继续发展其国防潜力，并且希望与其他国家合作打击恐怖主义、极端主义和新纳粹主义。

塔斯社报导，普丁说："俄罗斯人民知道什么是战争，正因为战争造成每个家庭的悲痛，因此我们在这天神圣地纪念参战士兵们的勇气。阅兵游行、庆祝烟火和不朽军团，正是表示我们这些晚辈对他们的致敬。"

他也提到，为了预防战争，俄国会确保武装部队的实力，加强军队的威信，士兵和军官这些国家维护者的声望，同时，俄罗斯也时时提防恐怖、新纳粹主义和极端主义，并且愿意与其他国家进行合作。

【主体事件】今年的胜利日游行并非整数年，规模不算特别盛大，但是也动员了超过1.3万名官兵参与。特别是现役的陆战武器系统依序亮相，包括T-14、T-90、T-72等现役主力战车，以及铠甲-S弹炮系统、道尔防卫系统、山毛榉飞弹、MSTA-S自走炮、白杨-S洲际飞弹等。

（选自《俄国胜利日游行 庆祝卫国战争74周年》，《中时电子报》2019年5月9日21：43）

这种模式违背了"先事件再背景后评析"的新闻规律，统计显示，这种变体模式在我们调查的大陆地区500篇网络新闻语篇中没有发现，占比0%；在台湾地区500篇网络新闻语篇中有5篇，占比1%。

（十一）评析

即只有新闻背景的网络新闻模式，这种模式其实是新闻评论。由于本课题关注的是狭义新闻语篇即消息语篇，因此在我们调查的大陆地区与台湾地区各500篇网络新闻语篇中，都没有出现这种变体模式，占比皆为0%。

（十二）评析+事件

网络新闻语篇先后出现新闻评析与新闻事件两种要素。例如：

例1-25：

【直接评析】台商回流再一桩！【主体事件】经济部投资台湾事务所今（29）日通过得力实业、和大工业、台中精机、迎广科技、半导体相关业者及工具机设备制造商6投资案。总投资金额达340亿元，可望带来超过1500个就业机会。（选自《台商回流又一批！经济部通过6厂商回台 投资金额340亿》，东森新闻网，2019年3月29日13：14）

这种模式首先出现的评析要素包括直接评析与间接评析，前者为语篇作者直接对新闻事件发表看法与意见，后者由新闻人物或者相关人物针对新闻事件所发表谈话、分析、看法与意见，实际上是新闻作者通过新闻人物发表看法。由于这种模式违背了"先事件后评析"的新闻规律，所以这样的语篇特别少。统计显示，这种变体模式在我们调查的大陆地区 500 篇网络新闻语篇中没有发现，占比 0%；在台湾地区 500 篇网络新闻语篇中仅有 3 篇，占比 0.6%。

（十三）评析 + 背景

这样的网络新闻语篇只包括新闻评析与新闻背景两种要素。由于本课题关注的是狭义新闻语篇即消息语篇，因此在我们调查的大陆地区与台湾地区各 500 篇网络新闻语篇中，都没有出现这种变体模式，占比皆为 0%。

（十四）评析 + 事件 + 背景

这种网络新闻语篇模式先出现新闻评析要素，然后依次叙述新闻事件、展现新闻背景。例如：

例 1-26：

【直接评析】又是酒驾酿祸！【主体事件】新北市树林区 48 岁张姓男子，昨日晚间 8 时许开车行经树林区中山路二段、东佳路口时，疑似未注意车前状况，不慎高速冲撞当时准备过马路的行人，造成 38 岁印度尼西亚籍男移工的头部重创，送医前一度失去呼吸心跳，所幸抢救后捡回一命，警方事后追查，发现张男的酒测值高达 0.77。

警方调查，【地域背景】该路口为"迟闭号志"，一方面通行时，对向车道则是红灯进行……

（选自《酒驾高速冲撞行人　印度尼西亚籍移工伤重昏迷》，《自由时报电子报》2019 年 5 月 27 日 14：14）

可以看出，"评析 + 事件 + 背景"新闻模式不同于"先事件再背景后评析"的新闻基本规律。统计显示，这种变体模式在我们调查的大陆地区 500 篇网络新闻语篇中没有发现，占比 0%；在台湾地区 500 篇网络新闻语篇中仅有 3 篇，占比 0.6%。

（十五）评析+背景+事件

这种变体模式先出现新闻评析要素，然后依次展现新闻背景、叙述新闻事件，其中的背景要素往往是引发主体事件的原因或者目的。例如：

例 1-27：

【直接评析】穿越马路，你会注意竖立在马路旁边的禁止、警告标志吗？【事件背景】就是因为一般人对交通号志视而不见，意外频发，【主体事件】厦门市在重要的交通枢纽海翔大道，竖立起"还横穿马路！被撞就死翘翘"、"你横穿马路，家人医院等你"、"你丑你穿行！"等告示牌，果然引起注意。（选自《"被撞死翘翘"厦门交通号志牌骂人直白有效》，联合新闻网，2019 年 5 月 11 日 13：17）

这样的新闻模式违背了"先事件再背景后评析"的新闻基本规律，主要用于借助评析唤起读者兴趣，再说明事件原因即背景，最后再具体描述事件。统计显示，这种变体模式在我们调查的大陆地区 500 篇网络新闻语篇中仅有 1 篇，占比 0.2%；在台湾地区 500 篇网络新闻语篇中仅有 4 篇，占比 0.8%。

（十六）复杂的变体模式

除了以上十五种基本模式，还有更为复杂的变体模式，例如下面两例：

例 1-28：

【直接评析】美国与伊朗关系激化，【主体事件】美国总统川普 24 日宣布，中东地区将增加部署 1500 人部队，同时美政府指出，将绕过国会审查，出售价值达 81 亿美元（约新台币 2550 亿元）武器给沙特阿拉伯及其他阿拉伯盟友,【间接评析】川普称这些举措都是基于"保护"性质,意在恫吓伊朗威胁。

【主体事件】美国总统川普 24 日宣布,将在中东增兵 1500 名士兵,【间接评析】不过专家认为此次在中东增兵的规模其实算小,因为当中 600 人实际上属于爱国者飞弹部队,所以真实的增兵数量仅有 900 人。

(选自《威胁升级!美中东增兵 1500 人、军售逾 2500 亿》,《中时电子报》2019 年 5 月 25 日 15:26)

例 1-29:

【目前背景】继派遣"林肯号"航母战斗群、轰炸机部队、两栖攻击舰及部署"爱国者"防空导弹后,【主体事件】5 月 24 日,白宫又以应对"伊朗威胁"为由,宣布将向中东增兵 1500 人;【相关事件】与此同时,特朗普宣布国家进入"紧急状态",美国政府因此得以绕过国会审议程序,向沙特和阿联酋等国紧急出售价值 81 亿美元的武器和服务。

【过去背景】此前,美国媒体透露信息称,美军将向伊朗周边增兵 12 万人,鉴于中东局势的敏感性,这一消息立即引起各方关注。虽然白宫随后辟谣,但美伊之间的紧张气氛不断升级是不争的事实。美此次增兵的规模远不及先前媒体报道,白宫也强调增兵 1500 人主要是完成"防御任务",包括操作导弹防御系统、空中监视、情报搜集等。【直接评析】另外,关于售武问题,自上台以来,特朗普大力推动对外军售,此次绕过国会对沙特等国军售,虽然被国会议员批评"开了危险先例",但也算符合其一贯风格。

【间接评析】分析人士认为,美国对伊朗动武受诸多客观因素牵制,其中尤为突出的是 2020 年的美国总统大选、欧洲盟友的反对以及美国对伊朗动武在操作上可能存在的难题。如果对伊朗实施规模有限的"外科手术式"的打击，恐难取得实质性效果；一旦对伊朗全面动武，则可能会给美国带来无穷的麻烦，不仅需要美国耗费大量人力物力财力，还可能令其再次深陷战争泥潭难以自拔。

（选自《美将向中东增兵1500人 搅乱海湾地区局势企图从中渔利》，大众网，2019年5月29日06：17：07）

上面两例中，前例新闻一级要素呈现为"评析+事件+评析+事件+评析"图式，后例则表现为"背景+事件+背景+评析"的语篇模式，一级要素在这两例中都表现为不同的类型，显示出网络新闻语篇中内容要素复杂的关系。可以看出，这些变体模式实质上是前面十五种基本变体模式的扩展体。统计显示，这些更为复杂的变体模式在我们选择的大陆地区500篇网络新闻语篇中有24篇，占比4.8%；在台湾地区500篇网络新闻语篇中有42篇，占比8.4%。

二 网络新闻语篇变体模式分析

为了更加清楚地了解各种变体模式在形式上的先后顺序、出现频率，我们统计了上文提及的1000篇网络新闻语篇，具体要素统计结果见表1.1。

表1.1　　　海峡两岸网络新闻语篇基本模式频率对比　　　单位：篇，%

模式类型	大陆地区语篇数量	百分比	台湾地区语篇数量	百分比
事件	119	23.8	105	21
事件+背景	143	28.6	113	22.6
事件+评析	76	15.2	86	17.2
事件+背景+评析	103	20.6	83	16.6
事件+评析+背景	23	4.6	31	6.2
背景	0	0	0	0

续表

模式类型	大陆地区语篇数量	百分比	台湾地区语篇数量	百分比
背景+事件	6	1.2	13	2.6
背景+评析	0	0	0	0
背景+事件+评析	5	1	12	2.4
背景+评析+事件	0	0	5	1
评析	0	0	0	0
评析+事件	0	0	3	0.6
评析+背景	0	0	0	0
评析+事件+背景	0	0	3	0.6
评析+背景+事件	1	0.2	4	0.8
更为复杂的变体模式	24	4.8	42	8.4
合计	500	100	500	100

从以上统计结果我们可以看出：海峡两岸网络新闻语篇都存在更为复杂的语篇模式，基本模式中出现频率最高的都是"事件+背景"，次之都是"事件"。大陆地区再向下依次是"事件+背景+评析" > "事件+评析" > "事件+评析+背景" > "背景+事件" > "背景+事件+评析" > "评析+背景+事件"，其他模式的出现频率均为零；台湾地区则是由此可见："事件+评析" > "事件+背景+评析" > "事件+评析+背景" > "背景+事件" > "背景+事件+评析" > "背景+评析+事件" > "评析+背景+事件" > "评析+事件" = "评析+事件+背景"。

1. 在网络新闻消息语篇中，最重要的而且必不可少的新闻要素是"新闻事件"，在调查的1000篇网络消息语篇中全部出现；次之是"新闻背景"要素，共出现了611次；最后是"新闻评析"要素，出现频率为498次。这是因为：①网络新闻消息以报道新闻事件为根本目的，因此报道清楚核心事件是记者的首要任务，这是符合新闻报道规律的。②新闻观念注重时效性，网络新闻尤其重视这一点。在报道新闻事件时，为追求时效性，新闻记者对事件的了解通常非常有限，所以也只能先报道事件，继而再挖掘新闻背景，新闻评析一般要到新闻事件基本水落石出之后才会出现。③对于网络新闻的受传者来说，新闻事件是最吸引眼球的要素，通晓新闻事件之后才会有兴趣进一步了解事件发生之前的相关情况（即新闻背景）以及对新闻事件的评论与分析（即新闻评析），这二者中前者需求相对更大一些。

2. 背景要素排序在前的新闻语篇模式出现频率非常少，这是因为这样的模式违背了新闻传播的规律与受传者的关注兴趣顺序。这样的语篇模式往往是某一新闻事件的跟踪报道。例如：

例1-30：

【导语背景】高雄市长韩国瑜引爆"韩流"强强滚，外溢效应促国民党九合一选战大胜、让高雄比首都台北市更抢镜，出访星马也抢下上亿订单，韩亦被视为"蓝营救世主"。表态参选总统到底的立法院前院长王金平认为，韩刚选上高雄市长就去选总统不适宜，也让韩出战2020的"正当性"备受讨论。【导语事件】有网友留言反呛："什么是正当性？全民期待出来就是正当性！会输的硬出来的就是没正当性。"

（选自《韩国瑜选总统没"正当性"？网一句话呛爆全场》，《中时电子报》2019年3月6日10：19）

上例语篇所报道事件是对新闻人物王金平表态"韩刚选上高雄市长就去选总统不适宜"事件的进一步延伸，让读者对这一事件有更为全面的了解。

3. 评析要素排序在前的语篇模式在大陆地区的出现频率仅有1例，台湾地区一共也只有10例。这同样是基于新闻传播规律与受传者关注兴趣等原因。这样的情况通常是运用一句话总体简要评述下文即将介绍的新闻事件。例如：

例1-31：

　　【直接评析】太岁头上动土！【主体事件】屏东26岁蓝姓男子5日晚间到距离海丰派出所正对面银楼佯装顾客，要求店家拿出橱窗展示品，业者拿出许多戒指、项链陈列，蓝男趁隙偷走其中1条重约2两多的金链子，业者事后清点发现遭窃，随即向警方报案，不到3小时就在他家将人逮捕归案，讯后依窃盗罪嫌移送。

　　（选自《太岁头上动土！毒虫银楼行窃　地点在派出所正对面》，《中时电子报》2019年3月6日18：11）

　　4. 无"事件"的新闻模式出现频率为零。这是因为网络新闻消息语篇就是报道新闻事件的，新闻背景与新闻评析都是依附于新闻事件才有可能存在。

　　5. 网络新闻语篇内容要素组合基本模式的选择上，大陆地区为8种，台湾地区为11种，相对来说，台湾地区的网络新闻模式种类更多，表现意识倾向的渗透手法更为丰富。

第三节　网络新闻语篇的事件要素

　　新闻的本质就是报道具有新闻价值的事件，因此"新闻事件"是新闻语篇中最重要的要素。"新闻事件"一般会分布于正文中的新闻导语与主体部分之中，前者可称为"导语事件"，后者可称为"核心事件"。二者关系密切，后者是前者在结构与语义上扩充而成。在网络新闻话语中，传播新闻事实信息的部分被称为"新闻核心事件"，这是新闻话语的主要部分和新闻报道的焦点，其他事件为此服务。导语事件是新闻消息语篇中首先出现的"事件"要素，内容与结构都是最完整的。事实上，导语部分浓缩了整个新闻语篇的基本要素，可以作为微型语域语篇（Martin，1992）。分析"导语事件"的要素，能够代表"主体事件"的要素类型。

一　网络新闻语篇事件要素的变体类型

新闻学界通常认为"新闻要素"包括：WHEN（何时）、WHERE（何地）、WHO（何人）、WHAT（何事）、WHY（何故）与HOW（怎样），用英文字头简称"5W1H"。事实上，新闻报道中，还应该强调"信源"要素，即消息的来源。这是因为在新闻报道中，上述六要素往往与"信源"是密不可分的。因此，一级要素"新闻事件"通常由"信源、时间、地点、角色、事实、原因、反应/结果"等七种二级要素构成。在网络新闻语篇的核心事件中，上述七种要素的重要程度并不一样，它们的出现频率也各不相同。Hasan（1996）提出语篇体裁结构潜势（Generic Structure Potential，GSP）理论，提出GSP作为一个抽象概括出来的结构，可用来展现所有可能出现在某个特定语篇体裁中的语篇结构。

我们借鉴GSP理论，以上述七种要素作为参数标注，分析了上文提及的大陆地区与台湾地区共1000篇网络新闻语篇的导语事件要素，统计了各要素在导语事件中的结构与频率，经过筛选，最终选取大陆地区与台湾地区网络新闻语篇各结构出现次数相加超过20篇的导语事件要素结构，列举如下（括号里先出现的数字为大陆地区网络新闻语篇数量，后出现的数字为台湾地区网络新闻语篇数量）：

1. 信源+时间+角色+事实（31，13）

例1-32：

【信源】据日媒报道，【时间】25日，【角色】美国总统特朗普【事实】作为"令和"时代首位国宾抵达日本，他将于27日与日本首相安倍晋三举行首脑会谈。（选自《特朗普抵日展开访问　将与安倍举行会谈》，中国新闻网，2019年5月26日10：11）

2. 信源+时间+角色+地点+事实+反应/结果（19，8）

例1-33：

【信源】综合外媒报道，【时间】当地时间5月19日，【角色】一辆旅游巴士【地点】在埃及吉萨金字塔附近的一座新建博物馆旁【事实】遭遇爆炸袭击，【反应/结果】至少16人受伤，暂无人员死亡。（选自《埃及一旅游巴士遭爆炸袭击　至少16人受伤》，中国日报网，2019年5月19日22：06）

3. 信源+地点+事实（29，11）

例1-34：

【信源】据一些中东媒体报导，【地点】阿拉伯联合酋长国富查伊拉港（Fujairah Port）【事实】发生多起重大爆炸事件，甚至引燃了港内的7艘油轮。（选自《阿联石油港口发生严重爆炸？政府出面否认》，《中时电子报》2019年5月12日18：26）

4. 信源+地点+时间+事实+反应/结果（9，15）

例1-35：

【信源】美国地质调查所（USGS）表示，【地点】所罗门群岛（Solomon Islands）外海的太平洋海域【时间】今天【事实】发生规模5.0地震，【反应/结果】目前未传出损害消息，当局也未发布海啸警报。（选自《又震！所罗门群岛外海规模5.0地震　幸未有海啸威胁》，三立新闻网，2019年4月7日09：41）

5. 信源+角色+事实（15，8）

例1-36：

【信源】据联合早报网报道，【角色】著名华裔建筑师贝聿铭【事实】逝世，享年102岁。（选自《华裔建筑师贝聿铭逝世享年102岁 代表作卢浮宫玻璃金字塔》，人民网，2019年5月17日10：53）

6. 信源+角色+事实+反应/结果（16，9）

例1-37：

【信源】据日本产经新闻7日报道，【角色】日本失事F35A战机的黑匣子部分零件【事实】已被找到。【反应/结果】但储存飞行记录的部件还未被发现。（选自《多亏了"中国制造" 日本F35A战机黑匣子找到了》，新浪网，2019年5月7日16：43）

7. 信源+角色+时间+事实（36，17）

例1-38：

【信源】据外交部网站消息，【角色】外交部发言人陆慷【时间】今日【事实】主持例行记者会。（选自《外交部：多国对中国企业参与5G建设表明公正态度》，人民网，2019年4月19日09：24）

8. 信源+角色+时间+原因+事实（9，13）

例1-39：

【信源】日本防卫省表示，【角色】失事的F-35【时间】先前【原因】发生两次因故障而【事实】临时紧急着陆。（选自《坠毁的

日本F-35 先前曾经空中故障》,《中时电子报》2019年4月11日 22:58)

9. 信源+角色+地点+事实（17,8）

例1-40:

【信源】据天文网站Space.com报道,【角色】天文学家【地点】在距离地球约2.2亿光年的外层空间【事实】发现一个形状宛如"水母"的神秘星系,并且拖着发蓝光的长长触手。(选自《外层空间现神秘星系：发出蓝光且状如"水母"》,中国新闻网,2019年4月24日08:27)

10. 时间+信源+角色+事实（15,7）

例1-41:

记者【时间】昨日【信源】从市重大项目办获悉,【角色】新机场线一期工程【事实】全线实现贯通。(选自《北京轨道交通新机场线一期工程全线贯通 9月开通运营》,新华网,2019年4月26日08:12)

11. 时间+地点+角色+事实（18,11）

例1-42:

【时间】15日下午,【地点】以天津滨海海洋110kv变电站东江路沿线区域作为5G试点,【角色】5G无人机、5G无人车陆空一体化电力设施【事实】立体巡检试验成功,标志着在全国范围内首次实现5G无人智能设备输电线路巡检应用。(选自《中国首次5G无人智

能设备输电线路巡检在津实现》，新华网，2019年5月15日21：59）

12. 时间+地点+事实+反应/结果（13，22）

例1-43：

【时间】今天晚间近8时许，【地点】台北市民权东路2段135巷某7层楼高的大楼，位于3楼某住家【事实】发生火警，【反应/结果】警消获报疑似有人受困，立即派出人车赶抵现场救援。（选自《快讯／北市民权东路住宅起火　疑有人受困急待救援》，三立新闻网，2019年4月3日20：13）

13. 时间+角色+地点+事实（23，16）

例1-44：

【时间】当地时间5月27日，【角色】正在日本访问的美国总统特朗普【地点】在东京【事实】会见日本新天皇德仁。（选自《特朗普访问日本　会见新天皇德仁》，中国新闻网，2019年5月27日13：48）

14. 时间+角色+事实+反应/结果（52，70）

例1-45：

【时间】今天（4月30日）早上6点52分，【角色】大陆太原卫星发射中心【事实】利用长征四号乙运载火箭，成功发射天绘二号01组卫星，【反应/结果】并已进入预定运行轨道。（选自《大陆今早成功发射天绘二号01组卫星》，《中时电子报》2019年4月30日09：56）

15. 地点+时间+事实+反应/结果（8，15）

例1-46：

【地点】俄罗斯第2大城圣彼得堡一所军校【时间】周二（2日）【事实】发生爆炸，【反应/结果】目前已知有4人受伤。（选自《俄罗斯圣彼得堡军校发生爆炸 至少4学员受伤》，《自由时报电子报》2019年4月2日22：32）

16. 地点+角色+时间+事实（13，22）

例1-47：

【地点】在北京南郊的农田里，【角色】有一座全球最大单一航厦机场即将在【时间】9月底【事实】完工，并正式营运。（选自《全球最大单一航厦！北京新机场13日试飞》，《中时电子报》2019年5月9日15：24）

17. 角色+时间+地点+事实+反应/结果（55，67）

例1-48：

【角色】日本首相安倍晋三与来访的美国总统川普【时间】27日在【地点】东京迎宾馆【事实】举行高峰会谈，针对美日贸易、军事、北韩等议题交换意见。【反应/结果】双方同意合作实现日朝峰会的举行并解决绑架问题，对北韩将维持制裁方针，以促使北韩的完全无核化。有关美日贸易谈判问题则协商有关今后的推动方式。（选自《川安会同意合作因应北韩问题 安倍访伊朗缓和紧张局势》，《中时电子报》2019年5月27日12：54）

第一章　海峡两岸网络新闻语篇结构　　55

18. 角色 + 时间 + 事实（17，28）

例 1 – 49：

　　【角色】日皇德仁和皇后雅子【时间】27 日【事实】为令和元年首位访日的国宾、美国总统川普夫妻举行欢迎仪式。（选自《新日皇盛情迎接令和元年首位国宾川普》，《中时电子报》2019 年 5 月 27 日 08：27）

19. 角色 + 时间 + 事实 + 反应/结果（21，13）

例 1 – 50：

　　【角色】日俄外长【时间】5 月 10 日【事实】在会谈上【反应/结果】就早日具体落实北方四岛（俄方称南千岛群岛）"共同经济活动"达成一致，但领土问题谈判仍无进展。（选自《日媒：日俄领土问题谈判仍无进展》，澎湃新闻网，2019 年 5 月 12 日 22：14）

20. 角色 + 地点 + 事实 + 反应/结果（11，16）

例 1 – 51：

　　【角色】由哈法塔将军（Khalifa Haftar）所率领的叛乱部队利比亚国民军（Libyan National Army，LNA），和政府军【地点】在首都的黎波里附近【事实】展开激战，【反应/结果】造成 21 死 27 伤。（选自《利比亚叛军进逼首都　激战酿 21 死 27 伤》，《自由时报电子报》2019 年 4 月 8 日 09：40）

21. 角色 + 事实（37，49）

例 1 – 52：

　　【角色】日本首相安倍晋三【事实】今天表示，有关会晤北韩最高领导人金正恩,他获得美国总统川普的全力支持。(选自《盼与金正恩会谈 安倍晋三称川普全力支持》,联合新闻网,2019年5月27日18:12)

22. 角色+原因+事实+反应/结果(8,15)

例1-53:

【角色】一架伊朗空军的F-14战机【原因】因机械故障,【事实】向附近的国际机场请求紧急降落,【结果】然而战机降落失败滑出跑道,机上两名飞行员在无高度的情况弹射逃生。(选自《伊朗F-14战机着陆时坠毁 2名飞行员弹射》,《中时电子报》2019年5月15日17:02)

23. 原因+角色+时间+事实(6,15)

例1-54:

【原因】庆祝KOREA PLAZA开幕五周年,【角色】韩国观光公社台北支社【时间】即日起【事实】推出期间限定系列活动,民众参与活动有机会获得赠品或抽奖,幸运者还可抽得双人韩国来回机票。(选自《欢庆KOREA PLAZA开幕五周年 韩国观光公社推系列活动》,《自由时报电子报》2019年4月8日19:11)

二 网络新闻语篇事件要素的变体模式分析

为了更加清楚地了解各种变体模式在形式上的先后顺序、出现频率,我们统计了导语事件要素结构的各种模式,具体要素统计结果见表1.2。

表1.2　海峡两岸网络新闻语篇导语事件要素结构模式频率对比　　　单位：篇

导语事件要素结构	大陆地区	台湾地区	合计
信源+时间+角色+事实	31	13	44
信源+时间+角色+地点+事实+反应/结果	19	8	27
信源+地点+事实	29	11	40
信源+地点+时间+事实+反应/结果	9	15	24
信源+角色+事实	15	8	23
信源+角色+事实+反应/结果	16	9	25
信源+角色+时间+事实	36	17	53
信源+角色+时间+原因+事实	9	13	22
信源+角色+地点+事实	17	8	25
时间+信源+角色+事实	15	7	22
时间+地点+角色+事实	18	11	29
时间+地点+事实+反应/结果	13	22	35
时间+角色+地点+事实	23	16	39
时间+角色+事实+反应/结果	52	70	122
地点+时间+事实+反应/结果	8	15	23
地点+角色+时间+事实	13	22	35
角色+时间+地点+事实+反应/结果	55	67	122
角色+时间+事实	17	28	45
角色+时间+事实+反应/结果	21	13	34
角色+地点+事实+反应/结果	11	16	27
角色+事实	37	49	86
角色+原因+事实+反应/结果	8	15	23
原因+角色+时间+事实	6	15	21
合计	478	468	946

从上面的统计结果我们可以看出：网络新闻事件要素最少的结构是"角色+事实"，最多的是"信源+时间+角色+地点+事实+反应/结果"结构；出现频率最高的是"时间+角色+事实+反应/结果"与"角色+时间+地点+事实+反应/结果"两种结构，最低的是"原因+角色+时间+事实"结构。

我们再来看看各要素在我们所选择的大陆地区与台湾地区网络新闻语篇（共计 946 篇）导语事件中出现的频率：

表 1.3 　大陆地区网络新闻语篇核心事件要素频率统计（总数 478 篇）

单位：篇

顺序	要素	计算过程	频率
1	事实	31＋19＋29＋9＋15＋16＋36＋9＋17＋15＋18＋13＋23＋52＋8＋13＋55＋17＋21＋11＋37＋8＋6	478
2	角色	31＋19＋15＋16＋36＋9＋17＋15＋18＋13＋23＋52＋8＋13＋55＋17＋21＋11＋37＋8＋6	440
3	时间	31＋19＋9＋36＋9＋15＋18＋13＋23＋52＋8＋13＋55＋17＋21＋6	345
4	反应/结果	19＋9＋16＋13＋23＋52＋8＋13＋55＋17＋21＋11＋37＋8＋6	308
5	地点	19＋29＋9＋17＋18＋13＋23＋13＋55＋11	207
6	信源	31＋19＋29＋9＋15＋16＋36＋9＋17＋15	196
7	原因	8＋6	14

表 1.4 　台湾地区网络新闻语篇核心事件要素频率统计（总数 468 篇）

单位：篇

顺序	要素	计算过程	频率
1	事实	13＋8＋11＋15＋8＋9＋17＋13＋8＋7＋11＋22＋16＋70＋15＋22＋67＋28＋13＋16＋49＋15＋15	468
2	角色	13＋8＋8＋9＋17＋13＋8＋7＋11＋16＋70＋22＋67＋28＋13＋16＋49＋15＋15	405
3	时间	13＋8＋15＋17＋13＋7＋11＋22＋16＋70＋15＋22＋67＋28＋13＋15	352
4	反应/结果	8＋15＋9＋22＋70＋15＋67＋13＋16＋15	250
5	地点	8＋11＋15＋8＋11＋22＋16＋22＋67＋16	196
6	信源	13＋8＋11＋15＋8＋9＋17＋13＋8＋7	109
7	原因	15＋15	30

从表 1.3 与表 1.4 可以看出，虽然海峡两岸网络新闻语篇核心事件下位要素的具体数量各有不同，但依据重要程度排列的顺序却完全相同，都是：事实＞角色＞时间＞反应/结果＞地点＞信源＞原因。如果认为

"反应/结果"要素也应该属于"事实"要素的话,那么"事实"要素作为"核心事件"中心要素的地位就更加稳固。由此可见:①"事实""角色"是新闻核心事件中的必备要素,没有它们,新闻事件就无所依托,因此它们发生的频率远远高于其他要素,说明网民最关注的问题是"发生了什么事"以及"究竟是谁做了这事"。②"时间"要素的出现频率仅次于前两个要素,说明在追求时效的网络社会中,网民还比较关注"事件发生在什么时间"。③在新闻事实中,"反应/结果"要素并非必须出现,这是由于网络新闻追求时效,要求第一时间报道新闻事件,有时事件还没有结果或者结果由于某些原因模糊化。④"地点""信源""原因"出现频率相对较低,显示这三个要素属于核心事件的可选要素,并非网民特别关注的信息,前两者的出现只是为了增加新闻真实性。

必须说明的是,基于篇幅限制,上面的表格中只是显示了海峡两岸网络新闻语篇各结构出现次数相加超过20篇的导语事件要素结构,还有一些导语事件要素结构由于在我们统计范围内数量偏低,没有显示在表格中。例如下面三例:

例1-55:

【信源】阿富汗政府官员21日说,【角色】阿安全部队【时间】20日晚【地点】在东部加兹尼省【事实】开展军事行动,【反应/结果】打死42名塔利班武装分子。(选自《阿富汗安全部队打死42名塔利班武装分子》,新华网,2019年5月21日23:30)

例1-56:

【信源】美联社报导,【原因】恶劣天候迫使【角色】7架参加演练的法国海军飙风战机【地点】在印度尼西亚北部【事实】紧急降落。(选自《李大维会波顿 台美断交后国安首长会面首例》,联合新闻网,2019年5月25日23:12)

例1-57:

【角色】英国国防大臣威廉森（Gavin Williamson），【时间】日前【原因】因为疑似泄漏英国同意华为参与5G网络建设的消息，【事实】被首相梅伊（Theresa May）解职。（选自《国防大臣强烈否认泄密　英国首相梅伊再陷政治风暴》，《自由时报电子报》2019年5月3日15∶20）

例1-55的导语事件要素结构为"信源+角色+时间+地点+事实+反应/结果"，例1-56的导语事件要素结构为"信源+原因+角色+地点+事实"，例1-57的导语事件要素结构为"角色+时间+原因+事实"。从这三例可以看出，尽管这三种结构数量偏少，但都具有"事实""角色"这两个要素，相比之下，其他要素出现较少。

关于新闻事实要素的排列顺序，新闻学的研究结果是"新闻六要素按重要性的排列顺序，一般是：事件、时间、人物、地点、原因、结果"[①]。将二者对比，统计结果显示，"时间""地点""原因"三要素地位下降。

分析其原因，我们认为，这是由于以下几点。

一是"信源"要素的功能。信源可以为事件发生的时间与地点提供参照点，但"信源"并非必有要素，很多新闻语篇中并没有出现，所以"信源"的功能只是部分原因。

二是新闻语篇电头的作用。电头用来说明发稿单位、时间、地点等，造成新闻事实中的"时间""地点"因素出现频率降低。

三是"原因"要素是为了解释新闻事实出现的理据，在追求时效的网络新闻报道中，相比其他要素来说，往往是网民最不关注的，所以在上面的统计中，"原因"要素的数量非常少。

---

① 常秀英：《消息写作教程》，中国广播电视出版社2001年版，第137页。

本章小结

　　本章从现代语言学的角度探讨两岸网络新闻语篇的基本结构要素状况与结构范畴规律，对比剖析两岸网络新闻语篇结构范畴的呈现，探讨两岸网络新闻语篇各种变式及其发展规律，进而探讨两岸媒介突显部分信息、省略其他信息框架折射的新闻诠释意识倾向。作为一种社会结构形式，网络新闻语篇文本充满了关于社会关系的结构和过程的证据。通过海峡两岸网络新闻语篇文本分析，我们可以准确把握两岸宏观社会结构与微观社会活动之间的辩证关系。网络新闻语篇作者秉承其委托人的意志，借助新闻文本传播，让受传者在不知不觉中接受新闻语篇传播的镜像事件，接收语篇所宣扬的观点。网络新闻语篇结构体系具有更多的变式，无论是对形式要素，还是对语篇正文一级要素与核心事件要素的斟酌，都会有众多的选择，采取何种变式，以及常式与各种变式出现频率的不同，有其深刻的生成理据。海峡两岸网络新闻语篇创作者秉承委托人意志，选择不同的变体模式，建立拟态的新闻事实，网络新闻语篇文本实质上是意识形态过程和语言过程的互动结果。

第二章　海峡两岸网络新闻语篇的衔接与连贯

语篇的衔接（cohesion）与连贯（coherence）是语篇研究的核心性关键内容，体现了语篇的本质属性。一则语篇前后形式和内容衔接呼应，语义连贯，才能被界定为"语篇"。作为语篇特征的关键内容，衔接是有形的，体现在显性的语篇外在表层结构上，是语篇的有形网络[1]。Halliday 与 Hasan（1976）在《语篇的衔接》中提出："衔接是语篇中一个成分和对解释它起重要作用的其他语言成分之间的语义关系。"[2] 而 Nunan（1993）则指出：作为篇章内标记不同句际关系的形式连接，衔接是使创作者或说话人建立跨越语句边界关系，并使语篇内的不同句子形成连接关系的语篇构造手段。[3]

信息时代的语篇衔接方式可以分成篇内衔接与篇际衔接两大类，前者包括结构性衔接与非结构性衔接，后者借助网络的超链接方式实现语篇与语篇之间的衔接。结构性衔接通过主位结构承上启下构建语篇，非结构性衔接主要包含词汇和语法两种。词汇衔接手段通常由词汇重复、同义或近义词复现、上下义词等形式体现；语法衔接手段一般由替代、指称、省略等手段来体现。连贯是无形的，隐匿于隐性的语篇底层，是

---

[1] 黄国文：《语篇分析概要》，湖南教育出版社 1988 年版，第 10 页。
[2] 转引自李红英《语篇理论与文本解读》，浙江大学出版社 2015 年版，第 45 页。
[3] 转引自刘辰诞、赵秀凤《什么是篇章语言学》，上海外语教育出版社 2011 年版，第 21 页。

通过逻辑与语义上的顺畅来完成语篇文通理顺的目的。衔接分析是语篇分析的重要内容，作为语篇形成手段是衔接的外在表现形式，而语义关系是其内核并决定着形式手段的选用。衔接是语篇的重要特征，对语篇进行衔接分析有利于我们更好地把握语篇的构成机制。通过语篇文本结构衔接分析，认知主体可以把握文本中结构元素的组合，才能更好地认知并描述无尽的事实，更好地面对变化多端的客观世界。

与"衔接"相关的另一个概念是"连贯"，它是指语篇内部或语篇与语篇相互之间的语义关联。衔接与连贯都是语篇的重要特征，它们的作用都是保障语篇内容的自然流畅。张德禄、刘汝山认为："连贯是一个广义的意义概念，是语篇在各个层次上衔接和语境中发挥适当作用的总体效应。"[①] 我们在判断一则网络新闻语篇的连贯性时，从表层上看体现在其表现形式上，譬如各句之间的衔接手段，但是其连贯性不是形式层面上的特征，而应该是语义特征，只有当该则网络新闻语篇整体的语义内容是相互联系、保持一致的，我们才能称之为连贯的语篇。

第一节 网络新闻语篇的衔接

关于语篇衔接方式的范围，学界还在进行不断地讨论。Hailiday 和 Hasan（1976）在《语篇的衔接》认为衔接方式的研究仅限于词汇方式和语法方式，而词汇包括重复和搭配，语法则包括替代、省略、指称和连接，这是相对狭义的理解。还有很多学者认为衔接分析不应局限于词汇方式和语法方式，任何表达话语中的语义关系的特征都应该看作衔接特征，[②] 即还应该包括及物性结构、语气结构、主位结构等，这是广义的

[①] 张德禄、刘汝山：《语篇连贯与衔接理论的发展及应用》，上海外语教育出版社 2003 年版，第 37 页。

[②] 张德禄、刘汝山：《语篇连贯与衔接理论的发展及应用》，上海外语教育出版社 2003 年版，第 22 页。

理解，也是对衔接方式进行了全面的总结。除此之外，我们所探讨的衔接既包括由网络新闻语篇即所有的语篇主体部分内部的衔接，还囊括由当前网络新闻语篇与通过超链接等方式构成关联的其他语篇之间的篇际衔接。

一 网络新闻语篇的篇内衔接方式

网络新闻语篇的篇内衔接手段可以分为结构性手段和非结构性手段。

（一）结构性衔接

作为功能语言学语篇功能的概念，"主位结构"是根据句子的意义对句子进行切分而得到的组合形式。Hailiday（1994）等系统功能语言学派学者认为与从语篇理解角度来界定的信息结构不同，主位结构是从语篇生成角度来界定的。"主位"作为小句组合的基础，是句子开头的第一部分，是话语信息的起点；"述位"作为话语的核心部分，是对主位的阐释和发挥。一个孤立的句子由于不存在上下文，因而它的主位结构无所谓发展变化与否，并不会构成主位推进关系。而在由多个句子构成的语篇中，前后句子的主位和主位、述位和述位、主位和述位之间会发生不同情况的联系和变化，这种联系和变化就是"主位推进"。随着语篇中各条语句主位的向前推进，整个语篇逐渐展开，直至形成一个能够表达某一完整语义的连贯体。语篇进展的过程就是语篇创作者运用各种语言手段和接受者交流的过程。

1. 网络新闻语篇的主位推进模式

关于主位推进模式，语言学家们对其进行总结描述，提出许多不同的分类。Danes（1974）提出了连贯语篇中主位和述位的五种语篇结构推进模式：简单型的线性推进模式、连续性的主位推进模式、派生式的主位推进模式、分裂型的述位推进模式、跳跃式的主位推进模式。朱永生、严世清（2001）总结了英语语篇中的主位推进模式，提出四种推进模式：主位同一型、述位同一型、延续型和交叉型。郑贵友（2002）总结了汉语语篇的主位推进模式,认为共有七种语篇推进模式:集中模式、分散模式、并列模式、链接模式、交错模式、平行模式和交叉模式。在以上研究的基础上,我们对所选的海峡两岸 1000 篇网络新闻语篇语料进行统计分析,发现语篇的主位推进模式主要有以下六种(T 代表主位,R 代表述位):

(1) 平行型主位推进模式

该模式以第一句的主位(T1)为发端,关联后续句不同的述位(R1、R2、R3 等),这些述位从不同的侧面对同一个主位(T1)展开陈述、揭示,这类模式可用下式表示:

T1—R1

T2(=T1)—R2

T3(=T1)—R3

……

Tn(=T1)—Rn

平行模式的主位通常表示相同的焦点,而述位则是对该焦点的展开,经常在叙事模式的政务微博语篇中使用,用以叙述人物或事件。这类模式在网络新闻语篇中,有些呈现为各句主位都相同,有些则是从第二句开始,有些采取省略或者运用其他词语代替同一对象的主位。例如:

例 2-1:

<u>电视明星出身的泽伦斯基</u>(Volodymyr Zelenskiy),在 5 月 20 日宣誓就任乌克兰新总统,仪式在首都基辅的乌克兰议会举行。<u>他</u>在就职后的第一个决定,是宣布解散国会。<u>泽伦斯基</u>是彻底的政治素人,<u>Ø</u> 在从政之前曾经在喜剧中扮演过平民总统……(选自《泽伦斯基就职乌克兰新总统 立即解散国会》,《中时电子报》2019 年 5 月 20 日 17:22)

例2-1语篇中，各句的主位分别是"电视明星出身的泽伦斯基""他""泽伦斯基"，在符号"Ø"处承前省略了同一对象的主位，实质上都是同一人物，呈现平行推进模式。在网络新闻语篇中，还会出现不同语句主位之间有上下义、同义、近义、反义或类义关系的现象。例如：

例2-2：
　　范冰冰航班 5.4 北京拉萨 5.10 拉萨北京　北京上海　5.11 上海北京。(选自《范冰冰近日航班曝光，排班好密集，网友：全面复出了?》，凤凰网，2019年4月28日22：06：20)

上例中的三个主位"5.4""5.10""5.11"构成类义关系，形成平行模式。

统计显示，平行推进模式在我们调查的大陆地区500篇网络新闻语篇中出现了293处，在台湾地区500篇网络新闻语篇中则出现了277处，显示了这种推进模式在两岸的运用频率都比较高。

（2）延续型主位推进模式

这类模式将语篇第一条语句的述位（R1）或述位的一部分作为第二条语句的主位（T2），第二语句的主位再引发新的述位（R2），这个述位又充当第三条语句的主位（T3），如此类推延续，推进整则语篇的动态发展。这类模式表示如下：

T1—R1
　　T2（=R1）—R2
　　　　……
　　　　Tn（Rn-1）—Rn

延续模式可以用来解释一些较为复杂的现象或者层层推进地说明一些事理，使受众循序渐进地接受网络新闻语篇所传达的讯息，从而加强理解新闻事件的程度。这类模式的网络新闻语篇中，后一句的主位或者

直接由前一句的述位充当,或者由前一句述位的一部分来充当。例如:

例2-3:
　　根据民航局统一部署,北京大兴国际机场拟于5月13日开展试飞工作。参与此次试飞的航空公司为南航、东航、国航和厦航,并将分别选派A380、A350-900、B747-8、B787-9机型飞机执行试飞任务。各航空公司将对飞行区的各项设施设备进行试用,以确保满足安全运行的要求。(选自《定了!北京新机场5月13日试飞,四大航空将派机参加!》,央视网,2019年5月8日22:55)

例2-3语篇中,次句主位为"参与此次试飞的航空公司",回指首句的述位"试飞工作",第三句的主位"各航空公司"回指次句的述位"南航、东航、国航和厦航",形成首尾相连、意义不断拓展深化的效果,构成延续模式。

统计显示,与上文平行推进模式相比,延续模式出现频率较低,在我们调查的大陆地区500篇网络新闻语篇中出现了87处,在台湾地区500篇网络新闻语篇中则出现了65处。

(3)总结型主位推进模式

这种模式其实是上文第二种模式"延续模式"的一种变体,语篇最后一个句子或者分句的主位总结前一个或者几个句子抑或分句的内容,而前几个句子或者分句之间的主位衔接方式并不需要考虑在内。这类模式表示如下:

T1—R1

T2—R2

……

Tn—Rn

T(n+1)【=(T1—R1)+(T2—R2)+……+(Tn—Rn)】—R

(n+1)

总结模式概括汇总了前面语句或者分句的内容，让读者更加深刻地领会语篇意义。例如：

例 2-4：

1985年，黎巴嫩真主党绑架了多名美国人质，由于真主党与伊朗关系很好，于是美国情报部门透过谈判的方法，与伊朗达成后勤供应协议，以交换释放人质，于是伊朗又得到好几年的F-14零配件，此事就是"伊朗门事件"。（选自《伊朗F-14战机着陆时坠毁 2名飞行员弹射》，《中时电子报》2019年5月15日17：02）

例2-4语篇中，最后一个分句中的主位"此事"汇总概括了前文多个分句的内容，形成总结模式。这种模式的最后一句/分句的主位一般多由指示代词"这、此"等充当。

统计显示，与上文两种模式相比，总结模式出现频率更低，在我们调查的大陆地区500篇网络新闻语篇中只出现了29处，在台湾地区500篇网络新闻语篇中则出现了73处。

(4) 集中型主位推进模式

这种模式下，语篇基本叙述首句的主位、述位以后，后续各句的述位都由首句的述位（R1）或者述位的一部分来充当，也就是说后续各句的不同主位实质上都集中归结为前面同一个述位（R1）或述位的一部分。这类模式表示如下：

T1—R1

T2—R1

……

Tn—R1

集中模式可以使语篇的结构更加紧凑，意义更加概括集中。例如：

例 2-5：

比赛中，"龙王"组合没有遇到太多挑战，以 4∶1 轻松胜出，<u>为国乒摘得本届世乒赛第二金</u>。马龙也时隔 8 年后再次<u>在世乒赛男双舞台夺冠</u>。（选自《国乒"龙王"夺世乒赛男双冠军 西班牙选手摘银创历史》，中国新闻网，2019 年 4 月 27 日 20∶24）

例 2-5 语篇中，首句述位中的"摘得本届世乒赛第二金"与次句述位中的"在世乒赛男双舞台夺冠"指向同一事项，具有语义联系，属于述位同一型，也就是集中模式。

统计显示，集中模式在我们调查的大陆地区 500 篇网络新闻语篇中出现了 48 处，在台湾地区 500 篇网络新闻语篇中则只出现了 36 处。总体来看，集中模式出现频率较低。

（5）交叉型主位推进模式

交叉模式是语篇次句的述位（R2）由首句的主位（T1）充当，第三句的述位（R3）由次句的主位（T2）充当，第四句的述位（R4）又由第三句的主位（T3）来充当，依此类推交叉发展下去，推动语篇的动态发展。这类模式表示如下：

$$T1—R1$$
$$T2—R2\ (=T1)$$
$$......$$
$$Tn—Rn\ (=Tn-1)$$

交叉模式有利于读者追根溯源，了解新闻事件的全貌。例如：

例 2-6：

<u>美国司法部</u>当地时间 9 日以涉嫌违反国际制裁为由，针对北韩"智诚"号货船提起没收诉讼，并扣押该船舶。朝中社当天报导称，北韩外务省发言人当天发表谈话，谴责<u>美国政府</u>扣押朝鲜货船公然《六

一二朝美共同声明》精神，并敦促美方立即放船。(选自《北韩谴责美扣船　南韩外交部表态》，《中时电子报》2019年5月14日17：23)

例2-6语篇中，后一句两处述位中的一部分"美国政府""美方"都回指首句主位"美国司法部"，使句义得以推进发展，形成交叉模式。

统计显示，与集中模式相比，在我们调查的大陆地区500篇网络新闻语篇中交叉模式出现频率较低，只出现了33处；而在台湾地区500篇网络新闻语篇中情况相反，出现了69处。

(6) 分散型主位推进模式

这种推进模式以语篇首句的述位（R1）作为后文各句的主位（T2、T3、T4等），也就是说次句开始的主位（T2、T3、T4等）都是由首句的述位（R1）或其中的某个部分派生而来。这类模式表示如下：

T1—R1

　　T2（=R1）—R2

　　……

　　Tn（=R1）—Rn

分散模式将新闻语篇首句的新信息化解为后续各句的已知信息，引发读者阅读兴趣。例如：

例2-7：

斯里兰卡维安部队于当地时间26日晚间，攻坚1处据称是爆炸案嫌犯藏身处的民宅，其中3名嫌犯眼见走投无路，竟然直接引爆炸弹自杀，而其余的嫌犯也遭维安部队射杀身亡，这场攻坚行动一共造成15人死亡。(选自《斯国部队攻坚爆炸案嫌犯藏身处　3嫌自爆再添15死》，《自由时报电子报》2019年4月27日16：49)

例2-7语篇中，第二分句中的主位"3名嫌犯"与第三分句中的主位"其余的嫌犯"都是是由第一分句述位中的定语部分"爆炸案嫌犯"转化而来,由此形成分散模式。

统计显示,分散模式出现频率最低,在我们调查的大陆地区500篇网络新闻语篇中只出现了17处,在台湾地区500篇网络新闻语篇中则只出现了46处。

2. 网络新闻语篇主位推进模式对比分析

为了更加清楚地了解海峡两岸网络新闻语篇各种主位推进模式的出现频率,我们统计了上文提及的1000篇网络新闻语篇,具体统计结果见表2.1。

表2.1　　　海峡两岸网络新闻语篇主位推进模式对比　　　单位:处,%

主位推进模式	大陆地区语篇	百分比	台湾地区语篇	百分比	合计	百分比
平行模式	293	57.79	277	48.94	570	53.12
延续模式	87	17.16	65	11.49	152	14.16
总结模式	29	5.72	73	12.9	102	9.51
集中模式	48	9.47	36	6.36	84	7.83
交叉模式	33	6.51	69	12.19	102	9.51
分散模式	17	3.35	46	8.13	63	5.87
合计	507	100	566	100	1073	100

可以看出,海峡两岸网络新闻语篇采用的主位推进模式数量相近,在具体模式分布上略有不同。

(1)海峡两岸网络新闻语篇都存在更为复杂的主位推进模式,有些语篇存在不止一种主位推进模式。例如:

例2-8:

　　波音公司提出了AH-64阿帕契战斗直升机的高速化变体,有可能将飞行速度推升到现在的两倍。波音是在第75届垂直飞行学会年度论坛(VFS-Forum75)展示高速阿帕契的概念模型。

　　防卫部落格(Defence-Blog)报导,美国陆军正在物色未来直升机（Future Vertical Lift，FVL）的概念技术，波音所提出的版本就是将AH-64给彻底改造，波音书面文宣表示"波音采用经济实惠的方法，以最新科技改进现有的AH-64，使它们能够适应2060年代高度复杂的战场环境。"

根据发布的照片，高速阿帕契新采用流线型机身和发动机舱，机轮也采取伸缩式。使其降低空气阻力。原本安装武器的短翼给加长，具有一定的升力，另外就是加速用的5片翼尾部推进螺桨，然而为了抵消主旋翼产生的扭矩，所以原本的尾旋桨仍然保留，使得在尾衍的部分会比较复杂，同时有2套螺旋桨系统。

（选自《波音展示"高速阿帕契" 可达到时速400公里》，《中时电子报》2019年5月16日22：10）

例2-8语篇中，第一、二自然段中多个句子或者分句的主位"波音公司、波音"呈现平行模式；第三自然段中各句或者分句的主位"高速阿帕契""原本安装武器的短翼""加速用的5片翼尾部推进螺桨"或者直接对应首句中的述位"AH-64阿帕契战斗直升机"，或者是由其部分转化而来，语义关联密切，形成分散模式。

（2）平行模式比例高。在我们统计的海峡两岸共计1000篇网络新闻语篇中，无论在大陆地区还是台湾地区，平行模式都占据绝对优势，出现频率最高，合计占总数的一半以上，处于第二位的延续模式数量上与平行模式相去甚远。大陆地区网络新闻语篇各主位推进模式的数量对比为：平行模式＞延续模式＞总结模式＞集中模式＞交叉模式＞分散模式。台湾地区网络新闻语篇各主位推进模式的数量对比为：平行模式＞延续模式＞总结模式＞交叉模式＞分散模式＞集中模式。

（3）网络新闻语篇主位推进模式的总体数量，大陆地区略低于台湾地区；六种具体类型数量对比各有消长，其中大陆地区在平行模式、延续模式、集中模式这三种类型的数量略高于台湾地区，而在总结模式、交叉模式、分散模式这三种类型的数量则略低于台湾地区。

通过主述位系统的各种推进模式，海峡两岸的网络新闻语篇作者及其委托人巧妙地将新闻报道构建成为形式简洁、语义丰富的信息场，反映语篇意义和社会意义，传递新闻作者及其委托人的立场、倾向。

（二）非结构性衔接

除了以上结构性衔接手段，我们把网络新闻语篇运用的其他语篇衔接手段统称为非结构性衔接手段，具体包括语法和词汇两类，其中语法手段主要包括指称、省略、替代和连接四种方式，词汇手段则主要包括词语的重复和搭配两种方式。由于新闻语篇运用这些手段的频率较高，我们把调查范围限定在2019年5月16—19日四天的海峡两岸共计64篇网络新闻语篇中。

1. 非结构性衔接类型

（1）语法衔接

网络新闻语篇使用的语法手段相对传统新闻语篇更为复杂，包括指称、省略、替代和连接。

①指称

在语篇语言学中，指称是照应，可以理解为文本中无法通过自身进行解释而需要借助其所指对象才能理解的某些语言项，这样，指称就在语篇文本中建立了一个语言项与另一个语言项之间的相互解释关系。根据其性质，我们将指称词语分为三类：个人指称、指示指称和比较指称。在人称指称方面，网络新闻语篇运用了人称代词的各种形式和用法。网络新闻语篇中，第一人称代词通常出现在新闻人物的直接引语或者新闻人物的情况自述中，例如：

例2-9：

她说："<u>我</u>不打算作一些没有根据的指控，但是这些学生得癌症的原因是什么？是基因遗传还是环境污染？<u>我</u>不是医学专业，也不打算儿戏，这些都是人命。"（选自《验出浓缩铀等辐射污染　美俄亥俄中学紧急关闭》，《自由时报电子报》2019年5月16日21：25）

第二人称在网络新闻语篇中的使用概率较小，通常出现在网络新闻语篇中的对话中，例如：

例2-10：
　　或者题目会先告诉<u>你</u>，某个时代发生了一个事件，选项中哪个与它相关？而直接问年代的只有一题，但整体来说，死记的题型不多，可以用逻辑去推断。（选自《108年会考/社会科结束　考生直呼"历届最简单"》，三立新闻网，2019年5月18日11：22）

第三人称是两岸网络新闻语篇中最常运用的人称用法，因为这种表达方式更有利于表现语篇作者及其委托人的中立和公正立场。例如：

例2-11：
　　据联合早报网报道，著名华裔建筑师贝聿铭逝世，享年102岁。<u>贝聿铭的儿子贝建中</u>向美国媒体表示，<u>他</u>父亲于5月15日晚离世。
　　贝聿铭1917年4月26日出生于中国广州，祖籍苏州，一生获奖无数。1983年贝聿铭获颁有建筑界诺贝尔奖之称的"普利兹克建筑奖"，<u>他</u>拿出10万美元成立了一个资助中国学生赴美留学的奖学金，鼓励中国学生学成之后报效祖国。
　　（选自《华裔建筑师贝聿铭逝世享年102岁　代表作卢浮宫玻璃金字塔》，人民网，2019年5月17日10：53）

例2-11中，新闻语篇作者采用了转述与客观角度描述相结合的方式，使得报道内容更加客观，增加了网络新闻语篇的可信度。两个"他"

指代不一样的对象,第一个"他"出现在转述的话语中,指代贝聿铭的儿子贝建中,而第二个"他"出现在客观描述中,指代贝聿铭。

指示照应主要指新闻语篇中运用近指系统"这、这里、这边、此"等与远指系统"那、那里、那边、彼"等进行照应。为了加强语篇读者的现场感受,沿袭传统新闻语篇的做法,网络新闻语篇在进行指示照应时也主要采用近指系统。请看下例:

例2-12:

美国俄亥俄州皮克顿(Piketon)的赞斯寇诺中学校(Zahn's Corner)被附近的空中监测装置检验出浓缩铀及锋-237等物质。官方紧急撤离325名学生和教职员,并宣布关闭学校进行调查。地方学区协会表示:"在污染来源、范围、程度及对大众健康、环境影响的调查结果完成前,该校将会保持关闭。"(选自《验出浓缩铀等辐射污染　美俄亥俄中学紧急关闭》,《自由时报电子报》2019年5月16日21:25)

例2-12语篇中,指示语"该"作为引导读者心理空间转移的标示语,对前文"美国俄亥俄州皮克顿(Piketon)的赞斯寇诺中学校"进行照应,由此发挥语篇的衔接作用。

统计显示,指称衔接方式出现频率较高,在我们调查的大陆地区32篇网络新闻语篇中出现了91处,在台湾地区32篇网络新闻语篇中则出现了102处。

②省略

省略指网络新闻语篇中本该出现的指称词语有了缺省的现象,这些成分从语法角度讲是需要的,但是为了避免重复,作者一般会将这些假定读者在一定的语境中已经明了的成分省略,也可以称为零形式照应。例如:

例 2-13：

　　面对对方的消极战术，郑姝音一直稳扎稳打，Ø 抓住空档多次击头，Ø 不断进攻得分，Ø 扩大领先优势。（选自《怒！中国奥运冠军遇黑哨，金牌就这样被偷走了？》，中国新闻网，2019 年 5 月 18 日 17：13）

　　例 2-13 语篇中，Ø 处本该重复出现"郑姝音"或者使用一个代词指称，由于与主语距离较近，省略了并不会影响理解，同时使得读者不得不从上下文中寻找省略部分的内容，从而起到语篇的衔接作用。

　　统计显示，与指称衔接方式相比，省略衔接方式出现频率更多，在我们调查的大陆地区 32 篇网络新闻语篇中出现了 143 处，在台湾地区 32 篇网络新闻语篇中则出现了 126 处。

　　③替代

　　替代（substitute）指运用某种语义内容相同或者相近的形式代替上下文中的某一部分。替代和省略一样都是为了避免重复而采取的语言手段，但不同的是，省略没有替代词语，而替代则有，所以省略也被称为零式替代。在语篇层面上，一个替代词的出现预设着必定有被替代词的存在，这就促使语篇的接受者在看到替代词的时候必定会去寻找被替代的部分，因此替代也就具备了语篇的衔接功能。例如：

例 2-14：

　　第三点男单由<u>世界第四周天成</u>，迎战世界排名 16 名的伍家朗，过去两人对战，"小天"取得 8 胜 4 负优势。（选自《苏迪曼杯/周天成直落二胜出　我前 3 点全拿克香港》，联合新闻网，2019 年 5 月 19 日 21：12）

　　例 2-14 语篇中，当读者阅读到"小天"时，需要在语篇的层面上寻找这个"小天"到底是指谁,这便促使读者回指找到"小天"的替代对象"世界第四周天成",语篇作者为了避免重复,同时也为了拉近读者与新闻人物的心理距离,运用了比较亲昵的称谓"小天",达到了语用移情的效果。

统计显示,替代衔接方式出现频率很低,在我们调查的大陆地区32篇网络新闻语篇中只出现了8处,在台湾地区32篇网络新闻语篇中则出现了13处。

④连接

连接指将语篇中相邻的不同语句之间语义关系关联一起的一种衔接手段。根据所连接不同语句之间的逻辑语义关系,海峡两岸网络新闻语篇中运用的连接方式包括并列型、递进型、因果型、转折型、顺序型等。这些连接词语的使用意味着只有通过参照其他部分才能理解整个语篇的关系,所以是一种衔接。请看下面两例:

例2-15:

"不爽猫"成为多本畅销书主角,代言多个猫咪饲料品牌,还有导演将它的故事拍成电影。除此之外,还曾因有饮料公司擅用"不爽猫"形象作为商标,因此遭判须付出约71万美元的赔偿金。(选自《美网红"不爽猫"病逝 暴躁表情曾俘获全球猫奴》,中国新闻网,2019年5月18日12:05)

例2-16:

美国俄克拉荷马州俄克拉荷马市,当地时间15日,传出疑因起重机故障,2名洗窗工人乘坐的吊笼,不仅在50层楼高处来回摆荡,还撞破大楼玻璃,所幸2人尽量保持平衡、冷静以对,受困近1小时后顺利获救。(选自《恐怖!美2洗窗工人吊笼被风吹动在50楼摆动 撞破大楼险象横生》,《自由时报电子报》2019年5月16日21:20)

例2-15中,"还有""除此之外""还"的运用体现网络新闻语篇内部成分之间补充和照应的关系,"因此"一词则表示前后句之间逻辑语义上存在因果关系。例2-16中,"不仅……还"结构关联的语句体现了递进型语义关系,词语"所幸"则呈现了弱转折关系。

统计显示,连接衔接方式出现频率较高,在我们调查的大陆地区32篇网络新闻语篇中出现了74处,在台湾地区32篇网络新闻语篇中则出现了89处。

（2）词汇衔接

语篇使用的词汇衔接手段包括重复、同义或者近义词语复现、上下义词语复现、搭配等多种形式。网络新闻语篇运用比较多的是重复和搭配两种衔接手段。

①重复

重复是指反复使用同一词语或小句来表述同一意义或者表示同一对象,按照重复的语言单位的大小我们将它分为词语重复、短语重复和小句重复。网络新闻语篇主要通过重复词语充当结构话题构成衔接,主要是因为网络新闻篇幅较短,倾向于传播短小易于阅读的信息片段,运用重复词语作为全篇的结构话题,便于读者接收信息。网络新闻语篇的全篇、个别段落或多个语句,如果是在叙述共同的话题,都可以重复出现同一语言形式构成衔接,这是最为常见的词汇衔接方式,它们可以充当或部分充当结构话题,以保证该话题的延续性。例如:

例2-17:

李松表示,中国坚定奉行自卫防御的核战略。中国核战略之所以在核武器国家中独树一帜,是因为中国发展核武器是在极为特殊的冷战时期被迫作出的历史性选择,旨在应对核威胁、打破核垄断、防止核战争。中国发展核武器从来不是为了威胁别国。中国不参加任何形式的核军备竞赛,不为别国提供核保护伞,不在别国部署核武器。拥有核武器几十年来，<u>中国</u>始终恪守不首先使用核武器、不对无核武器国家和无核武器区使用或威胁使用核武器的承诺，不附加任何条件，今后也不会改变。（选自《陆大使：不参与美俄核裁军谈判》，《中时电子报》2019年5月16日15：49）

上例语篇中，我们可以看到整则语篇都是在传达我国的核战略，通过五个"中国"的重复将语篇强调的交际目的呈现出来，同时也使这些句子之间有共同的主题连接，从而起到重复词汇的衔接功能。语篇作者不断复现词语，既可以方便随时参与接收新闻信息的受传者，又可以使正在接收新闻信息的受传者减轻回溯搜索有关词语或调动记忆的负担，提高解读速度，有助于降低接收难度。

统计显示，重复衔接方式出现频率较低，在我们调查的大陆地区32篇网络新闻语篇中出现了21处，在台湾地区32篇网络新闻语篇中则出现了28处。

②搭配

作为词汇衔接手段的词汇搭配也称为词汇同现，和传统意义上的词语搭配方式不同，传统意义上的词语搭配指的是修饰成分与中心语的共现关系，而作为词汇衔接手段的词汇搭配是在语篇意义场上的习惯性共现关系。词汇搭配的共现范围可以是句内的、跨句的，也可以是跨段的。网络新闻语篇的篇幅一般比较短小，主要以句内和跨句的词汇共现为主。例如：

例2-18：

　　记者了解到，今后，<u>急救病人</u>上了<u>5G急救车</u>后，<u>随车医生</u>可以利用 <u>5G医疗设备</u>第一时间完成<u>验血</u>、<u>心电图</u>、<u>B超</u>等一系列检查，并通过 <u>5G网络</u>将<u>医学影像</u>、<u>病人体征</u>、<u>病情记录</u>等大量生命信息实时回传到医院，实现院前院内无缝对接，有利于快速制定抢救方案，

提前进行术前准备。（选自《四川首个5G急救车正式投用》，新华网，2019年5月18日18：31）

例2-18语篇是由若干组搭配出现的词汇连接而成的语义连贯的语篇。在开头"急救病人—5G急救车—随车医生"是一组相对概念的词语，当读者看到"急救车"这个词语的时候，便会联想到车上的"急救病人""随车医生"。随后出现的"5G医疗设备—验血、心电图、B超""5G网络—医学影像、病人体征、病情记录"两组搭配共现词汇将句子编织为一个完整的语篇。如果在言语交际中出现上述几组词汇中之一，就会习惯性地让交际者想到另一个（些）词汇，在同一语篇中这些互为搭配关系的词汇的同现，就共同形成了一个词场，而许多有关系的词场相互黏结，共同实现语篇衔接的目的。

统计显示，词汇搭配衔接方式出现频率同样较低，在我们选择的大陆地区32篇网络新闻语篇中出现了22处，在台湾地区32篇网络新闻语篇中则出现了15处。

2. 非结构性衔接对比分析

为了更加清楚地对比各种篇内非结构性衔接方式的出现频率，我们统计了上文提及的64篇网络新闻语篇中各种非结构性衔接方式的出现次数，具体统计结果如下：

表2.2　　　海峡两岸网络新闻语篇非结构性衔接方式对比　　　单位：处，%

衔接方式		大陆地区语篇	百分比	台湾地区语篇	百分比	合计	百分比
语法衔接	指称	91	25.35	102	27.35	193	26.36
	省略	143	39.83	126	33.78	269	36.75
	替代	8	2.23	13	3.48	21	2.87
	连接	74	20.61	89	23.86	163	22.27
词汇衔接	重复	21	5.85	28	7.51	49	6.69
	搭配	22	6.13	15	4.02	37	5.06
合计		359	100	373	100	732	100

从表2.2可以看出，海峡两岸网络新闻语篇采用的非结构性衔接方式数量相近，在具体方式分布上略有不同。

（1）海峡两岸网络新闻语篇都存在更为复杂的语篇衔接方式，大多数语篇都存在不止一种衔接手段。例如：

例2-19：

财政部赋税署说，<u>税法用字</u>本来就较中性，Ø 在形容婚姻或家庭关系时，Ø 多使用如配偶、亲属等字眼；<u>因此同性婚姻</u>合法化后，不用修法即可无缝接轨，Ø 享有税法上所有权利，Ø 同时负担相同义务。（选自《同婚伴侣结婚　父母赠与享最高1280万免税额度》，三立新闻网，2019年5月17日23：10：00）

例2-19语篇运用了省略与连接两种语法衔接方式，第一分句中的两处"Ø"都指向前面的"税法用字"，第二分句中的两处"Ø"都指向前面的"同性婚姻"；第二分句句首的"因此"表现两个分句的逻辑语义之间存在因果的连接关系。

（2）省略衔接方式比例高。在我们统计的海峡两岸共计64篇网络新闻语篇中，无论是大陆地区还是台湾地区，省略衔接方式出现频率都是最高，分别为39.83%与33.78%，总数占各种衔接方式合计的36.75%。大陆地区网络新闻语篇各衔接方式的数量对比为：省略衔接＞指称衔接＞连接衔接＞搭配衔接＞重复衔接＞替代衔接。台湾地区网络新闻语篇各衔接方式的数量对比为：省略衔接＞指称衔接＞连接衔接＞重复衔接＞搭配衔接＞替代衔接。两岸网络新闻语篇衔接方式数量对比总体一致，只是搭配方式与重复方式的对比上略有差异。

（3）网络新闻语篇非结构性衔接方式的总体数量，大陆地区略低于台湾地区；六种具体类型数量对比各有消长，其中省略衔接与搭配衔接大陆地区的数量略高于台湾地区，指称衔接、替代衔接、连接衔接与重复衔接大陆地区的数量略低于台湾地区。

二 网络新闻语篇的篇际衔接

受到网络阅读习惯的制约，网络新闻语篇的篇幅通常较短，若要系统性地传达新闻信息，实现传受双方的有效互动，除了保证有限语篇内部的衔接，同时也需要通过一些有效的篇际衔接形式达到篇外补充的效果。与传统新闻语篇相比，网络新闻语篇在形式上最大的不同是通过超链接技术实现了诸多新闻语篇的相互关联，使当前新闻语篇与所关联的诸多新闻语篇一起构成了更加完整的宏观新闻语篇。在这个意义上，网络新闻语篇的衔接手段具有了新的发展，具备了自身的特色。

（一）网络新闻语篇篇际衔接的形式分类

从表现形式上看，海峡两岸网络新闻语篇实现篇际衔接的方式主要有两种方式。大陆地区大多数新闻网站的网络新闻语篇大多在语篇后通过"新闻链接"与"相关报道"的方式实现语篇衔接，而台湾地区各家新闻网站与大陆地区的新浪、搜狐等少数新闻网站的网络新闻语篇则在语篇正文后列出"关键字"，由读者依据兴趣点击，链接相应的网络新闻语篇。例如：

例2-20：

西藏雪豹频频"肇事" 无碍牧民与其和平共处

2019年5月19日 14：30：42　中国新闻网

中新社拉萨5月19日电　（张伟）记者19日从西藏自治区阿里地区改则县林业和草原局（简称"改则县林草局"）获悉，近日又有一只误闯入当地牧民家中捕食家羊的雪豹被放归自然。据悉，自2019年以来，仅改则县林草局接到牧民关于雪豹"肇事"的报案就已超过20起。

……

卞晓星表示，从近期的监测结果来看，目前西藏的雪豹种群很稳定，分布也很广。以中国首个全境开展雪豹科学监测的行政乡申扎县马跃乡为例，已完成的分析数据显示，在该乡近2000平方公里的范围内生活着50余只雪豹。

相关阅读

"雪山之王"雪豹现身西藏牧家

雪豹频现西藏阿里　村民称"是常客"

新疆罗布泊野骆驼保护区内首次发现濒危雪豹（图）

西藏东部填补雪豹监测空白（图）

国内首拍雪豹全家捕食牦牛彩色高清视频，牛主人获3千元补偿

青海湖畔首次记录到雪豹活动画面

例2-20新闻语篇正文后列出"相关阅读"栏目，借助关键词"雪豹"引出正文后"相关阅读"的诸多新闻语篇。这些新闻语篇之间通过"雪豹"这个关键词建立联系，涉及雪豹在不同地区、不同时间段的出没情况，实现了诸多新闻语篇之间的衔接。再看下例：

例2-21：

埃及观光巴士遭爆炸攻击　17人受伤

联合新闻网　全球　国际焦点

2019年5月19日21：58 中央社　开罗19日综合外电报导

法新社报导，安全机构消息人士和医护人员表示，一辆观光巴士今天遭到爆炸攻击，造成17人受伤，其中多数是外籍观光客。

在邻近吉萨（Giza）金字塔的大埃及博物馆，附近的一辆观光巴士遭到锁定，成为攻击的目标。爆炸装置引爆，击中巴士。

一名目击者表示，他就在事发现场附近，当时他卡在车阵中，他听到一声"巨大的爆炸声"。

一名安全机构消息人士指出,受伤的外籍观光客中,包括南非公民,另外还有埃及人。

<u>巴士</u>.<u>爆炸</u>.<u>埃及</u>

例2-21语篇在新闻语篇正文后面列出本语篇的关键字"巴士""爆炸""埃及",由读者做出选择,主动点击链接相应的话题。这些由同一话题引发的网络新闻语篇之间围绕一个问题或者一个主题展开报道,新闻语篇的创作者或者编辑通过这类话题的标记将同类信息分类,在信息传递的过程中形成一定的模式,就一个话题系统传递信息。当读者看到这个标记的时候就主动地与以往类似语篇联系在一起,系统理解与接收,从而实现了有相同话题标记的网络新闻语篇之间的篇际衔接。

(二)网络新闻语篇篇际衔接的语义分类

与传统新闻语篇相比,海峡两岸的网络新闻语篇在呈现方式上最大的不同是网络新闻具有非线性的超文本特性,借助超链接技术实现了当前新闻语篇与诸多新闻语篇的关联,形成新闻语篇之间的衔接,使当前新闻语篇与所关联的诸多新闻语篇一起构成了更加完整的宏观新闻语篇。我们把当前的网络新闻语篇称为微观语篇,而相应的宏观语篇就是运用网络超链接技术,由微观语篇以标题为轴心,通过正文内部关键词派生的新闻链接与文后的相关报道所产生的诸多语篇以及经过互动产生的网民对网络新闻语篇的评论语篇,共同构成的具有极大包容意义的网络新闻语篇。宏观语篇实质上是由当前微观语篇以某些关键词为索引拓展而成的具有篇际衔接关系的一组新闻语篇。按照与处于核心位置的微观语篇的语义关系,宏观网络新闻语篇可以分为横向与纵向两大类。

1. 横向宏观语篇

所谓横向宏观语篇指由与当前微观新闻语篇同一新闻主题或者与微观语篇新闻人物(组织)相关的诸网络新闻语篇构成的宏观语篇。因此,横向宏观语篇又可以分成两种：系列宏观语篇、相关宏观语篇。

（1）系列宏观语篇

这种宏观语篇由报道当前微观语篇同一新闻事件或同一新闻主题的诸多语篇共同构成。例如：

例2-22：

《不惧"通话门"调查？特朗普想邀乌克兰总统访白宫》（中国新闻网，2010年12月23日03：15）语篇正文后设置"相关新闻"栏目，通过超链接引发四篇相关新闻：

·美正式展开弹劾调查共和党出招　弹劾或成大选焦点　2019年11月4日07：50

·美国大选进入一周年倒计时　弹劾调查或成"变量"　2019年11月3日09：45

·民调：支持弹劾美总统选民增多　特朗普连任难？　2019年11月3日09：26

·特朗普：弹劾是一场骗局　2019年11月2日13：23

例2-22语篇通过正文后边的相关新闻链接当前新闻事实相关的新闻事件，引发受传者对与当前新闻事实主题相关的不同语篇进行非线性多层次阅读，进一步强化新闻主题。经考察，系列宏观语篇形成的篇际衔接方式主要出现在大陆地区的网络新闻语篇中。

（2）相关宏观语篇

这种宏观语篇由当前微观语篇中的新闻人物/组织的其他新闻语篇共同构成。例如：

例2-23：

《伊斯兰国证实首脑丧命　新领导人出炉》（东森新闻网，2019

年11月1日06：20）语篇正文后列出关键字"伊斯兰国""IS""巴格达迪""接班人""出炉",读者可以按照兴趣点击,链接相应的新闻语篇。我们点击其中的"IS"关键字,页面跳转链接围绕此关键字从不同侧面、不同时段报道的新闻语篇:

·马利东北部军方据点遇袭54死 IS宣称犯案 2019年11月3日11：02

·证实马格达迪死讯 IS宣布新任哈里发 2019年11月2日12：06

·IS首脑败在一条内裤 卧底爽获天价奖金 2019年10月30日09：53

·IS完了! 川普：巴格达迪接班人也命丧美军攻击 2019年10月29日22：38

·贴身衣物泄IS首脑行踪 库德族情报助美突击成功 2019年10月29日11：38

例2-23语篇正文后借助关键字链接了当前新闻人物/组织的其他新闻事件,让受传者更加全面地了解当前新闻报道的人物/组织。经考察,相关宏观语篇形成的篇际衔接方式不仅在台湾地区的网络新闻语篇中运用,也出现在大陆地区的部分网络新闻语篇中。

2. 纵向宏观语篇

这种宏观语篇指由针对同一核心新闻事件所做的诸多新闻语篇共同构成的宏观语篇。包括首发新闻语篇、知识背景语篇、后续新闻语篇与新闻评论语篇等诸多语篇。例如：

例2-24:

当地时间下午17：15,英国埃塞克斯警方发布声明称,"死亡货车"司机、25岁的北爱尔兰人莫里斯·罗宾逊（Maurice Robinson）已被起诉,他将于10月28日星期一在切姆斯福德地方法院出庭,被控 39 项罪名，包括过失杀人罪、串谋贩卖人口罪、串谋协助非法移民罪和洗钱罪。

当地时间下午 17：51，警方再次发布声明，称 39 具遗体已全部转移至附近的布鲁姆菲尔德医院（Broomfield Hospital），并将通过国际公认的灾害受害者身份识别（Disaster Victim Identification）标准进行遇难者的身份识别。集成阅读

"死亡货车"中疑遇难越南女子之父：蛇头曾保证安全

英国"死亡货车"惨案更多细节披露！警方再拘两人

英卡车惨案：集装箱与卡车头一周内先后现身爱尔兰

"死亡货车"疑问重重，古特雷斯、默克尔深感震惊！

被"死亡货车"吞噬的 39 人

英国一货运卡车惊现 39 具遗体，英媒称遗体均为中国籍

（选自《英国"死亡货车"司机被控 39 项罪名　包括过失杀人和贩卖人口》，新浪网，2019 年 10 月 27 日 07：29）

例 2-24 语篇中，当前新闻语篇为《英国"死亡货车"司机被控 39 项罪名 包括过失杀人和贩卖人口》，通过文中"集成阅读"引发新闻语篇《英国一货运卡车惊现 39 具遗体，英媒称遗体均为中国籍》，让读者了解该新闻事件的基本情况，然后此新闻语篇中再次以"集成阅读"的方式链接新闻语篇《英警方：相信埃塞克斯货车惨案遇难者全为越南人》《英国警方再通缉两人，称其对"死亡货车"案调查至关重要》《"死亡货车"案嫌犯面临 41 项指控，又有 2 人被越南警方逮捕》《英国货车藏尸案：受害者尸骨未寒 新偷渡者已上路》；后期新浪网网站又以"英国货车"为关键词通过"集成阅读"的方式链接十余篇新闻语篇，交代此新闻事件的纵深发展，并与读者围绕此新闻事件的评论语篇共同构筑宏观新闻语篇。又如：

例 2 -25：

　　一名司机被控与集装箱案 39 人死亡有关。英国检察官指认他是人口走私"全球链条"中的一环。

　　来自北爱尔兰克雷加文（Craigavon）的卡车司机莫里斯·罗宾逊（Maurice Robinson）在切姆斯福德裁判法院（Chelmsford Magistrates' Court）接受审理。

　　<u>移民，难民，非法移民和如何鉴定的难题</u>
　　<u>英国集装箱案：数名越南人家属担忧亲人遇难</u>
　　<u>买卖护照国籍背后：全球巨额利润产业揭秘</u>
　　<u>英国集装箱惨案：法医如何为死者验明正身？</u>

　　10 月 23 日，在埃塞克斯郡格雷（Grays，Essex）一个工业区的集装箱卡车上，有人发现了 39 具尸体。

　　……

　　正在调查这起案件的警察称，发现尸体的卡车可能只是三辆车中的一辆，涉及偷渡的人员总数大约有 100 人。

　　关键字：<u>货车藏尸</u>　<u>英国</u>　<u>越南</u>　<u>讯息</u>　<u>身分</u>

　　（选自《英国集装箱案：关于嫌犯和死者的最新信息》，东森新闻网，2019 年 10 月 31 日 16：02）

　　例 2 -25 语篇正文中列有新闻链接《移民，难民，非法移民和如何鉴定的难题》《英国集装箱案：数名越南人家属担忧亲人遇难》《买卖护照国籍背后：全球巨额利润产业揭秘》《英国集装箱惨案：法医如何为死者验明正身？》，正文后面又以关键字形式提供读者点击更多相关新闻语篇。我们以"货车藏尸"为关键字在台湾东森新闻网站内搜索，获得《英国集装箱惨案：法医为死者验明正身的五个办法》（2019 年 10 月 29 日 08：58）、《英国集装箱案：数名越南人家属担忧亲人遇难，警方调查四名嫌疑人》（2019 年 10 月 28 日 11：24）、《货柜案疑有越南人！父母为爱

女凑百万　收简讯泪崩》（2019年10月26日16：51）、《涉英货柜冻39尸！人蛇之母偷渡20万移民手法曝》（2019年10月26日15：30）、《英国货车39尸案：叙利亚难民谈偷渡经历》（2019年10月26日14：44）、《英国货车39尸案：民众烛光悼念　卡车司机揭骇人现况》（2019年10月26日12：40），交代了此新闻事件的来龙去脉，形成纵向宏观语篇。其中，部分新闻语篇还特别提供给读者关于移民的知识语篇：

　　用词说明：BBC在报道中所用的词语"移民"指所有未完成难民庇护申请的法律程序但在前往庇护国路上的人。这个群体包括因为叙利亚战乱而流离失所的人——他们可能被归为战争难民，也包括那些为了寻求更好工作和生活的人——他们可能被归为经济移民。

　　我们可以看出，超链接技术的应用使当前微观新闻语篇得以通过关键词的形式链接诸多相关语篇，这些语篇在网络新闻语篇中往往是独立成篇的，但它又依附于当前新闻语篇，是与当前新闻所报道的人物、事件等存在有机联系的有关条件、环境、补充说明材料和背景材料，通常是围绕新闻事实的前因后果、来龙去脉或者与新闻人物相关的背景资料。因此，新闻链接也是由当前微观新闻语篇的主题扩展而成的。

第二节　网络新闻语篇的连贯

　　衔接手段作为外显的衔接手段，贯穿衔接网络新闻语篇的字里行间，呈现为某些语言形式共现的有机统一体，将语篇信息连贯起来。在语篇的生成中扮演举足轻重的角色，发挥组织语篇结构，承担连贯语篇内容的重要作用。

　　衔接连贯表现语篇中的语义关联，通过逻辑推理实现语义串联，它是语篇的无形网络[①]。关于保证语篇连贯的条件，不同学者从不同角度对

---

① 黄国文：《语篇分析概要》，湖南教育出版社1988年版，第11页。

其进行探讨：丹奈士和福利士[①]认为语篇的连贯程度取决于该语篇主位推进的连续性，为了能实现主位推进，相关联的单位之间必须由相类似的成分关联起来，如果这些连接不存在，那么主位推进将会出现非连续性，从而使得语篇不连贯；布朗和俞尔[②]则从心理框架层面对语篇连贯进行探讨，认为讲话者的背景知识，譬如框架、脚本、计划等对语篇的连贯产生巨大的影响，只有讲话者所表达的意义与这些背景知识相一致时，语篇的连贯性才得以保障；韩礼德和哈桑[③]则从语域、衔接两个方面保证语篇的连贯性。这些理论从各个方面探究了语篇的连贯程度的保障，但都缺乏系统性。网络新闻语篇的连贯性主要表现为语篇的发布者与接受者之间的生成与理解的统一性，只有达到交际目的网络新闻语篇，我们才能称之为真正意义上的语篇连贯。以下本课题将从网络新闻语篇的内部条件和外部条件出发，较为全面地分析网络新闻语篇实现连贯的条件。

一　网络新闻语篇连贯的外部条件

所有的语言活动都是在一定的环境下发生的，网络新闻传播也不例外。网络新闻语篇依托网络为交际平台，发布者反映社会主流意志等语篇环境都直接或间接地支配着网络新闻语篇对语言形式的选择以及语篇内容的选择，同时，网络新闻语篇所呈现出来的交际者的交际目的和交际心理也是其实现语篇连贯的背景条件。我们发现，当一则网络新闻语篇所表达的意义结构与其所依托的客观世界是一致的，符合新闻传播交际双方即作者与读者的心理预期的，这则网络新闻语篇就能实现其交际

[①] 转引自张德禄、刘汝山《语篇连贯与衔接理论的发展及应用》，上海外语教育出版社2003年版，第5页。

[②] 转引自张德禄、刘汝山《语篇连贯与衔接理论的发展及应用》，上海外语教育出版社2003年版，第5页。

[③] 转引自张德禄、刘汝山《语篇连贯与衔接理论的发展及应用》，上海外语教育出版社2003年版，第4页。

第二章　海峡两岸网络新闻语篇的衔接与连贯　　91

目的,从外部条件看,是连贯的。我们从社会语境、情景语境和心理认知语境三个方面探析影响政务微博连贯性的外部因素。

(一) 社会语境

网络新闻语篇是互联网时代的产物,社会的物质文明程度已经达到一个空前的水平,因此,我们常常在网络新闻语篇中发现一些网络或科技新兴事物,请看下面两例:

例2-26:

　　截至2019年一季度末,我国高铁已累计运输旅客超过100亿人次,累计完成旅客周转量3.34万亿人公里。

　　自2008年我国第一条高铁京津城际铁路建成通车起,至2018年,10年间全国高铁里程达2.9万公里,跃居世界第一位,是世界其他国家高铁总里程的2倍。2018年,高铁发送总量为20.05亿人次,同比增加16.8%,发送总量占全路的60.4%。高铁已成为铁路旅客运输的主渠道。

　　同时,复兴号自2017年6月26日投入运营,截至2019年3月底,累计发送旅客1.93亿人,平均客座率74.9%,较高铁列车平均客座率高出1.3%。

　　(选自《运输超100亿人次!中国高铁助旅客从容出行》,人民网,2019年5月13日15:50)

例2-27:

　　大陆工信部称,目前大陆已经明确了5G中频段频率规划及试验频率,制定了相关分配方案,基础电信企业陆续发布5G部署相关计划,积极开展5G试验,推进网络建设。

　　闻库表示,在产业界各方的共同努力下,目前5G技术和产品日趋成熟,系统、芯片、终端等产业链主要环节已基本达到商用水平,具备了商用部署的条件。

（旺报）

#5g　#大陆　#成熟　#工信　#芯片

（选自《陆工信部：大陆5G 基本达到商用水平》，《中时电子报》2019年5月21日22：18）

上述两则网络新闻语篇中，"高铁""城际铁路""复兴号""5G""网络""芯片""终端"都是近几年来出现的新兴事物，结合这些词语构建的上下文语境，读者不难理解例2－26语篇中的"客座率"与例2－27语篇中的"系统""产业链"等词语的意义所指。

网络新闻语篇的发布平台决定了其受众为广大网民，这部分群体的文化水平参差不齐，对专业术语的理解和接受能力并非完全相同，所以网络新闻语篇的发布者要考虑到大部分网民的语言理解水平，一方面不能一味采用市井俗语，另一方面在使用一些晦涩难懂的专业科技词语时也要做好相应的解释。例如：

例2－28：

中共外交部发言人陆慷今天主持例行记者会。记者会上，有外媒记者在提问时称蔡政府国安会秘书长李大维近期与美国白官国家安全顾问波顿会见，并在提问时称李大维是波顿的"Counterpart"（职务对等者），这番提问竟惹得陆慷跳脚，当场为众多记者上起英文课。

陆慷首先表示，要纠正记者所谓李大维是波顿的"Counterpart"的说法。

陆慷指出，美国政府已经明确承认中华人民共和国政府是代表全中国的唯一合法政府，跟台湾只是保持非官方的文化和经济领域的一些往来，所以不存在和波顿先生还有个"Counterpart"之说。

(选自《外媒用词暗示"两个中国" 陆方发言人怒跳脚上起英文课》，联合新闻网，2019年5月27日17：49）

例2-28语篇中，很多读者未必完全掌握单词"Counterpart"的准确含义，可能就无法领会语篇的意义，那么此语篇就谈不上连贯，所以新闻发布者特地为此单词加上注解，以方便读者正确理解，保证了此语篇理解的连贯性。

除了社会文明程度，网络新闻语篇作为意识倾向很强的语篇，在实现其连贯性时还得考虑相应的相关政策法规及各项规定，引导读者熟悉并接受。例如：

例2-29：

北京大学党委书记邱水平日前在校内纪念五四运动100周年时说，世界一流大学都是在"服务自己国家发展中成长起来的"，北大作为中国高校的标竿，须为实现"两个一百年"目标作更大贡献。

"两个一百年"由中共总书记习近平在2012年11月中共18大提出，意指在2021年中共建党100周年"全面建成小康社会"；2049年中共建政100周年建成"富强、民主、文明、和谐、美丽的社会主义现代化国家"。

（选自《纪念五四百年 北大党委书记：为两个一百年贡献》，联合新闻网，2019年5月1日18：04）

例2-29语篇中，"两个一百年""全面建成小康社会""富强、民主、文明、和谐、美丽的社会主义现代化国家"等都是在当前特色社会主义制度进程下产生的一系列的语言表达方式和术语，该语篇运用这些具有大陆地区人民共识的政治术语，使语篇接受者台湾地区的读者体会政策的新动态，从而达到该网络新闻语篇的交际目的，使此则网络新闻语篇无论从语篇生成还是语篇理解角度的连贯性都显著提升。

社会规约在一定程度上影响着一个社会正常有序的运行，也潜移默化地影响着人们的思想意识与日常行为规范。交通规则是每个人出行都应该遵守的，由此生成的整体性思维模式是相关的网络新闻语篇保证连贯必须考虑的前提。例如：

例2-30：

穿越马路，你会注意竖立在马路旁边的禁止、警告标志吗？就是因为一般人对交通号志视而不见，意外频发，厦门市在重要的交通枢纽海翔大道，竖立起"还横穿马路！被撞就死翘翘"、"你横穿马路，家人医院等你"、"你丑你穿行！"等告示牌，果然引起注意。

《北京青年报》报导，这批最直白的交通警示牌是由厦门市海沧区东孚街道安监站设立，用意不在骂人，但因为经常有人为了图方便经常随意横穿马路，而发生死亡交通事故。

（选自《"被撞死翘翘"厦门交通号志牌骂人直白有效》，联合新闻网，2019年5月11日13：17）

例2-30语篇反映的是厦门市为制止不遵守交通秩序行为而采取的措施，虽然运用了一些过激用语，但引人瞩目，效果明显，已经发挥作用。读者在理解整则语篇的来龙去脉以及逻辑关系时，连贯度就增强了。

这些社会文化现象从各个方面影响了我们言语交际的模式、方式以及交流禁忌等，都可作为网络新闻语篇生成和理解过程中隐藏在语言形式背后的已知信息，当网络新闻语篇符合这些背景预设，读者阅读的连贯性才能得以保证。

（二）情景语境

张德禄、刘汝山指出："情景语境是意义交流的环境，但它不仅仅是语篇产生时周围的物质环境，周围的时间、地点、景物等，而是一个情景类型,包括三个变项:话语范围、话语基调和话语方式。"①

话语范围包括新闻事实和新闻人物以及新闻事件发生的具体时间、地点、原因等环境因素。微博网络新闻语篇要实现连贯,就得选择适当的话语范围。例如:

例 2-31:

加拿大埃布尔达省(Alberta)北部发生森林大火,火势延烧20万英亩(约810平方公里),5000余名民众被迫疏散无法归家。

据《CNN》报导,加拿大埃布尔达省的洽克艾格溪(Chuckegg Creek)燃起野火,火势已经延烧2天,蔓延超过800平方公里,5000多名民众被迫离家避难。

官方表示,"这只是另一次野火自燃引起失控森林大火的案件",但埃布尔达省省长康尼(Jason Kenney)表示,这次的火灾指数达6为最高,意即火灾在森林间扩散的速度非常快。

据了解,目前有超过90名警消人员、25台直升机、水车及10余台重机具运作中,试图控制火势。埃布尔达省卫生局今日稍早已发出空气质量和能见度警告。

(选自《加拿大埃布尔达森林大火 延烧2天超过5千人逃难》,《自由时报电子报》2019年5月22日21:22)

上例的语篇中,事件:森林失火;顺序:介绍某地发生森林大火→描述火势严重程度→说明受灾民众状况→报道救火进展;参与人:受灾民众、官方、埃布尔达省省长康尼。对于森林失火的相关情况和相关涉及人员,读者具有共同的认知,当森林失火这一事件确定之后,只要填补具体的受灾状况和具体的救火措施,该则语篇的话语范围就得以确定。

---

① 张德禄、刘汝山:《语篇连贯与衔接理论的发展及应用》,上海外语教育出版社2003年版,第53—54页。

对于网络新闻语篇而言，选择人们熟知的话语范围（包括适当的事件及其活动的顺序和参与者等）是语篇连贯的一个很重要的外部条件。

话语基调是指言语交际的参与者之间的关系，包括社会基调和交流基调。这方面涉及网络新闻语篇的发布者和接受者双方的社会地位，也涉及了在网络新闻传播过程中的传播目的、传播内容和传播特征。

网络新闻语篇的交际双方的身份关系特殊而固定，即新闻语篇创作者与读者。双方在社会地位上应该是平等的，新闻语篇创作者要秉持着委托人的意志，尽可能保持相对客观真实的态度来传播相关的网络新闻语篇，这种近乎平等的社会地位使得传播双方之间信息交互性更强，要求语篇创作者要以平等的姿态传播网络新闻语篇，这样读者就会更愿意接受其中的信息并其产生互动，使得双方的信息交互更加顺畅，从而增加语篇的连贯性。

交流基调是指在具体的交流过程中交际者在情景语境中的关系，网络新闻语篇的交流基调一般为传播/求取接收、认可的信息。例如：

例 2-32：

　　吴伯雄在会见中说，两岸同胞本是同根生，都是炎黄子孙，血缘和文化的联系是永远无法切断的。山西在两岸交往中扮演着重要角色，希望两地进一步深化民间文化交流，凝聚起推动两岸和平发展的力量。我相信，经过共同努力，中华民族伟大复兴必将实现。

　　……

　　台湾信众刘慧珠告诉记者，"大陆这边祭拜神农大帝的仪式比较盛大，我们在台湾也祭拜神农大帝，每次祭拜炎帝都非常虔诚。神农大帝教我们种植五谷，让我们能够有食物。"

　　（选自《海峡两岸万余民众同拜神农炎帝　中国国民党前主席吴伯雄出席》，中国新闻网，2019 年 5 月 12 日 17：28）

在上例语篇中，从表面上看只是对海峡两岸万余民众同拜神农炎帝的消息通告，好像并没有什么明确的观点，但是这则信息借助新闻人物"吴伯雄""台湾信众刘慧珠"的话语说明"两岸实为一家，中华民族伟大复兴必将实现"的道理。语篇接受者在阅读此类网络新闻语篇时，可以很好进入其具体情景中，从而实现语篇的连贯。

地位平等的社会基调和传播/求取接收、认可的交流基调共同组成了网络新闻语篇情景语境的话语基调，连贯的网络新闻语篇的人际意义符合该话语基调。

"话语方式是指语言在实现社会行为过程中起的作用。从概念意义角度讲，表示语言是事件的一部分还是组成整个事件。"[①] 网络新闻语篇话语方式的确定取决于该语篇所传达的信息及其交际目的。伴随社会过程的网络新闻语篇一般是从受传者角度出发对社会过程的观察和思考。例如：

例 2-33：

昨天（18 日）午后发生的 6.1 强震震惊全台，前地震中心主任郭铠纹事后受访表示，台湾接下来还有相当于 13.3 颗原子弹的能量待释放。不过现任地震中心主任陈国昌今天表示，认为民众对原子弹能量没有概念，且灾害型态也不同，如此比喻恐怕引起民众恐慌。

昨天下午 13 点 01 分，花莲秀林发生规模 6.1 的大地震，而中央气象局地震测报中心前主任郭铠纹事后接受媒体访问表示，目前台湾大概还累积相当于 14 颗原子弹的能量，这次地震释放了 0.7 颗，也就是说还剩下相当于 13.3 颗原子弹的能量有待释放。

根据《东森新闻》报导，现任地震测报中心主任陈国昌今天受访时则指出，他认为用原子弹比喻地壳中尚未释放的能量其实并

---

① 张德禄、刘汝山：《语篇连贯与衔接理论的发展及应用》，上海外语教育出版社 2003 年版，第 62—64 页。

恰当。原因是民众对于原子弹的能量有多大比较没有概念，且原子弹爆炸后引发的灾害状况和地震有很大的不同，这样互相比喻容易造成恐慌。

但是，陈国昌也承认，国内断层近 3 年来释放的能量确实比较少，大约减少了一半。针对此次地震，依目前余震规模看来，大约 1 周内地震序列就会平息，民众不必过度紧张。

（选自《还有 13.3 颗原子弹能量待释放？ 气象局最新回应出炉》，《自由时报电子报》2019 年 4 月 19 日 14：48）

上例新闻语篇的创作者从读者需求出发，与读者一样站在了社会过程观察者的位置，就"花莲大地震"这一台湾地区公众聚集事件展开探讨，传受双方拥有达成共识的心理基础，因而保证了新闻语篇的连贯。

构成整个社会过程的网络新闻语篇是对日常社会现实的描述，比如报道社会热点事件、传递政府政策法规等。在这类网络新闻语篇中，发布者一般根据实际发生的事件有重点、有选择地向读者传达信息，使得事件的描述更加突出重点，语义连贯性得以保障。

（三）心理认知语境

从认知心理的角度来看，语篇连贯主要看其是否符合人们对相关事件、事物现象、运动过程等的日常认识，如果语篇意义无法被人们理解，我们就认为该语篇是不连贯的。在我们的头脑中，连贯可以呈现为很多形式：概念与概念之间的联系、部分与整体间的联系、部分与部分间的联系等。以下我们将从线性连贯和整体连贯两个方面探讨保证网络新闻语篇连贯的心理认知因素。

从线性连贯的角度来看，网络新闻语篇的连贯就是将语篇各部分联系起来的一种心理表现。如果读者能将网络新闻语篇各部分内容所传达的信息联系为一体时，我们就可以认为这则网络新闻语篇是连贯的。例如：

例 2-34：

内蒙古自治区包头市公安局 22 日发布消息，包头警方将"4·02"套路贷犯罪嫌疑人陈某丰、叶某胜、周某淼从境外成功押解回包头。这标志着历经一年，在全国具有广泛影响力的"4·02"套路贷案件完美"收官"。

据了解，2018 年 3 月，包头居民葛某来到包头市公安局报案称，他在网络上通过软件打借条的方式卷入"套路贷"诈骗，自 2017 年 11 月起到报案时止，需要归还本金 20 万元，且已被连续索要"利息"7 万元左右，现已无法偿还高额债务，也无法应对多种软硬兼施的催收手段。

包头市公安局当即成立专案组立案开展侦查，经过近一个月的工作，在江苏无锡、山西运城、浙江温州等地统一收网，共抓获涉嫌"套路贷"诈骗的犯罪嫌疑人近 500 人，押解回包头 193 人。

（选自《"4·02"套路贷案件境外逃逸犯罪嫌疑人被押解回包头》，中国新闻网，2019 年 4 月 22 日 19：07）

在上例语篇中，是居民葛某被"套路贷"诈骗，因而到公安局报案，于是引发公安局立案侦查，最后抓捕犯罪嫌疑人。这四件事情一环接一环，中间哪个事件不存在，后面的事件就不能发生，这四个事件产生了前后的因果关系，就成为一体，该网络新闻语篇就是连贯的。同时，该语篇前半部分运简略概述了该事件的主要结果，在后半部分运用回溯的方式简略概述了该事件的主要内容，这两部分所表现出的顺序看似与客观世界的实际事件的发展顺序不同，但是前半部分事件的主体是该事件的焦点部分，是该语篇的发布者要求接受者注意的重点，所以将其放在前面，把其他补充或是发生在前面的事件放在了后面，显然这种形式更符合阅读者接受信息的连贯要求。通过上例，我们可以看出，网络新闻语篇的线性连贯首先是事件意义的连贯，是事件之间相互关系的连贯，而这种前后联系并非完全固定，决定其连贯的主要因素是社会交际的需要。

要保证整则网络新闻语篇的连贯，仅仅保证前后语句之间的线性连贯是不够的，因为就算一则语篇中相邻的句子之间是连贯的，但是不相邻的句子之间，特别是首尾就不一定相关，这样整个语篇就会不连贯，所以，在保证句际之间的线性连贯之外还需要一个可以统领全文的主题保证语篇的整体连贯。例如：

例2-35：

2011年阿拉伯之春结束后，军事领袖格达费（Moammar Gadhafi）势力瓦解，反抗军领袖哈夫塔接收格达费遗留的军火，形成军事割据局面，除了联合国支持的黎波里中央政府与反抗军哈夫塔之外，还有数个军事组织分散各地，造成国内局势动荡不安。

根据报导，目前至少造成800人罹难，2万人逃离原生地，联合国安理会今日召开会议，讨论停止利比亚内战的决议案，呼吁反抗军与联合国对话，尽速恢复和平稳定局势，确保首都的黎波里300万平民的安全。

（选自《利比亚爆内战 联合国安理会要求叛军对话》，《自由时报电子报》2019年4月17日21：55）

上例语篇中，从表面上看，"军事领袖格达费（Moammar Gadhafi）势力瓦解"与"联合国安理会召开会议"之间并无必然联系，但是放在"爆发内战"的主题下，这两句之间就建立了前后因果关系，保证了语篇连贯。

二　网络新闻语篇衔接保证语篇的连贯

网络新闻语篇中的衔接机制实质上是一条条具有层次性、情境性、双向性等特性的语义纽带。这些衔接纽带将整则新闻语篇紧密地联系在一起，在其他条件都相同的情况下，不同的衔接纽带呈现出不同程度的

第二章 海峡两岸网络新闻语篇的衔接与连贯　　101

衔接力，这些都影响着网络新闻语篇的连贯程度。

（一）按距离远近区分的衔接纽带

网络新闻语篇中的小句之间、句子之间都存在着语义联系，这些联系通常会运用一些衔接机制得以体现。根据衔接纽带两个端点距离的远近，网络新闻语篇的衔接纽带可以分为近程纽带、中程纽带和远程纽带。两个端点分别分布在两个相邻的小句或句子间的衔接纽带属于距离最近的近程纽带；两个端点分布相隔一个句子以上的衔接纽带属于中程纽带；两个端点相距很远，距离超过五个句子的衔接纽带属于远程纽带。例如：

例 2-36：

　　日皇德仁 5 月 1 日即位，Ø 27 日在皇居会见到访的首位外国领袖、美国总统川普。日本宫内厅官员说，2 人会谈时间约 15 分钟，都用英语交谈，话题围绕 3 大主题及英文能力，并互赠礼品。

　　川普 25 日傍晚和夫人梅兰妮亚（Melania Trump）搭乘总统专机空军一号抵达日本东京羽田机场，展开 4 天 3 夜访问，是日本进入令和新年代首位到访的国宾。

　　川普上午造访皇居会见即位不久的日皇德仁，是日本进入令和年代后首位与德仁会见的外国领袖。

　　日本产经新闻报导，宫内厅官员表示，德仁上午与川普的会面大约进行 15 分钟，话题围绕明仁让位德仁继位、日美交流及川普 26 日观战大相扑的日本文化等 3 大类别；川普也在会中向德仁表示敬意，会谈气氛相当轻松和谐。

　　川普在会面时首先表示，能在德仁即位后以首位国宾身分获邀来访，感到非常光荣；德仁回复说，能在即位后欢迎川普以首位国宾身分来访，感到非常高兴。

　　（选自《日皇德仁见川普！15 分钟"全用英语" 会谈围绕 3 大主题》，三立新闻网，2019 年 5 月 27 日 15：16）

上例语篇首句中，Ø 处本该重复出现"日皇德仁"或者改用一个人称代词指称，但因为与前面的主语距离较近，可以让读者回到上一个小句，寻找省略所指；第二句中的"2 人"回指首句中的"日皇德仁""首位外国领袖、美国总统川普"，由此"日皇德仁"与 Ø 处的省略、"2 人"与"日皇德仁""首位外国领袖、美国总统川普"分别构成了衔接纽带的两个端点，直接将前后两个小句或句子联系起来；后一句语义理解依赖前一句，形成近程衔接纽带。在其他条件相同的情况下，这类衔接纽带的衔接力是最强的。第二段中的"首位到访的国宾"与第一段中的"首位外国领袖"位于不同段落，中间相隔一个长句，但通过重复词语构成跨越句子的中程衔接纽带。与近程纽带相比，中程衔接纽带的衔接力有所减弱。第五段中的"首位国宾"运用替代的方式照应距离很远的第一段中的"到访的首位外国领袖"，二者形成远程衔接纽带。这种衔接纽带运用较少，仅出现篇幅较长的网络新闻语篇中。可以看出，以上三种衔接纽带发挥的连贯作用随着距离的缩短而增大。

(二) 按项目多少区分的衔接纽带

网络新闻语篇的衔接纽带按照项目出现的多少可以分为显性纽带与隐性纽带。衔接纽带的基本条件是在衔接的端点有两个或两个以上的项目，也可以有多个点形成。在网络新闻语篇的一些具有衔接功能的语义联系中，这些项目不一定都要以形式特征体现，有很多衔接纽带只有一个项目以形式体现，其他的则留下意义的空缺。网络新闻语篇中由至少两个项目组成的衔接纽带叫作显性衔接纽带，而那些只有一个项目由形式呈现或者由意义空缺组成的衔接纽带叫作隐性衔接纽带。比如在例 2-36 语篇中的第一句："日皇德仁 5 月 1 日即位，Ø 27 日在皇居会见到访的首位外国领袖、美国总统川普。"这个衔接纽带只有"日皇德仁"是由形式项目体现的，但是在具体语境中，读者可以推断出"Ø"处所缺少的内容，这种缺少是为了使语言更加简洁，符合语境要求。这个推断的过程使语篇意义的理解暂时停滞，有时推断还可能出现错误，所以其衔接力要稍弱于显性衔接纽带。

(三) 按范围大小区分的衔接纽带

按照衔接纽带所涉及的范围大小,网络新闻语篇的衔接纽带可以分为区域纽带和整体纽带。所谓的区域纽带指的是衔接网络新闻语篇局部的内部各个句子或各部分,整体纽带则是衔接网络新闻语篇整体的各部分或是将整体与部分衔接起来。例如:

例 2-37:

BBC 中文网报导,德雷莎·梅伊 24 日宣布辞去首相职务和保守党党魁职务的时间表,预计将于 6 月 10 日启动保守党党魁选举事宜,并希望在此期间担任内阁看守首相。

以英国外交大臣杰里米·亨特为首的内阁大臣,最终扼杀了德雷莎·梅伊推动通过脱欧协议的希望。

报导指出,德雷莎·梅伊被逼到了走投无路的境地,因为她的内阁大臣们加入了保守党的反抗阵营,反对她在新脱欧协议中提议举行第二次公投。

德雷莎·梅伊的首相权能因内阁倒戈、议会哗变以及选民在英国脱欧问题上的强烈反弹而陷入瘫痪,她与保守党国会议员委员会主席格雷厄姆·布雷迪开会后,说明了她的辞职计划。

保守党议员们认为,德雷莎·梅伊可能会宣布在 6 月 10 日辞去保守党领袖职务,这使她能够接待在 6 月 3 日至 5 日对英国进行国事访问的美国总统川普。

(选自《脱欧无果 英国首相德雷莎·梅伊宣布准备辞职》,《中时电子报》2019 年 5 月 24 日 18:05)

例 2-37 新闻语篇内容可以分为三个部分:梅伊 24 日宣布辞去首相职务和保守党党魁职务的时间表,梅伊宣布准备辞职的原因,保守党议员们对此事件的进一步走向的预测。三个部分各自独立但是又通过衔接纽带联系在一起，通过人名德雷莎·梅伊的重复出现，以及准备辞职的不同说法衔接在一起。这种将语篇整体的各部分联系起来的衔接纽带称为整体纽带，而语篇分成的三个部分形成了区域衔接纽带。从表面上看，区域纽带和近程纽带，整体纽带和远程纽带有着相互重叠之处，但是二者的划分依据不同，远程纽带如果不在语篇整体中发挥衔接作用，我们依然称之为区域纽带，同样，近程纽带如果将两个语篇整体联系在一起，我们也称之为整体纽带。在其他条件相同的情况下，网络新闻语篇中的整体纽带的衔接力要强于区域纽带。因为整体纽带是从宏观上统领整则语篇，更接近语篇整体的主题，语篇意义更加突出，而且整体纽带更容易使读者的记忆滞留，使读者能够进入长期的记忆中。

部分网络新闻语篇通过超链接技术实现了诸多新闻语篇的关联，形成篇际衔接，构成宏观的网络新闻语篇系统。这些新闻语篇为当前新闻语篇提供了全面的背景资料与相关事件的信息介绍，共同构建宏观的网络新闻语篇，形成更为广泛意义上的整体纽带。

（四）按与主题相关程度区分的衔接纽带

按照与新闻主题相关程度，网络新闻语篇的衔接纽带可以分为中心纽带与边缘纽带。某些网络新闻语篇在陈述事实之后会加以语篇创作者的评价或是其他的价值观的引导，这些是网络新闻语篇的一部分，但是对语篇的整体主题并没有太大的作用，这类与语篇主体关系不大的部分所构成的衔接纽带称为边缘纽带，而其他与主题相关度程度高的部分所形成的衔接纽带称为中心纽带。例如：

例 2-38：

此次<u>为了</u>保证世运会申办工作的顺利推进，成都在硬件和软件方面做足了准备。"成都具备举办大型赛事的经验和条件。"相关负责人向记者介绍说，<u>首先</u>在交通方面，成都第二机场——天府国际机场计划于 2021 年正式投入使用，加上目前的成都双流国际机场，两个机场完全能够满足航空运输服务。便捷的市内公共交通，将为观众观看比赛提供保障。成都市还将计划开通市民观赛班车、工作人员及媒体人员班车等。

……

成都正积极推进世界文化名城建设，明确提出打造"三城三都"的战略蓝图，是成都建设世界赛事名城决心和信心的体现，也是成都创建世界赛事名城的重要举措。通过场馆建设进一步夯实世界赛事名城载体支撑，通过赛事举办进一步扩大世界赛事名城的国际影响力，提升成都的城市影响力和知名度，扩大对外合作和国际交流。

（选自《成都成功申办 2025 年世界运动会》，《中时电子报》2019 年 5 月 9 日 19：23）

上例新闻语篇的主题围绕"成都成功申办 2025 年世界运动会"展开，在我们选取语料的第一段中，语篇运用"为了""首先""加上""还"等关联词语构成了凸显主题的衔接纽带，即这则网络新闻语篇的中心纽带；而在最后一段中，语篇创作者描述"成都正积极推进世界文化名城建设，明确提出打造'三城三都'的战略蓝图"，与语篇主题的联系就没有那么紧密了，虽然通过关联词"也"与前面的主题构成了衔接链条，但是因为与主题的相关度较低，属于边缘纽带。在其他条件都相同的前提下，与语篇主题相关程度高的中心纽带的衔接力显然高于与主题相关程度低的边缘纽带。

在外部条件都相同的情况下，网络新闻语篇的连贯度主要取决于其内部衔接纽带所呈现的衔接力的大小，二者呈正比关系，衔接力越大，这则网络新闻语篇的连贯程度就越高。综合来说，网络新闻语篇的连贯是由语篇的外部条件和内部衔接共同作用决定的。要实现网络新闻语篇的连贯，首先需要保证语篇的语言形式、语篇内容的选择符合大的语言环境，其次在具体的语言表达上保证内部的衔接，二者缺一不可。

本章小结

本章从海峡两岸的网络新闻语篇文本出发，对其衔接机制与连贯保障进行了比较全面的分析。

本章首先从篇内衔接和篇外衔接两个角度分析了网络新闻语篇的衔接机制。网络新闻语篇的篇内衔接可以分为结构性衔接和非结构性衔接。其中结构性衔接方面，本章从海峡两岸网络新闻语篇的主位结构角度出发，归纳总结了网络新闻语篇的六种主位推进模式：平行型主位推进模式、延续型主位推进模式、总结型主位推进模式、集中型主位推进模式、交叉型主位推进模式以及分散型主位推进模式，对比分析了这六种主位推进模式在两岸网络新闻语篇中的出现频率。在非结构性衔接方面，本章对比考察了两岸网络新闻语篇的语法衔接与词汇衔接两个方面，语法衔接主要有指称、省略、替代、连接等手段，词汇衔接以重复和搭配两种手段为主。在篇际衔接部分，海峡两岸网络新闻语篇篇际衔接主要借助"新闻链接"与"关键字"两种表现方式，在语义关系上可以分为横向（围绕同一新闻主题展开）与纵向（交代新闻事件前因后果）两类。

本章从网络新闻语篇的外部条件和内部衔接条件两个角度分析了影响其语篇连贯的因素。网络新闻语篇实现连贯的外部条件主要考虑该语篇所选择的语言表现形式、语篇内容是否符合当前的社会语境、情景语境以及认知语境。在语篇内部衔接方面，按照衔接纽带的两个端点距离大小，网络新闻语篇中的衔接纽带分为近程纽带、中程纽带与远程纽带，在其他条件相同的情况下，衔接力的强弱依次表现为：近程纽带＞中程纽带＞远程纽带；从衔接纽带与语言形式的关系方面，网络新闻语篇中的衔接纽带分为显性纽带和隐性纽带，其中显性纽带的衔接力强于隐性纽带；从衔接所管辖的语篇区域角度，网络新闻语篇中的衔接纽带分为区域纽带和整体纽带，其中整体纽带的衔接力强于区域纽带；从衔接纽带与语篇主题的相关程度，网络新闻语篇中的衔接纽带分为中心纽带和边缘纽带，其中中心纽带的衔接力强于边缘纽带。实现网络新闻语篇的连贯就是实现其语篇意义的连贯，这使得网络新闻语篇的创作者及其委托人不仅要注意语篇的语言形式、语篇内容的选择要符合宏观的语言环境，在具体的语言表达方式上也要保证内部的衔接，二者缺一不可。

第三章 海峡两岸网络新闻语篇的图式选择

网络新闻语篇研究不仅需要考察语篇结构与衔接，也需要全面考虑语篇在认知、社会和文化中发挥功能的复杂性，因此我们需要对新闻语篇使用的不同方面进行系列的研究。语言是社会组织的产物，语言的运用会受到社会诸多方面因素的影响与制约，势必会顺应语境在语言意义潜势中作出选择。构建与接收网络新闻语篇的文本信息实质上是事实认知和话语交际的过程，这是一个非常复杂的生理和心理处理过程。网络新闻语篇的构建是社会现实经由创作者及其委托人的再现诠释，这个过程必然会在创作者心理图式的基础上展开；网络新闻语篇的理解是读者对语篇意义的接收与逐渐认同，这也会不可避免地激活读者大脑中已有的图式，从而选择恰当的认知策略。

第一节 网络新闻语篇的图式构建

新闻传播宣扬客观真实，但新闻语篇的建构并非完全复制社会现实，而是经过一系列的筛选后形成的高度建构性的介质，是对社会真实的"再造"。网络新闻语篇创作者根据一定的媒体逻辑，秉承委托人意志，基于一定的社会立场，借助语篇文本与读者进行社会信息的交流与互动，在潜移默化中让读者接收并认同自己的观点。这一过程实质上是对社会真实进行语言信息编码（即生成）的过程，受语篇意图驱动，采用整理、选择、组织、重构等一系列认知策略对语篇信息进行重新加工的过程。这个过程必然涉及对特定概念、事物或事件的认知结构的表征，涉及在特定意识形态影响下的新闻语篇创作者知识经验的网络，即图式。

一 图式理论简介

图式（schema）属于心理学术语，是人们大脑中已经存储的继往知识经验的网络体系，对特定事物、事件或者概念表征的认知结构，影响人们对相关信息的加工处理。德国哲学家 Immanuel Kant 在 1781 年首次提出"图式"这个哲学概念，并解释为纯粹先验想象力的产物或者说是学习者以往习得的知识结构。随着认知心理学的发展，学界对于"图式"这个概念的理解各有不同。英国心理学家 Frederic Bartlett 在 1932 年提出心理学领域的"图式"。他认为，图式是人们对过去反应或过去经验的主动组织，是人类根据当前需要对大脑中存储的经验、理论、知识、信息等过去反应或过去经验的有选择地整理、组织、重构，形成一个比较完整的认知系统，实现已知信息对未知信息的协助改造处理过程。图式化是一种帮助人们理解世界的方式。Bartlett 还提出在具体的社会实践活动中，人们会不断地重新组建自己的知识经验从而促使新图式的产生。

现代图式理论是在吸收了理性主义关于心理结构的思想和经验主义关于过去经验对心理具有积极影响的观点，同时又在心理表征研究的基础上产生的。现代图式理论认为，现实世界的各种现象都是具有内在结构的完整系统。我们认知世界系统的知识经验，以一般概念的形式存储在大脑中。人的记忆中表征的知识体系的各个组成要素相互联系，相互作用，构建了具有一定心理结构的网络体系，也就是图式。图式具有以下特征：①变量性，这是指组成图式的各个被表征的概念要素在不同的图式中有不同的表现；②层次性，这是说图式具有不同的等级结构，高一层次的图式由数量不一的低一层次的图式构成；③主动性，这是说图式是一种主动计算装置，主动搜索信息，对信息进行有意义的解释，能把自身性质与合适的资料匹配起来进行适当的评价；④可填充性，这是指图式的下层具有空位，每种图式的不同层次并非总是具有实在具体的内容，有时可以是空置的。

现代图式理论建立在心理学上的理性主义和经验主义对过去经验对心理学的基础上，同时吸收信息科学、计算机科学和代表心理学的新成果。美国人工智能专家 D. E Rumelhart 在图式理论的整个发展中起到的推动作用非常重要。他将图式看作一个具有较强组织性并且能够相互作用的知识结构。如果把人们的认知体系看作一座藏书丰富的图书馆，那么图式就是构成图书馆的一本本图书。举个例子来说明，人们去参加婚礼，就能够形成一系列与结婚典礼相关的知识结构，比如新郎、新娘、主持人、婚纱、礼服、婚车、贺词等，它们与婚礼密切相关，一旦涉及婚礼这一认知结构体系，那人们头脑中自然而然会出现一串串相关的概念，也就是建造这一体系所需要的各种要素。

虽然学界对"图式"概念研究的侧重点各有不同，但总的来看，从静态的角度来看，图式是人类大脑中已有的知识经验的网络体系，是表征特定事物、事件或者概念的认知结构，影响对相关信息的加工处理；从动态的角度来看，图式是人们通过重建大脑记忆中已有的知识结构，以便获得新的知识结构，可以辅助自身更好地理解并存储新的信息。

二 网络新闻语篇生成运用的图式类型

图式借助人类大脑中已有的对外界环境与事件的了解的知识，以及与当事人自身相关的已经发生的事件的经验，可以用来表征不同层次体系的人类知识。网络新闻语篇同样注重"用事实说话"的客观报道手法，在一定程度上可以影响受传者对所报道新闻事件立场与观点的确立或改变，但这种再现"事实"的报道首先必须突破受传者的认知心理图式，因为只有当受传者的认知图式被激活，语篇意义才有可能被其理解，进而才能影响其态度的变化。

（一）语言图式的生成

语言图式概括地说指的就是对语言各个层面的把握和理解程度，包括词汇的斟酌选用、意义的调配、词语搭配组合的规范和突破，习惯语俗语的运用是否得体，句子之间的衔接连贯是否恰当，语篇结构是否清晰明了等等。语言图式的准确掌握对于准确构建网络新闻语篇具有重要的作用，因为新闻语言力求运用最简便的语言形式表达最丰富的语义内涵，对于新闻语篇创作者来说，如果运用的词语过于生涩、句子过于复杂，就会阻碍网民的即时理解。请看下面两例：

例 3-1：

  千呼万唤还不出来？美国总统川普近日至少 2 度预告，本周将公开他今年 4 月，首度与乌克兰总统泽伦斯基的通话记录，但两次都黄牛了。（选自《又黄牛?！川普迟不公开与乌总统通话记录》，《中时电子报》2019 年 11 月 15 日 18：08）

例 3-2：

  美国在台协会（AIT）处长郦英杰南下拜访国民党总统参选人韩国瑜，会后更在脸书公开合照，感谢台美交流，外界认为美方此举对韩释出高度善意，却让绿营急跳脚。对此，网络观察家朱学恒今（21）日在东森网络政论节目《政治神逻辑》中表示，AIT 已经认真把韩国瑜当总统参选人，但资深媒体人张友骅爆料，虽然双方安排会面，但韩国瑜却被问了不该问的"换柱 2.0"。（选自《韩国瑜与 AIT 处长会面　遭爆被问换柱 2.0》，东森新闻网，2019 年 8 月 21 日 17：34）

单从新闻标题上来看，例 3-1 中的"黄牛"具有实指与修辞比喻用法两种含义，语篇创作者利用这一点吸引读者阅读语篇正文的兴趣，让读者进而理解这个词语的真正所指（意指食言失信的人）。例3-2语篇创作者通过巧妙地设置标题中的缩略词语"AIT"（美国在台协会）与典故"换柱"（2015年国民党撤换该党"大选"候选人洪秀柱），引发关注此话题的读者深入阅读语篇。因此，网络新闻作者要尽可能了解网民的基本情况，运用网民熟知的语言图式来撰写新闻语篇特别是新闻标题。

（二）结构图式的生成

结构图式简单来说就是语篇文本材料的样式、体裁、修辞、逻辑思维等相关知识。任何类型的语体结构在语体方面都有自己独特的特点。只有充分掌握了材料的不同文体结构，创作者才能更好地构建网络新闻语篇信息。经考察发现，海峡两岸的新闻人主要运用以下四种结构图式，建构网络新闻语篇。

1. 故事图式的生成

故事图式也称为叙述图式，其作用是能够用来叙述一个事件或者是讲个故事，表征有关故事结构在人们头脑中的表征形式和分析机制。它通常以时间顺序为轴来加工信息。作为一种心理结构与加工机制，故事图式是对故事语法的心理反应与加工机制，是由反映故事内部结构的心理期待构成的。故事语法是用以描述故事结构的一套规则系统，也是语篇结构的重要分析系统，由场景（setting）、主题（themes）、情节（plot）与解决（resolutions）等方面组成。鲁忠义、彭聃龄（2003）的《语篇理解研究》指出，从20世纪60年代开始，Propp、Colby、Rumellhart、Mandler、Johnson、Thorndyke、Stein、Glenn等诸多学者对故事语法理论进行了系列研究。其中，Rumellhart在1975年首先提出的故事语法理论构成其他诸多故事语法的基础。故事语法包括一系列句法规则与一系列语义解释规则，前者用来构成故事，后者决定故事语义表征。通过这套规则，语篇作者可以构建故事的各种组成成分以及程序之间的序列和关系等。故事的内在结构分为表层结构与深层结构。前者由句子构成，后者的理解可由树形结构来表现。与深层结构树形图中各节点相对应的表层结构，有时由几个句子组成，有时则可以由句子的一部分来表现。故事的各节点是由并列、时序与因果等关系连接而成。

故事语法是被用以描述故事结构规则的正式规则系统，故事图式则是一种心理结构和加工机制。故事语法结构的规则为了解故事图式的特征与加工机制的作用提供了必要方法。故事图式中的事件过程主要分为具体事件的开端、发展、高潮与结局四大部分，每个部分又可以相应地再包含一些更小的信息单元。

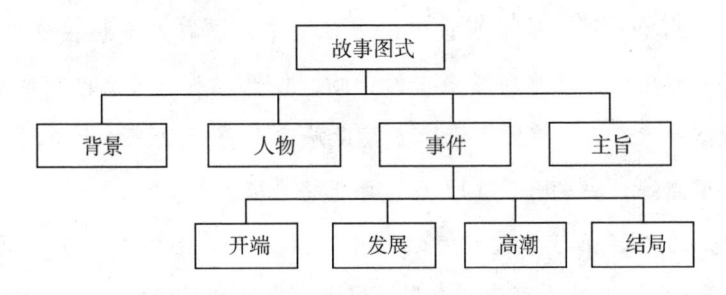

图 3.1　语篇故事图式示意

由图 3.1 可以看出，人们在亲身经历或者听到和阅读许多故事并理解故事中的具体事件与相关事件之间的各种错综复杂的关系后，逐渐形成故事图式。故事图式具备抽象性，并不需要面面俱到地详细介绍故事事件的每一个细节，而将分析的单元抽象归纳限制于内容的类型上。在这种归纳限制下，故事结构要素的内容变化仍然很大。故事图式具有顺序性，结构要素之间的顺序是一种随时间或空间转移的排列关系而不是组合关系。作为一种等级组织结构，故事图式由故事情节的概念与情节下位的嵌套成分构成，具有层次性。这是网络新闻语篇中最常借鉴的图式。海峡两岸网络新闻语篇创作者运用故事图式，经过一系列的"过滤""选择""简述""详述""聚焦""放大"等操作，将新闻事件的原始意义抽离其原始语境，构建之后再植入新语境，按照委托人意志重新诠释新闻故事。例如：

例 3-3：

　　香港中文大学 12 日发生暴力事件，黑衣暴徒不断在校内纵火，扔汽油弹，与警方对峙，校园内多处着火，烟雾弥漫，场景混乱。香港警方表示，12 日早，有暴徒在中大范围内向警方防线扔砖头和汽油弹，警察在 20 分钟推进和拘捕过程中，被 30 个汽油弹袭击，有暴徒将龙门（球门）作为路障，甚至准备大批弓箭，又打烂私家车玻璃，喷上谋杀学生的字样。

　　……

　　据"东网"等港媒报道，当日下午，黑衣人不断在校内纵火，将一辆中大校车推向燃烧中的杂物，校巴车头着火，也有私家车焚毁。中大宣布，校园多处地方及设施遭严重损毁，加上附近多段道路遭堵塞，决定明日（13 日）课堂将会取消。

　　另外，在与暴徒对峙过程中，至少有 2 名警察和 1 名记者被"镪水弹"击中。经查阅发现，镪水弹是一种将酸或类似的腐蚀性物质投掷到他人身上的行为，其行为的目的是令受害人毁容、伤害、致残、折磨、伤害或杀害被害者。

　　（选自《香港中文大学大入夜成"战场"　暴徒纵火袭警》，四月网，2019 年 11 月 13 日 08：55）

上例新闻语篇用故事图式来分析，事件背景要素为香港连日暴力活动，人物要素为"黑衣暴徒"，主旨要素为语篇标题"香港中文大学入夜成'战场'　暴徒纵火袭警"。事件要素由"开端、发展—高潮、结局"三要素构成，由于网络新闻语篇追求时效性，所以故事图式中的"发展、高潮"二要素通常合二为一，效果更加简练。其中，"开端"为"黑衣暴徒不断在校内纵火，扔汽油弹，与警方对峙，校园内多处着火，烟雾弥漫，场景混乱"，"发展—高潮"为"校巴车头着火，也有私家车焚毁，校园多处地方及设施遭严重损毁，明日（13 日）课堂将会取消，至少有

2名警察和1名记者被'镪水弹'击中"。同样因为语篇追求时效的原因,语篇内还没有真正的新闻事件结局。

例3-4:

　　香港中文大学连日来爆发示威冲突,被各界视为自由净土的大学校园成为战场,面对警方优势火力,学生们土法炼钢,解锁各种技能,包括自制汽油弹、练习投掷技巧;而除了头盔面罩这些重要装备,各界也捐赠食物和水等等,加强后勤补给,以各种形式声援年轻学子。

　　当校园从最后净土成为火爆战场,香港中文大学学生一夜长大,旗子上这"光复香港,时代革命"八个字,成为精神指标,一大清早就装备齐全,爬上梯子站岗,观察警方动态。

　　学生们用可乐和汽水瓶自制汽油弹,为了守护校园,解锁各种新技能,还有人在草地上,用矿泉水瓶练习丢掷汽油弹的技巧。

　　12日晚间,中文大学校园内烽火连天,火焰、蓝色水柱和催泪瓦斯,相较于警方优势武力,学生只能土法炼钢,连弓箭等体育用品都成了武器。

（选自《校园净土成战场　港中大学生土法炼钢守校园》,东森新闻网,2019年11月15日14:36）

例3-4语篇中,事件背景要素为"香港中文大学连日来爆发示威冲突",人物要素为"学生们",主旨要素为语篇标题"校园净土成战场　港中大学生土法炼钢守校园"。事件要素同样由"开端、发展—高潮、结局"三要素构成。其中,"开端"为"学生们土法炼钢,解锁各种技能,包括自制汽油弹、练习投掷技巧","发展—高潮"为"香港中文大学学生一夜长大,旗子上这'光复香港,时代革命'八个字,成为精神指标,一大清早就装备齐全,爬上梯子站岗,观察警方动态"。同样因为语篇追求时效的原因,语篇内还没有真正的新闻事件结局。

上面两则新闻语篇报道同一新闻事件，运用故事图式对比发现，人物要素分别为"黑衣暴徒""学生"，主旨要素分别为"暴徒纵火袭警""学生守校园"。例3-3语篇的事件要素描述黑衣暴徒的不法罪行与后果，说明警察入校采取驱散和拘捕行动的正义性，是依法办事；而例3-4语篇的事件要素则刻意忽略了这些内容，反而强调学生练习各种守护校园的技巧，暗示学生是被迫而为。从这些对比中，可以看出两则网络新闻语篇不同的意识形态倾向，语篇创作者经过一系列的"选择""忽略""凸显""整合"之后构建出大相径庭的新闻语篇。

2. 描绘图式的生成

描绘图式简单来说就是指说话人运用语言向其他人详细描述自己的情绪、感受和相关见闻。这种图式一般是按照空间方位的顺序来进行描绘的，例如由内至外、由上到下、由近及远等。例如：

例3-5：

郁慕明在"郁慕明观察站"脸书有感而发表示，虽然只是短短几小时的行程，两处距离更是如此接近，但<u>从黄花岗来到青创园，从"国破山河碎"到"青春中国梦"</u>，那是多少前人牺牲奉献的结果。（选自《郁慕明一行向黄花岗七十二烈士墓致敬 并与在穗台青相聚》，《中时电子报》2019年5月25日23：19）

这段新闻语篇借用新闻人物话语按照空间顺序的转移引发当事人内心的情绪与感受，体现了描绘图式。

3. 说明图式的生成

说明图式是指语篇创作者运用解释说明的手法来表明话题的主要内容与事项的操作程序等多方面相关知识。说明图式可以由解释图式、分类解说图式、比较与对照图式以及因果关系图式等四个小类组成。在这里我们运用图形来展示其结构，这样可以更为清楚明白地阐释。

(1) 解释图式的生成

解释说明

```
        解释说明
[ 话题 ] <——————> [ 事例 ]
```

图 3.2　语篇解释图式示意

解释图式是运用后面的语句对前面的话题进行解释、说明。例如：

例 3-6：

　　即将卸任的美国海军作战部长朗·巴克斯艾尔（Ron Boxall）表示，驻防夏威夷的普雷贝尔号驱逐舰（DDG-88，USS Preble）将是第一艘安装高能镭射武器的军舰。舰上的镭射炮既是飞弹拦截器也是小艇破坏者，可防卫飞弹与自杀小艇的袭击。

　　……

　　巴克斯艾尔表示："镭射武器能够与神盾系统相辅相乘，很多人以为镭射只是一把枪，但它其实也是一种非常好的传感器，当目标愈靠近雷达，雷达的分辨率会变得不清楚，但是目标愈接近镭射系统时，它的分辨率反而更提升。"

　　不过，两者最大的障碍是整合，因为神盾系统研发时，还没有纳入镭射光学的部分，所以如何将镭射武器的高解析数据输入战斗系统是个课题，对巴克斯艾尔而言，他目前不太关注镭射的功率提升，比较在乎数据如何整合。

　　洛克希德·马丁公司 HELIOS 项目主管布兰登·谢尔顿（Brandon Shelton）说："HELIOS 整合到舰上，它会融合到军舰的动力系统中，而不是携带额外的电池到船上。"

　　（选自《美军普雷布尔号驱逐舰 2021 年安装镭射炮》，《中时电子报》2019 年 5 月 23 日 18：36）

例3-6新闻语篇首先总体说明"普雷贝尔号驱逐舰（DDG-88，USS Preble）将是第一艘安装高能镭射武器的军舰"，继而提出话题"将镭射炮安装到军舰上"，然后围绕此话题借助新闻人物的话语具体论述"镭射武器的实质""镭射炮与神盾战斗系统的整合""HELOS（高能镭射眩光监视系统）的动力系统"等相关问题，体现了解释图式。

（2）分类解说图式的生成

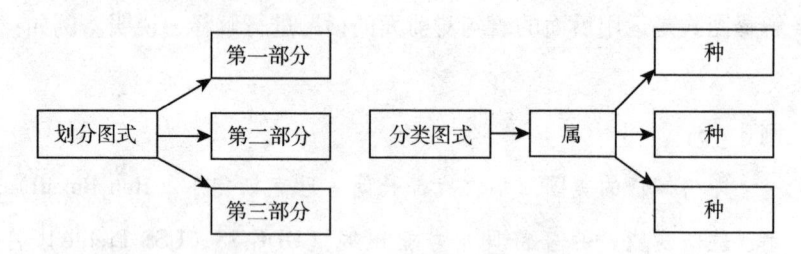

图3.3 语篇分类解说图式示意

分类解说图式首先提出一件事情或一种情况，后面的语句分别述说该事件或情况的几个方面或组成部分。请看下面两例：

例3-7：

研究人员介绍，他们<u>首先</u>从一名病人体内提取脂肪组织，分离出细胞和细胞外基质，<u>再</u>借助基因改造技术将细胞转变成干细胞，让这些干细胞分化成心肌细胞和可生成血管的细胞，<u>然后</u>将这些细胞与细胞外基质加工成的水凝胶混合，制成"生物墨水"，<u>最终</u>装入3D打印机进行打印。（选自《以色列研究人员称3D打印出全球首颗"完整"心脏》，新华网，2019年4月16日16：22：58）

例3-8：

此次为了保证世运会申办工作的顺利推进，成都在硬件和软件方面做足了准备。"成都具备举办大型赛事的经验和条件。"相关负责人向记者介绍说,首先在交通方面,成都第二机场——天府国际机场计划于 2021 年正式投入使用,加上目前的成都双流国际机场,两个机场完全能够满足航空运输服务。便捷的市内公共交通,将为观众观看比赛提供保障。成都市还将计划开通市民观赛班车、工作人员及媒体人员班车等。

优质的食宿是运动员良好临场发挥的重要保障。成都市各大酒店完全能够满足赛会期间各类客户群的住宿需求,酒店将 24 小时提供多样化的餐饮服务。成都市拥有完善先进的医疗服务、医疗急救和疾病预防控制体系以及大批经验丰富的医务人员和先进设备。赛会期间,竞赛场馆内将配备医护人员及急救车,场馆周边指定运动创伤医院,为与会者指定专用医院,提供便捷的绿色通道。世运会是世界瞩目的重要体育赛事。2025 年世运会的媒体中心将全天 24 小时提供有力支持,确保世运会有效、广泛地传播,让精彩的赛事实况立体传播。

(选自《成都成功申办 2025 年世界运动会》,《中时电子报》2019 年 5 月 9 日 19:23)

例 3-7 语篇按照步骤详细描述了新闻主旨"3D 打印出全球首颗'完整'心脏"的过程。例 3-8 语篇为了说明"成都具备举办大型赛事的经验和条件",分别从交通、食宿、医疗、传播等方面说明。两个例子都体现了分类解说图式。

(3) 比较与对照图式的生成

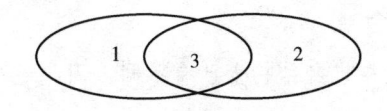

图 3.4　语篇比较与对照图式示意

说明:1 与 2 为两种不同事物,也可以为同一事物内部的不同部分,3 为 1 与 2 的交集部分

比较与对照图式可以是在同一件事物内部进行比较对照,也可以是

对两件以上的事物进行比较对照。例如：

例3-9：

李正皓今（24）日在脸书po分析蓝营支持者、绿营支持者的最大差别，他指出蓝营的支持者最爱喊：非"X"不投，但到最后，蓝营的支持者每4年就只有在投票日那天看到蓝营被教训时开心一天，其他3年又364天都活在痛苦与抱怨当中。（选自《蓝营、绿营支持者差在哪？他一语点破关键…… 网惊：超中肯》，三立新闻网，2019年4月24日15∶08∶00）

这段新闻语篇借助新闻人物的话语对比分析蓝营支持者、绿营支持者的最大差别，将创作者及其委托人的意志暗示给读者，体现了比较与对照图式。

（4）因果关系图式的生成

图3.5　语篇因果关系图式示意图

因果关系图式可以是先说明原因再说明结果，也可以是先说明结果再说明原因。例如：

例3-10：

然而E/F型在机身结构上已有不同，因此还在生产在线的C/D型就变成比较尴尬的存在，高不成低不就的，于是瑞典政府直拨预算来购买。国库所购买的14架战机机身中，有10架是单座C型，4架是双座D型。根据瑞典国防物资管理局（FMV）的说法，这14架机身的预算都被列入了狮鹫E的合约里。（选自《为保持战机产能　瑞典买下

14 架狮鹫机壳》，《中时电子报》2019 年 4 月 24 日 22：33)

这段新闻语篇先说明"生产在线的 C/D 型就变成比较尴尬的存在"，再推出结果"于是瑞典政府直拨预算来购买"，体现了因果关系图式。

4. 论证图式的生成

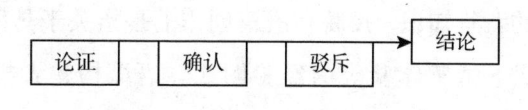

论证 → 确认 → 驳斥 → 结论

图 3.6　语篇论证图式示意

论证图式是说话人在相关数据材料的基础上，运用逻辑思维来推导证明所说的事件、观点等是真实的、可操作的，因而能够被人们相信。例如：

例 3-11：

巴黎大区卫生局和巴黎市警察局联合发表新闻公报称，火灾后的采样化验结果表明，圣母院外部空气环境中没有吸入性铅中毒的风险，但在紧邻圣母院的周边存在铅粉尘。

公报说，圣母院所在的西岱岛范围内的所有空气质量检测值显示，当地大气铅浓度低于每立方米 0.25 微克的安全限值。但化验结果表明，圣母院广场和周边道路的泥土中局部存在大量铅粉尘，达到了每千克土壤含铅 10 至 20 克的水平，而安全参考值仅为每千克土壤含铅 0.3 克。

公报还说，面向圣母院的行政机构的建筑高层也检测到铅成分存在，但金属铅只有在反复摄入的情况下才会影响人体健康。

(选自《巴黎圣母院大火引发次生环境灾害？法国警方这样说》，人民日报海外网，2019 年 5 月 10 日 09：08)

这段新闻语篇中，新闻公报为证实巴黎圣母院大火引发次生环境灾害，列举圣母院广场、周边道路的泥土中与面向圣母院的行政机构的建筑高层的含铅成分，体现了论证图式。

（三）内容图式的生成

内容图式又称为主题图式，指当事人整体认知与理解社会的所见所闻所必须具备的背景知识，反映在语篇创作上是指关于具体语篇的题材、思路、生活场景、情感体验等的经验图式。语篇构建者构建新的图式，需要预设受传者头脑中已经具有的内容图式，根据相应的语境具体分析情况，以传播新闻语篇意义。作者对网络新闻语篇的内容范畴、主题范式的选择除了决定于他们希望传播的观点以外，还取决于读者理解语篇的程度。例如：

例3-12：

为了重返执政做准备，国民党妇女部二十三日发表最新款的KMT潮T。国民党妇女部主任、立委柯志恩指出，今年潮T的标语只有一个，不管是谁出来代表国民党，只有一个愿望，"WE SHALL RETURN，我们要重返执政"。（选自《KMT潮T发表 立委走秀喊重返执政》，中华日报新闻网，2019年4月23日15：23）

这段新闻语篇反映台湾地区选举的情形，涉及了一些背景知识。语篇创作者预设读者掌握标语、服装等一系列选举图式，了解"KMT"（国民党英文缩写）、"潮T"（时尚T恤）的含义，因而以此构建语篇。只有具备相应的背景知识，即头脑中具有相应的内容图式，网民才可以真正明白新闻人物的观点。

例3-13：

不少在餐饮业服务的员工都曾遇过客人"自创点餐法"，让人摸不清头或是会错意。有名鸡排店员工就表示遇到学生打电话订"800块鸡排",但现场只有200块可以卖,只好忍痛放弃这笔订单;没想到对方不相信继续追问,才发现他们其实是要点"800元"的鸡排,让原po以为整间店要被搬走了……。(选自《学生订"800块鸡排"!老板吓傻忍痛放弃订单 结局尴尬展开笑翻网》,东森新闻网,2019年4月24日11:36)

例3-13属于台湾新闻语篇,其中的"po"(Purchase Order,即订单)的含义,对于台湾地区的读者来说,并不陌生,他们具备这样的内容图式,因此不会误解。另外,语篇标题中的"800块"容易引发歧义,读者阅读正文才发现实际上是指"800元钱",不然可能会影响对语篇的理解,也许这正是语篇创作者故意为之用来吸引读者点击阅读的原因吧。

以上两篇新闻语篇的创作者预设读者具备相同的背景知识,拥有相应的内容图式,因此这样行文不仅不会影响阅读理解,反而可以吸引读者点击。

新闻消息是运用概括的叙述方式,以较简明扼要的文字,迅速及时地报道新近发生的、具有新闻价值的事实的一种文体。对比以上图式,可以看出,故事图式与新闻消息图式最为接近,其他图式或者适合个别新闻语篇,或者适于新闻消息语篇的部分内容。网络新闻语篇创作者构建语篇,需要进一步熟悉并掌握新闻图式,适当调整已有的图式,进而创造新图式,充分借助新闻图式的层次性、抽象性与顺序性,把握新闻故事情节的概念与情节下位的嵌套成分的关联,概括说明新闻事件的具体内容,把分析的单元限制于内容的类型上;按照排列关系处理新闻图式结构要素之间的顺序。

第二节 网络新闻语篇的图式解读

作为一种表征知识的方式,图式是按照固定的格式组织在一起的概念群体,用于表征具体规则、涉及关系、事件/事件系列、相关情景和客体等因素。图式理论认为,读者阅读并理解语篇实质上是语篇的内容材料与读者所具备的知识经验体系相互作用的过程(interactive process)。网民接收、识别并理解、认同网络新闻语篇文本信息是一个推理过程。它具有识别、分析、判断、猜测、推理、总结、理解与评估的能力。解读的过程实质上是对语言信息进行解码(即理解)的过程,使用一系列认知策略,例如预测、选择和验证等认知策略来重新处理信息。网络新闻的受传者是一个分布广泛、十分复杂的社会群体,为了提高接收和理解网络新闻文本信息的能力,新闻语篇读者不仅应掌握丰富的语言知识(词汇、语法),而且还应具有包括社会、文化、科技、地理、历史等方面的背景知识。也就是说,语篇读者具备的相关背景知识的数量与质量直接影响他们接收网络新闻语篇文本信息的能力。

一 网络新闻语篇不同图式的解读

图式是人们认知的基础,图式理论可以帮助网民阅读与理解网络新闻语篇,因为网民在理解网络新闻语篇时,需要把大脑中存储的已知信息(即相关的背景知识)与新接收到的信息联系起来,这样就会受到其大脑中现有的知识结构以及周围认知环境的影响,会以此来推测网络新闻语篇创作者及其委托人真正的语篇意图。

(一)语言图式的激活

语言图式指的是有关词汇、语法和语篇衔接等方面的知识。语言图式之间有着非常复杂的关系,主要分别为语法和词汇层面的图式和语篇衔接层面的图式。

网民在词汇、句法的图式层面理解网络新闻语篇,如果可以在句子和词汇方面识别和辨认,进而进行语法以及词汇的推断,那么这有助于读者获取语篇创作者及其委托人的语篇意义。在阅读的过程中如果碰到一些不熟悉的词语,就会约束读者对后面内容的理解。对于语篇读者来说，及时扩充自身大脑中的词汇存储量，提高对复杂语言现象的分析理解能力，可以更加有效地理解网络新闻语篇意图。例如：

例 3-14：

波音公司（Boeing Co.）数日前才表示，希望获得 FAA 认证，并于 12 月中颁布适航指令，让 737MAX 型客机复飞。尽管波音坦承明年 1 月前，仍无法获准更新机师培训许可，不过，这项新复航时间表已带动波音股价 11 日劲扬。

（选自《737MAX 复飞时程 FAA 波音不同调》，三立新闻网，2019 年 11 月 16 日 16：43：00）

这段新闻语篇涉及一些缩略词语"FAA"（美国联邦航空总署）、"复飞"（重新飞行）、"劲扬"（强劲有力地上扬），大陆地区的网民如果缺乏相关知识，就很难明白这段话到底是什么意思，更谈不上理解语篇作者及其委托人的意图。网民需要尽量多地了解并掌握相关的社会文化知识，这样才能更好地阅读并理解网络新闻语篇。

（二）结构图式的激活

结构图式指的是关于撰写语篇、谋篇布局需要把握的写作方法、修辞结构与语体特征等方面的知识。在修辞结构方面，在语篇内容保持不变的情况下，只改变修辞的结构，语篇接受者的理解力和记忆力会有相应的影响。海峡两岸的网络新闻在不断发展、前行的进程中逐渐形成了一套自己特有的形式。网络新闻消息语篇主要采用结构图式中的故事图式叙事，语体格式包括几个固定的格式，分别为背景、开头、发展、高潮以及结尾。只有充分掌握了语篇材料的不同文体结构，网民才能更好地接收并理解网络新闻语篇信息。

新闻语篇图式相对抽象化，再加上网络新闻语篇篇幅通常较短，有时并不需要详细说明新闻事件的具体内容，而将分析的单元限制于具体内容的类型上。在这种限制内，新闻语篇结构要素的内容变化仍然很大。由于长期接收、理解新闻语篇，受到其潜移默化的影响，受传者已经积累了相当规模的认知经验，可以接收并理解这样的新闻图式。请看下面两例：

例3-15：

美国总统特朗普周五（24日）公布，美国将向中东增兵约1500人，针对伊朗提升防御能力。当中包括操作导弹防御系统、空中监视、从事加强防御的工程师，还有一个战斗机中队。

他同日触动一在联邦法例项下罕有被启动条文，宣布紧急状态声明，以绕过国会直接对中东盟友售武。

特朗普在起程前往日本前表示："我们想在中东获得保障。我们将派遣人数相对较少的军队、主要是（用于）保护。"

（选自《美国以伊朗威胁为由，向中东增兵1500人，直接军售沙特等国》，网易，2019年5月25日11:54）

例3-16：

美国与伊朗关系激化，美国总统川普24日宣布，中东地区将增加部署1500人部队，同时美政府指出，将绕过国会审查，出售价值达81亿美元（约新台币2550亿元）武器给沙特阿拉伯及其他阿拉伯盟友，川普称这些举措都是基于"保护"性质，意在恫吓伊朗威胁。

美国总统川普24日宣布，将在中东增兵1500名士兵，不过专家认为此次在中东增兵的规模其实算小，因为当中600人实际上属于爱国者飞弹部队，所以真实的增兵数量仅有900人。

（选自《威胁升级！美中东增兵1500人、军售逾2500亿》，《中时电子报》2019年5月25日15:26）

上面两例新闻语篇用故事图式来分析，都由背景、人物、事件、主旨四个要素构成。例 3-15 语篇中，事件背景要素为"特朗普在起程前往日本前表示：'我们想在中东有获得保障……'"，揭示事件的原因。人物要素为"美国总统特朗普"，主旨要素为语篇标题"美国以伊朗威胁为由，向中东增兵 1500 人，直接军售沙特等国"。事件要素为"美国总统特朗普周五（24 日）公布将向中东增兵约 1500 人，同时绕过国会直接对中东盟友售武"。例 3-16 语篇中，事件背景要素为"美国与伊朗关系激化"，揭示事件的原因。人物要素为"美国总统川普"，主旨要素为语篇标题"威胁升级！美中东增兵 1500 人、军售逾 2500 亿"。事件要素为"美国总统川普 24 日宣布，中东地区将增加部署 1500 人部队，同时将绕过国会审查，出售价值达 81 亿美元武器给沙特阿拉伯及其他阿拉伯盟友"。两则新闻语篇报道同一新闻事件，区别在于报道背景要素的位置与具体用语。读者对比阅读这两则新闻语篇，不难发现其中的语篇意义。

（三）内容图式的激活

内容图式又称为主题图式，指与语篇内容和题材相关的知识，包括事实性知识、价值观和文化习俗等。反映在语篇理解上是指关于文章写作的题材、思路、生活场景、情感体验等的经验图式。内容图式需要大量的、广泛的汲取信息才能获得。内容图式包含了概念知识或某一主题内的常态信息以及信息如何相互关联而构成整体。掌握相应的内容图式并且在恰当的时候激活它，有助于加强读者对网络新闻语篇的理解。例如：

例 3-17：

消费者通胀预期下降，在周一（5 月 13 日）引来多位美联储官员的警告。目前同时面对的，还有新一波的市场震荡，以及一连串风险的卷土重来。美联储官员们基本上认为，迄今为止的国际经贸问题不太可能令美国经济扩张脱离正轨，但强调国际经贸问题久拖不决则是另外一回事，可能需要美联储做出某种应对。

从 60 分钟图看，虽然美元指数受布林带中轨支撑，但三轨开口趋平且 MACD 有成为死叉的趋势，关注 97.26 一线支撑位，若跌破可能重新回测 97.13—97.00 区间。

（选自《美联储降息风险增长　美元多头"噩梦"恐重返！》，金投网，2019 年 5 月 13 日 10：05）

例 3-17 语篇描述股市期货行情，其中的文化图式要想被激活，语篇读者必须要拥有相同的文化知识，熟悉理解"通胀、震荡、正轨、60 分钟图①、美元指数、布林带②中轨、三轨开口③、死叉④、支撑位⑤、回测⑥"等词语的具体含义。人们可以通过文化图式去存储有关这些经济领域内概念性和感知性的信息，从而对这种文化表征、文化体验有自己的理解和诠释。

二　运用故事图式理论理解网络新闻语篇

故事图式是在故事传播、理解与记忆过程中所运用的一种具体的图式。故事图式由于与新闻图式最为接近，对理解新闻语篇具有很大借鉴作用。网络新闻语篇的理解过程并非简单的过程。接收与理解网络新闻语篇时，网民自身已具备的信息资料库发挥重要的作用，网民依赖于其大脑中已经存储的框架、网络和图式，对新输入信息进行解码和编码。因此输入信息必须匹配相应的图式，新闻图式才能发挥作用，有效完成处理相关新闻信息的系列过程，收获预期目的。我们可以运用一个图示

---

①　60 分钟图：与股票相联系的一种图表，比 5 分钟图、15 分钟图、30 分钟图稳定，不至于有太多的杂波，同时又比日线灵活，卖点不至于太过滞后。

②　布林带，即布林线（Boll）指标，是股市技术分析的常用工具之一，通过计算股价的"标准差"，再求股价的"信赖区间"。

③　布林线上、中、下三轨所形成的开口型图示。

④　即死亡交叉，是指股市行情下降中的短期移动平均线由上而下穿过下降的长期移动平均线，这个时候支撑线被向下突破，表示股价将继续下落，行情看跌。

⑤　支撑位是在一段时期中某价位区域内，实际或预期出现买方力量大于卖方而阻止下跌趋势，股价因此向上弹升。

⑥　股票回测是指设定了某些股票指标组合后，基于历史已经发生过的真实行情数据，在历史上某一个时间点开始，严格按照设定的组合进行选股，并模拟真实金融市场交易的规则进行模型买入、模型卖出，得出一个时间段内的市盈率、最大回撤率等数据。

来梳理一下网络新闻语篇理解过程的大致脉络。可见图 3.7：

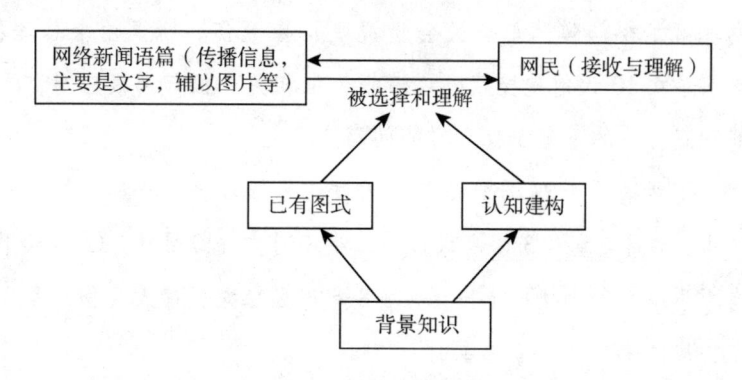

图 3.7　网络新闻语篇图式理解示意

由图 3.7 可以看出，相关的背景知识是网民理解网络新闻语篇的基础。网民在已具有的强大背景知识的基础上，根据头脑中已存的图式和认知建构能力，对语篇语言进行分析、激活、接收、选择、重建、理解、存储，进而领会语篇所传达的意识倾向，从而接收并认同语篇创作者推出的立场与观点。

（一）图式的激活

拥有强大的背景知识系统，正确解读网络新闻语篇，可以全面透彻地把握网络新闻语篇相关的结构形式、语义内容、语篇用语，才能更好地洞察网络新闻语篇创作者真正的传播意图。这样看来，网民理解网络新闻语篇的关键事项是要掌握并且能够成功激活记忆中的原有图式。充分了解网络新闻语篇的常规程式及其与各种简单变式、复杂变式之间的转换，可以帮助网民更好地理解网络新闻语篇。我们来看一则完整的网络新闻语篇：

例 3-18：

斯里兰卡在 21 日复活节当天，接连发生了 8 起爆炸案，酿成至少 290 人死亡、500 人受伤的惨剧，警方逮捕了 13 名嫌犯全都是当地人，也证实这起恐攻是"宗教激进主义者"下的手，而在机场还发现第九枚炸弹，差点又会造成更严重死伤。斯里兰卡总理指出，其实早在10天前就接获恐攻情报，但相关单位却消极应对，要查清楚到底行政体系出了什么样的问题。

①斯里兰卡21日复活节当天发生恐怖攻击，<u>首都科伦坡和邻近城市，3间教堂和3间高级饭店</u>，半小时内陆续爆炸，②当天下午又有<u>小型旅馆和大楼</u>也传出爆炸，8起连环爆酿成惊人死伤，是斯里兰卡内战结束后伤亡最惨重的一次。

案发的教堂位于首都科伦坡的圣安东尼堂外，军警戒备森严，是第一波爆炸的地点，这座百年历史古迹，当时聚会人潮众多死伤相当惨重，警方全力缉凶，前后逮捕了13名嫌犯全是当地人，当局证实这波连环恐攻，就是宗教激进主义者下的手。

斯里兰卡总理威克瑞米辛赫："首要之务就是，要确保恐怖主义，无法在斯里兰卡抬头。"

即使逮到嫌犯，但22日清晨，军方又在科伦坡国际机场附近，找到一枚土制炸弹紧急拆除，让人担忧恐攻是否还是"现在进行式"。总理对外表示，警察总长曾在4月11日通报，国内有恐怖分子准备发动攻击，情报单位却没积极应对，怀疑有人知情不报。

由于采取双首长制的斯里兰卡，2018年底曾爆发宪政危机，有舆论认为情报被扣住的导火线，有可能来自于总统与总理间长期不合，而我外交部则表示，在这起恐攻当中，一名下榻香格里拉饭店的国人，被碎玻璃割伤没有大碍。

教宗方济各："在这起残忍暴力事件中的罹难者，我要致上最深的哀悼。"

教宗方济各公开谴责凶嫌，而川普也发推文哀悼，但糗的是他把死伤人数弄错，当时死亡人数已有上百，他竟然写成1亿3800多万，斯里兰卡的总人口也不过2100多万，虽然他随后立刻更正，但已经被网友截图。

而目前斯里兰卡政府连续 3 天实施宵禁，周一股市也紧急休市，暂时禁止民众使用社群软件，避免散布错误和仇恨讯息，恐攻阴霾笼罩了红茶之国，也让全球都高度关注。

关键字：斯里兰卡　爆炸　恐怖攻击　宗教　激进

（选自《斯里兰卡复活节惊传 8 起爆炸　至少 290 死 500 伤》，东森新闻网，2019 年 4 月 23 日 11：10）

这是一则常规程式的网络新闻语篇，是关于某地某时发生了某事的常规报道。这则新闻语篇的主题通过标题以宏观命题的形式进行了表达与暗示，揭示了"何地"（即地点，"斯里兰卡"）、"何时"（即具体时间，"复活节"）"何事"（"8 起爆炸"）与"结果"（"至少 290 死 500 伤"）四个要素。在导语中主题得以扩展说明，"时间"进一步明确（由"复活节"变成了"21 日复活节"），增加了"后续事件"（警方逮捕了 13 名嫌犯全都是当地人，证实这起恐攻是"宗教激进主义者"下的手，在机场还发现第九枚炸弹），并加以"直接评析"（差点又会造成更严重死伤），借助新闻人物"斯里兰卡总理"的话语发表"间接评析"（其实早在 10 天前就截获恐攻情报，但相关单位却消极应对，要查清楚到底行政体系出了什么样的问题），使网民对该新闻事件的主题意义理解更加深刻。可以看出，网络新闻的标题与导语这两个常规范畴又构成了一个大范畴：摘要。摘要是网络新闻语言的必要范畴，是新闻语篇深层语义"宏观结构"的言语表达，传播语篇最重要的话题或者主题。网民从摘要就可以推断出新闻语篇的语义宏观结构，激活受传者记忆中的相关知识，能够迅速解读新闻正文的语义及其段落与句子之间的连贯机制。新闻语篇正文中，第二段落中画线部分"首都科伦坡和邻近城市，3 间教堂和 3 间高级饭店""小型旅馆和大楼"是对标题与导语中"何地"因素（斯里兰卡）的进一步明确化。①、②两句是对"何事"因素（"8 起爆炸案")的具体化,充实了事件的内容,实质是对导语的再次扩展。第三段进一步描述地点(教堂),介绍后续事件(警方全力缉凶,前后逮捕了13名嫌犯全是当地人),第九段增加后续事件(斯里兰卡政府连续3天实施宵禁,周一股市也紧急休市,暂时禁止民众使用社群软件)。第四段到第八段主要是对新闻事件的评析,第六段中还包含了新闻事件的背景信息,但这些内容属于细节,与主题相关性不大,只需根据删略原则就可将其删除,因为没有这些信息也可以理解其他内容。读者把握新闻语篇所报道的中心主题,可以通过组构规则归纳部分隐含信息或者先决条件信息,也可以直接删除非重要信息而获得。新闻语篇正文后以"斯里兰卡""爆炸""恐怖攻击""宗教""激进"为关键字引发读者链接更多的相关新闻,与当前新闻语篇共同构成宏观新闻语篇,提供与新闻事件或者主题相关的背景信息、相关知识等,通过对同类事件信息的引荐,延伸与拓展了受传者的阅读,丰富与发展了报道内容。

　　网络新闻语篇由传统的报刊新闻语篇发展而来,在它不断演变的进程中逐渐形成了一套自己特有的模式。彭兰(2007)指出,通常一篇网络新闻语篇的完整层次包括:标题、内容提要(导语)、新闻正文、关键词或背景链接、相关文章的延伸性阅读。从例3-18语篇中,我们可以看出在网络新闻语篇模式中,如同语句扩充或者缩写一样,导语是标题的扩展,而新闻正文又是由导语扩展而来,相关新闻则是依据关键字/词在当前新闻语篇基础上的进一步扩展;标题是导语通过"宏观规则"概括缩略后的语句,是消息语篇文本的纲要性概述,而导语又是由新闻正文通过"宏观规则"缩略后的语句。相关新闻通常是在网络新闻语篇正文之外依据关键词加入的与当前新闻有关的新闻链接。例3-18语篇的结构模式显示,新闻叙事图式与故事图式最为接近,同样是一种等级组织结构,具有层次性,可以表现为图3.8。

　　显然,网络新闻语篇图式具有以下特点:第一,新闻图式具有层次性。如图3.8所示,作为一种等级组织结构,网络新闻图式由情节的概念

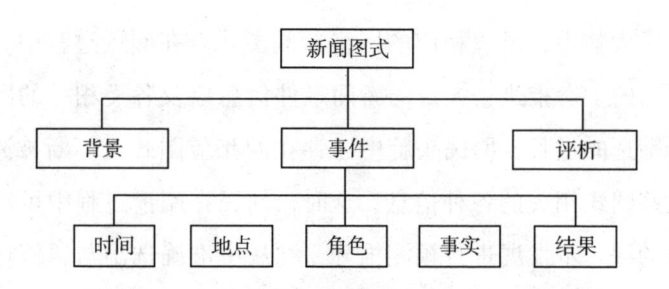

```
                    新闻图式
        ┌──────────────┼──────────────┐
       背景           事件            评析
                ┌──┬──┼──┬──┐
               时间 地点 角色 事实 结果
```

图 3.8　网络新闻消息语篇完整图式示意

与情节下位的嵌套成分构成。新闻语篇每一段落的宏观命题都是对某一事件的总结，各个段落的宏观命题根据删略原则集纳为导语，再由导语进一步集纳为语篇标题。新闻标题没有能够囊括语篇的全部信息。第二，新闻图式具备抽象性。新闻图式并不详细说明新闻事件的具体内容，而将分析的单元限制于内容的类型上。在这种限制内，结构要素的内容变化仍然很大。第三，新闻图式具有顺序性。结构要素之间的顺序是一种排列关系而不是组合关系。

由于网络信息纷繁复杂，网络社会盛行速食文化，网民大多以浏览式阅读网络新闻语篇。网民在了解并熟悉网络新闻叙事图式与网络新闻语篇结构模式之后，再次阅读网络新闻时，会激活大脑中存储的网络新闻叙事与网络新闻语篇结构图式，倾向于根据层次阅读网络新闻语篇。网民首先浏览的是新闻网站首页上的网络新闻标题，对于大多数新闻标题只是浮光掠影、一扫而过，这些网络新闻语篇给阅读者留下的印象只停留在第一层次——标题；对于能够诱发自己阅读兴趣或产生疑问的网络新闻标题，网民点击进入网络新闻语篇阅读。语篇阅读过程中，大多数网民关注的重点是语篇导语部分，如果导语能够满足阅读兴趣、解决阅读疑问，就不再继续阅读语篇其他部分。因此，网络新闻消息语篇通常采用倒金字塔结构，按照新闻价值的大小，把最重要的信息放在最前面，将各种信息按其重要性程度依次递减，写出新闻事实。

（二）图式的预测、选择、重建和存储

随着网民接触网络新闻种类与数量的逐渐增加，更多的知识与经验存储在网民大脑中，形成相应的网络新闻图式。在阅读过程中，随着网络新闻语篇的动态推进，大量的新闻事件信息以及各类相关的图式需要经历一个筛选的过程，网民头脑中已存在的相应图式会不断被激活，引发出与这些图式相关的各种信息。这时，网民在阅读过程中可以对网络新闻语篇的进一步发展进行预测推理，并从中准确选出与语篇作者想要传达的信息相一致的图式。

从认知语境的角度来看，两岸读者对新闻事件所做的假设并非保持不变，而是应该随着所阅读的网络新闻语篇的推进结构而随时调整自己的预测，最终有可能会生成一个与先前完全不同的新假设。也就是说，在网络新闻语篇观点真正没有明确之前，网民都不能确定自己是否真正理解把握语篇意图。网民的原始图式有可能随着新闻语篇的不断推进出现与语篇现实不符合的情况，因而致使网民的推测落空、停滞，然后重新选择甚至建构一个全新的图式。也就是在这个过程中，网络新闻语篇作者及其委托人的观点在潜移默化中被网民接收认同。例如：

例 3-19：

中华职棒今天在洲际棒球场富邦悍将对中信兄弟，双方一直以 1 比 1 战至 9 局下，林智胜虽然之前吞了 3 次三振，仍于 9 下敲再见安打，兄弟以 2 比 1 夺胜，点亮下半季封王魔术数字 M3。

赛前兄弟位居下半季第 1 名，悍将则是以 2 场胜差名列第 2、下半季淘汰指数 5，兄弟赢球会减 1、悍将输球也减 1，归零后就确定淘汰，因此从今天开始的 3 连战相当关键。

兄弟派出廖乙忠先发应战，悍将则是洋投包林杰，双方打线受制于先发投手，前 5 局皆未能拿下分数。

直到 6 局上，悍将的胡金龙敲二垒安打后，林益全获敬远保送，范国宸再敲出安打，带有 1 分打点；不过下个半局詹子贤轰出阳春全垒打，兄弟追平比数，这也是他本季第 26 发全垒打。

第三章　海峡两岸网络新闻语篇的图式选择　　　　　　　　135

　　一直维持平手到 9 局下，詹子贤从林羿豪手中敲二垒安打后，陈子豪获敬远保送，之后三垒手陈凯伦出现失误，形成二、三垒有人，林智胜再敲出再见安打，终场兄弟以 2 比 1 夺胜，点亮下半季封王魔术数字 M3，最快 29 日封王。

　　单场 MVP 就由敲出生涯第 9 支再见安打的林智胜拿下，不过此战前 3 打席都吞下三振，他赛后笑说："说真的，今天之前我对包林杰是 11 次打击 8 次三振，打完这场变 11 次三振，但是关键的安打一支就够了。"

　　兄弟先发投手廖乙忠主投 6 局，被敲 6 支安打，投 3 次保送包含 2 次敬远，送出 8 次三振，仅失 1 分演出优质先发，无关胜败；兄弟第 4 任投手郑凯文拿下本季第 11 胜，后援 2 局仅被敲 1 支安打，无失分，送出 3 次三振。

　　悍将先发投手包林杰则是投 7 局，仅被敲 3 支安打，没有出现保送，飙 9 次三振，也仅失 1 分，无关胜败，败投由被敲再见安打的林羿豪吞下。

　　关键字：林智胜　安打　棒球　洲际棒球场　中信兄弟

　　（选自《林智胜吞 3K 后敲再见安打　兄弟点亮魔术数字 M3》，东森新闻网，2019 年 9 月 28 日 08：51）

　　大陆地区不熟悉棒球比赛的网民如果是第一次看到例 3-19 这样的标题，可能不太明白其中的"3K""安打①""魔术数字 M3②"的意义。网

---

①　棒球及垒球运动中的一个名词，指打击手把投手投出来的球，击出到界内，使打者本身能至少安全上到一垒的情形。
②　一个联盟中有许多球队要争取排名第一的位子。将球队的胜场数除以已赛场次即可得到胜率，而球队之间的战绩排行就以胜率为依据来做比较。假设战绩领先队为 A 队，其对 B 队的魔术数字 mAB 存在的意义在于，B 队已经无法自力阻止 A 队封王。若 B 队剩余赛程全胜时（包括对 A 队所有剩余赛事皆获得胜利），而 A 队只需要对其他队伍共赢得 mAB 场比赛，mAB 小于或等于 A 队所剩的比赛场次——A 队与 B 队剩余对战场次，使 A 队在战绩排行上仍然领先 B 队的话，则我们会说 A 队对 B 队的魔术数字已点亮，而点亮的魔术数字即是 mAB。在本则新闻语篇中 mAB 为 m3。

民点击新闻标题进入新闻语篇页面浏览导语部分,结合上下文语境可以了解标题中的"3K"的含义为"三振①",其他的词语可能需要运用搜索引擎了解,如果对这个新闻主题有兴趣,可以进一步阅读语篇正文,甚至还可以通过文后的关键字进行延伸式阅读,从而更为全面地理解该篇网络新闻语篇的观点与意图。

网民在阅读网络新闻语篇的进程中,根据当前语境会不断修正先前结合背景知识所做的预测推理,在这个过程中其大脑中已有的原始图式发挥的作用是至关重要的。在原始图式的基础之上,网民会不断预测、不断假设又不断否定、调整自己先前的假设,选择出最为符合新闻语篇创作者及其委托人意图的图式,或者也可能重建这个图式,最终存储在记忆之中,成为新的图式,丰富了自己的背景图式库,从而不仅可以更为全面地理解当前阅读的新闻语篇,而且也为将来更好地理解其他新闻语篇奠定了一定的基础。以上内容可以用图 3.9 来概括:

输入语篇语言 →激活→ 已有图式 →预测选择→ 恰当图式 →被否定重建→ 新图式 →存储→ 头脑图式库

图 3.9 网民图式选择重建示意图

如例 3-19 语篇中,网民看到"林智胜吞 3K 后敲再见安打 兄弟点亮魔术数字 M3"这样的新闻标题,会有不同的预测,从而激活大脑中相应的图式,点击浏览语篇导语后,有的网民可能需要修正被否定的预测图式,调整或者重建符合语篇的新图式。海峡两岸隔绝时间较长,两岸社会文化同中有异,两地人民关注点也有不少差异,两岸网民在阅读海峡对岸特色文化专业性较强的网络新闻语篇时,被否定的预测假设可能会更多。但总体来看,新闻事件叙事图式与网络新闻语篇模式在网民阅读过程中发挥了重要作用,引导网民预测不断接近新闻语篇作者的观点

---

① 在棒球比赛中,打击者经裁判判定获得三个好球后,即被三振。

与意图，最终正确全面地理解新闻语篇。

作为认知心理学的重要概念，图式在语言学各个研究领域也发挥非常重要的作用。我们运用图式理论探析海峡两岸网民理解网络新闻语篇的进程。在浏览阅读网络新闻语篇时，网民已经具有的背景知识即图式作为理解新闻语篇的坚定基础，在此基础上，网民会不断激活已经具有的图式，并通过预测从已有生成的各种图式中选择出最为适合的图式，在对整个语篇的阅读与理解过程中，网民所做的预期假设会不断被否定调整，不断被重新建立，最终储存在头脑中成为新的图式，帮助网民接收并认同语篇作者及其委托人传播的语篇意义。

本章小结

本章从海峡两岸的网络新闻语篇文本出发，在简介图式理论的基础上对新闻图式在构建语篇与理解语篇过程中的功能与机制进行了比较全面的分析。由于长期的历史隔绝，海峡两岸语言各成系统独立发展，逐渐形成同中有异的特点；同时两岸新闻人的知识经验与对各种经验的信念也不完全一致，造成双方对同一客观新闻事件的认识与理解不同，再加上特定意识形态的影响，从而基于同一新闻事件却建构起各自不同新闻图式的新闻语篇。两岸语篇创作者在相应社会因素和委托人意志的指导下，选择特定的语篇结构和语言形式，不断假设，预设读者已有的新闻图式，尽量借助这些图式展开语篇，辅助读者接收信息认同语篇意义。语篇读者会激活自身已有的图式，并在阅读期间同样不断假设，进而不断否定假设，扩充自身大脑中的新闻图式库，最终接收并理解新闻语篇意义。

第四章 海峡两岸网络新闻语篇中的指示现象

我们的言语交际通常以口语与书面语两种形式展开，所使用的话语/语篇总是会通过不同的方式与周边世界建立相应的联系，这牵扯到某种话语/语篇在周边客观世界中的定位（也可能是由这些话语/语篇涉及的）。这种定位是借助客观世界某些维度上的变量实现的。这种现象称为指示现象（deixis），实际上就是"在言语活动中，尤其是在有一名说话人和至少一名听话人参与的这种典型的言语交际活动中，对参与者所谈及的人物、事物、事件、过程和活动等做出确切的理解都必须把它们和某些语境构成要素（如交际的时间、空间等）联系起来这一现象"[①]。指示现象是探讨语言运用与语境关系如何体现在语言结构本身的最明显的例子，由于指称现象会涉及运用语法来表现语境特征，因此也依赖于语境分析来理解语篇。指示现象通过语言结构直接反映语言与语境的关系，尤其是话语生成和话语理解的语境依赖性。关注海峡两岸网络新闻语篇中的指示语现象，可以一定意义上反映两岸新闻语篇的话语生成与话语理解。

根据 Fillmore（1971）的《指示语讲座》和 Levinson（2001）的《语用学》中的归纳，指示现象的类别包括人称指示、时间指示、地点指示、

[①] 何兆熊：《新编语用学概要》，上海外语教育出版社2000年版，第56页。

语篇指示和社交指示。这些指示对象都会随着言语交际双方、言语交际时间、地点等而改变。因此这种指示现象是一种依赖语境的指称。这些不同种类的指示中，人称指示语与社交指示语可以直接表达人际意义，实施一定的交际功能。时间指示和地点指示都可以通过语用投射将指示中心转移到听话人身上突出对对方的尊重，话语/语篇指示语关联语篇不同位置，发挥引导听话人解读信息的作用，在一定程度上间接表达人际意义。我们对海峡两岸网络新闻语篇指示信息的分析也主要从人称指示信息、时间指示信息、空间指示信息、语篇指示信息和社交指示信息这五个方面展开，通过研究不同指示信息使用对网络新闻语篇影响的规律，来探求网络新闻语篇传播中指示信息作用及其主观倾向。由于网络新闻语篇运用各种指示方式的频率较高，我们把调查范围限定在 2019 年 5 月 27—29 日关于美国总统特朗普访日的共计 10 篇海峡两岸网络新闻语篇中。

第一节 网络新闻语篇直接表达人际意义的指示语

海峡两岸新闻人运用各种策略构建语篇，传递委托人意志。在语篇的具体构建过程中，指示现象是语言和语境关系最明显、最直接的反映，可以为各种语用策略的实施提供更广阔的使用空间。其中，人称指示语与社交指示语直接关联新闻人物，一定程度上暗示语篇创作者及其委托人的态度与观点，传达语篇意义。

一 人称指示

人称指示语的研究无论是在语用学学科，还是在社会语言学与功能语言学领域都占有十分重要的位置，是体现以言行事的重要言语形式之一，是我们从指示信息角度研究网络新闻语篇时首当其冲要研究的类型。人称指示（person deixis）指言语交际与具体言语事件中的参与者，包括说话人、听话人或第三者，与我们传统语法知识中所说的人称代词相类似,有第一人称指示语、第二人称指示语和第三人称指示语三个类别,同时也存在单指和复指的用法。

(一)人称指示语的运用

在一般的网络新闻语篇中,不存在明确的言语交际过程,也没有说话人、听话人和第三者等形式的存在。取而代之的是直接明确的新闻语篇叙事和我们传统说法上的作者与读者。作者对应的是在交际语言施受过程中的第一人称指示语,新闻语篇中常见"我们相信……";而读者相对应的则是第二人称指示语;第三人称指示语则更多地对应于新闻语篇中所提到的事件中的当事人或物。转引新闻人物话语时,则会出现说话人第一人称指示语。请看下面的例子:

例4-1:

虽然考虑到日方的政治日程,特朗普表示在夏季的日本参议院选举前不急于达成协议,但通过强力施压取得外交成果是其一贯风格。首脑会谈伊始,特朗普就表示"<u>我</u>想8月份能有好消息公布",要求迅速谈妥。(选自《美日"亲密秀":将日美贸易悬念留待7月选举后》,搜狐,2019年5月28日16:58)

例4-2:

美国总统川普今(27)日与日本首相安倍晋三举行领袖会谈,川普在出席共同记者会谈到北韩时说,这2年来北韩没有再进行核试验的现状,"<u>我</u>很满足"。(选自《和安倍开共同记者会 川普谈北韩:我很满足现状》,三立新闻网,2019年5月27日21:06:00)

例4-3:

在会见记者时,茂木敏充表示,"<u>我们</u>需要深化双方在贸易问题方面的共识。目前,<u>我们</u>还没有任何达成协议的计划。依旧有分歧,

<u>我们</u>需要弥合分歧。"（选自《美日"亲密秀"：将日美贸易悬念留待7月选举后》，搜狐，2019年5月28日16：58）

例4-1、例4-2语篇中，第一人称单数指示语"我"用来指称新闻人物话语中的自称；例4-3语篇中，"我们"作为第一人称复数指示语并非指示新闻人物自身，而是被新闻人物用来指示日美两个国家。"我们"在日常交际中存在于三种用法：①包括交际的双方或多方，对方可以在场，也可以不在场或者根本不存在；②不包括交际的对方；③仅指交际的对方或听话人一方，不包括说话人一方。网络新闻语篇为强调传受双方的平等，在人称指示语的运用中，语篇创作者有时故意违反指示语的自我中心性，将一些人称指示中心转移，弱化新闻主体或者新闻人物的自我中心特征，采用上述第一种用法，以此拉近与受传者的距离。

"我们"作为第一人称指示信息，所指群体广泛，可以任指，超脱于新闻语篇，可以指作者及其委托人，也可以包括作者与读者双方，有时甚至还可以延展至全体网民，而争取这个庞大群体的认同也许正是作者及其委托人的用意所在。这一人称指示语已经超越新闻语篇，指向语篇外部，属于"篇外照应"。使用"我们"这一指示信息是网络新闻语篇中引起读者共鸣常用手段，存在隐藏性的主观性倾向。这种用法，表明作者主动靠近读者，使广大网民拥有感同身受的态度和立场，不自觉中与作者产生共鸣，把新闻语篇观点当成自己观点，把语篇创作者当成自己的代言人，潜移默化中认同、支持甚至传播其观点。经统计，在我们所选的这10则海峡两岸网络新闻语篇中，第一人称单数指示语"我"共出现12次，其中大陆地区5则语篇出现4次，台湾地区5则语篇出现8次；第一人称复数指示语"我们"共出现4次，其中大陆地区5则语篇出现3次，台湾地区5则语篇出现1次。

网络新闻语篇的创建者为求简洁高效，通常将新闻人物对话剪辑处理，致使第二人称指示语出现概率大为减少。在我们所选的这10则海峡两岸网络新闻语篇中，没有出现第二人称指示语。

第三人称指示语通常指示说话人和听话人以外的第三者，包括人名、第三人称代词、普通名词或名词性短语。例如：

例4-4：

为了让特朗普满意，<u>安倍</u>可谓煞费苦心，<u>他</u>所策划的美日"亲密秀"连一些美国媒体也感叹"无人能出其右"。（选自《日美首脑会谈未就贸易谈判实质问题达成一致》，新华网，2019年5月27日19：20）

例4-5：

他说，日本会善尽自己的责任，能做的一定会尽力去做；在<u>日美</u>紧密合作的同时，为缓和伊朗紧张情势、不因误解演变成武力冲突，<u>他们</u>会努力。（选自《和安倍开共同记者会 川普谈北韩：我很满足现状》，三立新闻网，2019年5月27日21：06：00）

例4-4语篇中的第三人称单数指示语"他"回指前文的"安倍"，虽然是语篇中的新闻人物，但相对于新闻语篇的作者和读者来说，是存在于新闻语篇中的第三方存在。例4-5语篇中的第三人称复数指示语"他们"同样属于第三方存在，回指前文的"日美"两国。这些人称指示所指的实体存在于语篇之中，属于"篇内照应"。经统计，在我们所选的这10则海峡两岸网络新闻语篇中，第三人称单数指示语"他"共出现25次，其中大陆地区5则语篇出现9次，台湾地区5则语篇出现16次；第三人称复数指示语"他们"共出现1次，其中大陆地区5则语篇出现0次，台湾地区5则语篇出现1次。

由上面的数据可以看出，海峡两岸网络新闻语篇中第三人称指示信息出现频率最高，其次是第一人称指示信息，而第二人称指示信息出现次数最少；第一人称单数用法数量略多于复数。这些特征体现着新闻主体的语用策略，包含着独特的语用意义。新闻作者是语篇的主体，是施事者，多用第一人称指示语；新闻阅读者则是语篇的客体，是受事者，多用第二人称指示语。由于网络新闻消息语篇中对话操作的局限性，创作者和读者之间几乎没有对话，同时网络新闻语篇创作者话语权处于优势地位，在新闻语篇中具有主导地位，导致了第一人称指示语的出现频率远远大于第二人称指示语。

两岸网络新闻语篇中的第一人称和第二人称经常出现在新闻话语的对话内容中。新闻人物始终使用第一人称来指示自己，运用第二人称指示言语对象。由于发话人是言语交际的主体，并且是交际的中心，所以新闻语篇创作者经常通过新闻人物传播新闻主题。新闻主体控制话语权并在新闻交际中占据绝对优势，因此第一人称的指示语在总数中占据了很大比例。听话人是言语交际的受传者，在许多情况下，受传者就是网络新闻语篇的读者，不便于也不需要特别的指示。第二人称指示语主要用于新闻对话受访者的直接转引语，而新闻语言讲究简洁明快，提倡尽量减少口语运用更多的书面语言，从而减少了受访者口头表达的直接转引，使第二人称代词使用的可能性大大降低。由于其特殊性，第三人称代词不仅可以指人，还可以指事物，因此在使用范围上具有很大的优势。

同时，人称指示信息本来应以发话人为中心，但由于技术条件的限制，当前的网络新闻语篇仍以文字新闻的叙述占据主导，信息流主要为单向交流，它的互动性实际上反映在新闻语篇正文后面的互动评论中，因此一般的网络新闻语篇主要由叙事事件的发展过程决定，新闻人物对话内容出现的概率较小。为了避免重复和冗长，第三人称指示语出现在两岸网络新闻语篇中的频率最高。一般来说，人称指示语的使用顺应了简洁高效的网络新闻语篇语言的要求。因此，从指示语的出现概率来看，与广播、电视新闻语篇情况不同，网络新闻语篇中第三人称指示语＞第一人称指示语＞第二人称指示语。

（二）人称指示语的前指现象

人称指示语的前指（anaphora）现象是现代语言学研究中的热门课题之一，尤其是系统功能语言学与语篇分析两个方向的主要研究对象。前指是一种需要依赖语境条件才能确定的语言现象，是语篇内部用于关联两个或者多个语言结构之间的信息指代关系，理解后面的话语结构（即前指词或者前指结构）的理解必须借助于另一个结构（即先行词）。因此，前指词或者前指结构往往指向上文中已经出现过的语言成分，即先行词或者先行结构。在网络新闻语篇中，人称指示语的前指现象经常被运用到。例如：

例 4-6：

特朗普强调，多年来，日美间存在着庞大的贸易不平衡问题。美国的目标是削减与日本的贸易赤字，扫清对日出口贸易壁垒。他表示，相信美日贸易谈判能够达成对两国来说都有利的协议。（选自《日美首脑会谈未就贸易谈判实质问题达成一致》，新华网，2019年5月27日19：20）

例 4-7：

川普说，目前伊朗面对经济制裁的重大困难，他无意伤害伊朗，也认为他跟伊朗间是可以达成协议的；伊朗也拥有经济的潜在能力，"我没有以改变伊朗体制为目标"，只是希望看到一个没有核武的伊朗。（选自《和安倍开共同记者会 川普谈北韩：我很满足现状》，三立新闻网，2019年5月27日21：06：00）

上述两例中的画线部分都属于人称指示信息。根据新闻语篇中前后话语之间的语境关系，例4-6语篇中的"他"前指"特朗普"，其中"他"是一个前指词，"特朗普"就是它的先行词。例4-7语篇中两个

"他"也都前指"川普",直接引语中出现的"我"同样前指"川普"。从形式上看,我们可以简要归纳出网络新闻语言中几种常见的人称指示语前指现象:

A. 人称代词或者反身代词

例 4-8:

  有关伊朗紧张情势,安倍说,日本至今已对伊朗核子协议多次表达立场,中东地区的和平与安定,不仅对日本及美国,甚至是整个国际社会来说都极为重要。<u>他</u>说,日本会善尽<u>自己</u>的责任,能做的一定会尽力去做;在日美紧密合作的同时,为缓和伊朗紧张情势、不因误解演变成武力冲突,<u>他们</u>会努力。(选自《和安倍开共同记者会　川普谈北韩:我很满足现状》,三立新闻网,2019 年 5 月 27 日 21:06:00)

例 4-8 语篇中,第三人称指示代词"他"前指"安倍",反身代词"自己"前指"日本",人称代词"他们"用来指代前面的"日美",这些都是根据所在的语境可以确定的。

B. 名词或者名词性结构

例 4-9:

  英国《金融时报》称,让特朗普成为日本"令和"时代<u>首位国宾</u>的举动,凸显出安倍的努力——安倍希望,能确保日本与<u>这位反复无常的美国总统</u>保持尽可能牢固的关系。(选自《安倍策划美日"亲密秀"遭质疑:将取悦演绎到极致》,新浪网,2019 年 5 月 28 日 08:24)

例 4-9 语篇中,为避免表达单调,名词性偏正短语"首位国宾""这位反复无常的美国总统"都用来指向前面的"特朗普"。

C. 零指代或者指代空缺

例 4-10：

　　日皇德仁还说，现在的美日关系是建立于许多人的奉献牺牲上，这些他常铭记在心，Ø 殷切期盼日美两国人民今后也能更拓展合作的范围，※深化屹立不摇的情谊纽带，※面向充满希望的未来，※对世界和平与繁荣做出贡献。（选自《日皇宫中盛宴款待川普伉俪　盼美日情谊深化》，联合新闻网，2019 年 5 月 27 日 21：51）

零指代（zero anaphora）是语篇内部应该出现前指词或者前指结构的位置却空缺的语言现象，但读者依赖相关语境，仍然可以理解语篇信息。例 4-10 语篇中的空位"Ø""※"都属于主语承前省略现象，其中"Ø"前指"日皇德仁"，"※"则前指"日美两国人民"。

根据以上例句的分析，我们不难发现，网络新闻语篇中人称指示词的前指现象以及前指关系的确定，所依赖的就是上下文语境，即新闻语篇用语的前后句法、语义关系。

二　社交指示

社交指示体现在言语交际双方所使用的语言形式之中，是用来体现说话人和听话人之间，或说话人和所谈及的人（第三方）之间的社会关系的，指表示说话人与听话人等交际者之间的社交关系或社交特征的词语或语言结构。语言现象中能够反映语言使用者的社会身份和彼此之间相对地位的那些词语和语法范畴都属于社交指示，包括参与者的社会面貌，说话人与听话人或与话语内容中所涉及的第三方之间的相对的社会地位，参照点是说话人本身的社会地位。凡是能表明说话人和听话人或第三方之间社会关系的语言形式，都是社交指示语。从中可以判别出言语交际双方的社会关系来：是权势关系还是平等关系；是陌生关系还是熟悉关系；是亲密关系还是疏远关系；是异性关系还是同性关系，等等。因此，社交指示可用人称视点来选择语用原则来理解，即亲疏原则与地位原则。海峡两岸网络新闻语篇报道新闻叙事与社会语境密切相关，注重说明新闻人物的社会面貌。两岸网络新闻语篇注重社交指示的具体表现如下：

1. 称谓语，表明新闻人物的身份。例如：

例 4-11：

<u>日本首相安倍晋三</u> 27 日与到访的 <u>美国总统特朗普</u> 在东京迎宾馆举行首脑会谈。双方确认日美同盟关系，但会谈未就日美贸易谈判中双方关心的实质性问题达成一致。（选自《日美首脑会谈未就贸易谈判实质问题达成一致》，新华网，2019 年 5 月 27 日 19：20）

上例中，虽然新闻人物"安倍晋三""特朗普"的身份对于语篇读者来说已经众所周知，但在网络新闻语篇首次出现时还是要注明他们的具体背景，传达社交信息，因为这是代表特定的社会组织/国家说话而不是个人意志，身份不同，意义与价值不同。

例 4-12：

有关日美贸易谈判，安倍说，与川普在今天会谈上达成一致看法，就是基于<u>日美</u>信赖关系更进一步加快讨论，朝向达成获致双赢的早期成果迈进。

川普说，<u>美日</u>都以在贸易谈判上能让双方获益的协议作为目标。美国的目标是为减少对日贸易逆差、增加美国产品进口日本，所以要消除贸易壁垒。

（选自《和安倍开共同记者会　川普谈北韩：我很满足现状》，三立新闻网，2019 年 5 月 27 日 21：06：00）

上例语篇中，尽管美日两国首脑互有所求，都希望给对方好印象，但在表述涉及国家尊严的排序时，还是会按照国际惯例，把自己国家的位置排在对方国家前面。

2. 敬谦语，主要用于新闻语篇对话内容。例如：

例4-13：

川普说，由衷祝福令和时代对<u>日皇德仁伉俪</u>、对皇室、对日本全体人民而言是个和平与繁荣的时代。（选自《日皇宫中盛宴款待川普伉俪　盼美日情谊深化》，联合新闻网，2019年5月27日21：51）

上例中，语篇创作者为传达新闻人物川普的敬意，特意在间接引语中使用了"伉俪"这样的敬称。

3. 某些可以体现社会地位信息的语言表达方式。例如：

例4-14：

日本放送协会（NHK）报导，这场由日皇德仁伉俪在皇宫内的丰明殿所主办的晚宴（相当于国宴），<u>皇嗣秋筱宫夫妻及女儿真子、佳子等多位皇族都出席。此外，日本首相安倍晋三伉俪、内阁阁员、长期对美日交流有贡献的人士</u>总共165人出席。（选自《日皇宫中盛宴款待川普伉俪　盼美日情谊深化》，联合新闻网，2019年5月27日21：51）

上例语篇中，新闻人物的排列顺序是按他们的社会地位由高到低来介绍的，体现了语篇创作者心目中皇家贵族、政府官员、社会人士不同的社会地位，传递了社交指示信息。

海峡两岸网络新闻语篇运用人称指示语与社交指示语，表明指示语与语篇语境之间的密切关系，一定程度上体现了语篇创作者关于新闻人物之间关系的把握，涉及语篇创作者及其委托人的观点、态度和立场，直接传递了语篇意义。

第二节　网络新闻语篇间接表达人际意义的指示语

时间指示语与空间指示语提供新闻事件信息的时空背景信息，语篇指示语多强调新闻语篇中出现的表示信息的指示语，由于新闻语篇描述新闻事件总会涉及一定的时间与地点，所以语篇指示语也会与时间指示、空间指示存在较为密切的联系。这三种指示语间接表现了语篇创作者及其委托人的观点与态度，实施一定的语篇功能。

一　时间指示

时间指示语（time deixis）指与言语交际或者言语事件相关的时间信息。时效性是网络新闻的优势之一，时间是网络新闻语篇叙事的重要因素。

（一）指示时间与绝对时间

时间的表达方式可以分为绝对时间和指示时间（也称时间指示）。绝对时间是指不受说话时间影响的，以历法年份、季节、月、日、时、分、秒等自然周期和钟点之类为基础计算时间的表达方式，例如"2019 年 6 月 6 日""公元前 288 年""8 点 18 分"等。指示时间是以说话时间点为参照来鉴别和把握时间的表达方式。例如："下个礼拜一是这家公司的开业十周年纪念日。""一小时后我们就要出发了。""下个礼拜一""一小时后"究竟是指什么时候，必须以说话人说话的时刻为参照点来确定。指示时间与绝对时间是两种不同的时间表达方式，由此语用学界讨论了时间指示语的先用权（Pre-emptive）问题。张权在探讨实际语言现象的基础上，总结语用学界的看法为"倘若我们用称名词语指称指示域内的人、事物、时间和地点，听话人会产生其所指在指示域之外的心理排斥作用","占据中枢的指示词语的排斥力要大于外围的指示词语的排斥力"①。

在绝大多数的网络新闻消息语篇中,指示时间与绝对时间同时存在。通常情况下,新闻正文开篇便出现绝对时间,对所传播的新闻事件进行时间定位;如果开篇的时间指示信息不是用绝对时间来表示时,那么网络新闻的时间定位就以消息头标志的时间为参考点。正文中出现的时间指示与消息头所标志的时间距离越短,新闻的时效性越强,当二者重合时,就具有了实时新闻传播的功效。请看下面的例子:

例4-15:

新华社东京<u>5月27日</u>电(记者姜俏梅)日本首相安倍晋三<u>27日</u>与到访的美国总统特朗普在东京迎宾馆举行首脑会谈。双方确认日美同盟关系,但会谈未就日美贸易谈判中双方关心的实质性问题达成一致。

这是安倍与特朗普之间举行的第11次日美首脑会谈。<u>近3小时</u>的会谈结束后,安倍在联合记者会上表示,进入令和时代,日本依然将旗帜鲜明地展示日美同盟间牢固的纽带关系。安倍强调了日本企业对美国经济的贡献,期待日美经济获得更大发展,并表示双方在会谈中就加快日美贸易谈判进程达成一致。

特朗普强调,多年来,日美间存在着庞大的贸易不平衡问题。美国的目标是削减与日本的贸易赤字,扫清对日出口贸易壁垒。他表示,相信美日贸易谈判能够达成对两国来说都有利的协议。特朗普还否定了美国重新加入跨太平洋伙伴协定(TPP)的可能性,称"如果美国加入协定,汽车产业必然受到打击,美国不会受协定的束缚"。

双方在会谈中还就二十国集团领导人大阪峰会等问题协调立场。<u>当天上午</u>,特朗普前往皇居会见日本德仁天皇和皇后,成为德

---

① 张权:《试论指示词语的先用现象》,《现代外语》1994年第2期。

仁天皇5月1日即位以来会见的首位外国首脑。

应日本政府邀请，特朗普25日开始对日本进行为期4天的访问。

(《日美首脑会谈未就贸易谈判实质问题达成一致》，新华网，2019年5月27日19：20)

在上例语篇中，电头部分首先标志时间"5月27日"，导语部分中也使用了绝对时间"27日"进行时间定位，二者指示的是同一时间点，显示了网络新闻的时效性；第五段中出现的指示时间"当天上午"是依据前面出现的两处绝对时间为时间参考的。时间指示信息包括时点和时段两种时间范畴。例4-15语篇绝大多数是时点指示信息（共有5处），而且有时点与消息头的时间重合，时段信息仅为2处（"近3小时"、"为期4天"）。可见网络新闻非常注重时效。

(二) 本位时间与外位时间

海峡两岸的网络新闻语篇在叙述新闻事件信息的同时会对其背景信息加以介绍，时间指示信息也就因此分成了本位时间信息与外位时间信息。本位时间以消息头标志的时间为参考点，而外位时间则以本位时间为参考点。例如：

例4-16：

安倍首相4月底访问美国，与特朗普举行首脑会谈，现在特朗普又正对日本进行访问。接下来，特朗普还将出席6月在大阪举行的G20峰会。(《日美首脑会谈未就贸易谈判实质问题达成一致》，新华网，2019年5月27日19：20)

例4-16语篇中，"4月底"为发生新闻事件的绝对时间，"现在"参照新闻电头时间，为指示时间中的本位时间，"接下来"以"现在"为时间参照点，属于指示时间中的外位时间。下面我们通过一篇比较完整的网络新闻语篇考察本位时间与外位时间在出现频率上的对比。

例 4-17：

正在日本访问的美国总统川普伉俪，今晚接受日皇德仁伉俪宫中晚宴款待。日皇德仁致词时表示，希望美日两国人民的情谊能更深化。

日皇德仁5月1日即位，日本进入年号「令和」的新时代，川普是日皇德仁第一位接见的国宾。川普伉俪今天下午7时（台湾时间6时）左右乘车抵达皇宫，由日皇德仁与皇后雅子迎出。

日本放送协会（NHK）报导，这场由日皇德仁伉俪在皇宫内的丰明殿所主办的晚宴（相当于国宴），皇嗣秋筱宫夫妻及女儿真子、佳子等多位皇族都出席。此外，日本首相安倍晋三伉俪、内阁阁员、长期对美日交流有贡献的人士总共165人出席。

日皇德仁致词表示，近年来美日两国关系不仅在政治、经济方面，就连艺术、文化、体育、最尖端科技等广泛的领域，交流愈来愈深化，让他感到很欣慰。

日皇德仁说，上次川普访日时所会见的上皇（明仁）在天皇任内由衷的祈愿和平，与上皇后（美智子）一起持续对战争罹难者进行慰灵，致力于国际亲善。

日皇德仁还说，现在的美日关系是建立于许多人的奉献牺牲上，这些他常铭记在心，殷切期盼日美两国人民今后也能更拓展合作的范围，深化屹立不摇的情谊纽带，面向充满希望的未来，对世界和平与繁荣做出贡献。

（选自《日皇宫中盛宴款待川普伉俪 盼美日情谊深化》，联合新闻网，2019年5月27日21：51）

例 4-17 语篇全篇时间信息如下（分自然段列出，用分号隔开，下同）：

表 4.1　　　　　网络新闻语篇绝对时间与指示时间示意图

电头时间：2019-05-27 21：51

绝对时间	指示时间	
	本位时间	外位时间
5月1日	今晚； 今天下午 7 时（台湾时间 6 时）左右； 近年来； 现在	上次川普访日时； 今后

可以看出，这段语篇中的外位时间有两处："上次川普访日时"是对背景情况的介绍，而"今后"引领的语句则是对以后的展望。相比之下，语篇中本位时间时点指示信息占据多数，强调新闻事件发展的时间历程，注重时效性。

（三）时间名词、时间副词与时间介词

海峡两岸网络新闻语篇中运用时间名词、时间副词与时间介词等三种中性的时间表达方式。其中，时间名词（包括时间名词结构）直接表达时间的位置与长短，或者表达一个时间点，或者表达一个时间段，不需借助其他手段，通过词语自身来直接表达时间，告知语篇读者新闻事件发生的具体时间点或者事件过程的长短。例如：

例 4-18：

日皇德仁 <u>5 月 1 日</u> 即位，<u>27 日</u> 在皇居会见到访的首位外国领袖、美国总统川普。日本宫内厅官员说，2 人会谈时间 <u>约 15 分钟</u>，都用英语交谈，话题围绕 3 大主题及英文能力，并互赠礼品。

川普 <u>25 日傍晚</u> 和夫人梅兰妮亚（Melania Trump）搭乘总统专机空军一号抵达日本东京羽田机场，展开 <u>4 天 3 夜</u> 访问，是日本进入令和新年代首位到访的国宾。

川普 <u>上午</u> 造访皇居会见即位不久的日皇德仁，是日本进入令和年代后首位与德仁会见的外国领袖。

日本产经新闻报导，宫内厅官员表示，德仁上午与川普的会面大约进行 15 分钟，话题围绕明仁让位德仁继位、日美交流及川普 26 日观战大相扑的日本文化等 3 大类别；川普也在会中向德仁表示敬意，会谈气氛相当轻松和谐。

（选自《日皇德仁见川普！15 分钟"全用英语" 会谈围绕 3 大主题》，三立新闻网，2019 年 5 月 27 日 15：16：00）

例 4-18 语篇中"5 月 1 日""27 日""25 日傍晚""上午"与"26 日"都表示时间链上的一点，属于时点时间名词或者名词性结构，表示时间的位置，用来说明新闻事件是什么时候发生的；"约 15 分钟""4 天 3 夜"与"15 分钟"属于时段时间名词，表示新闻事件经历的时间长短。时间名词究竟表示时点信息还是表示时段信息，主要依据具体的语篇语境而定。

时间副词配合时间名词或者动词表达新闻事件发生在某一动作或者某一时间的前后，用来表达时间的某种状态。表示时间的副词主要包括："正在、立刻、立即、将要、已、正、将、刚、老、马上、时常、常常、往往、一直、一向、总、先、已经、曾经、渐渐、永远、始终、终于、顿时、往往、刚刚、仍旧、仍然、忽然、偶尔、偶然、历来、向来、赶紧、赶快、连忙"。时间副词修饰动词时，动词后面可采用动态助词"着、了、过"等与之呼应。时间介词用于引出动作发生的时间，主要包括："自、打、从、在、到、当、于、自从、打从"等。例如：

例 4-19：

今年 4 月中旬，僵持了 2 年之久的日美贸易谈判终于重新启动。目前，已进行 2 轮谈判。（选自《美日"亲密秀"：将日美贸易悬念留待 7 月选举后》，搜狐，2019 年 5 月 28 日 16：58）

例 4-20：

原因是亲哥哥佛瑞德酗酒英年早逝，看见哥哥人生变样，让川

普从此不酒、不菸、不吸毒。（选自《川普怪表情装喝香槟　滴酒不沾原因曝光》，东森新闻网，2019年5月29日09：29）

例 4-21：

安倍说，全世界最挺美国经济的就是日本企业，<u>从</u>上一次4月举行的日美领袖会谈<u>以来</u>，短短一个月时间内，日本企业对美投资就增加10亿美元，"日美经济关系正以双赢形式大力发展中"。（选自《和安倍开共同记者会　川普谈北韩：我很满足现状》，三立新闻网，2019年5月27日21：06：00）

时间副词与时间介词主要用来表达时间的状态并不直接揭示时间的位置与长短。例4-19中的"终于""已"与例4-20中的"从此"是时间副词，表示新闻事件正在发生的状态。例4-21中的"从"是时间介词，与"以来"搭配使用，表示新闻事件的起始时间。

（四）事发时间、发话时间与参照时间

在分析时间指示时，区分事发时间（event time，新闻事件发生的绝对时间）、发话时间（time of utterauce，新闻语篇报道时间）与参照时间（reference time）是很有必要的。请看下面的例子：

例 4-22：

正在日本访问的美国总统川普伉俪，<u>今晚</u>接受日皇德仁伉俪宫中晚宴款待。（选自《日皇宫中盛宴款待川普伉俪　盼美日情谊深化》，联合新闻网，2019年5月27日21：51）

例 4-23：

<u>27日上午</u>，日本德仁天皇夫妇在皇宫为特朗普夫妇举行隆重欢迎仪式。<u>当天晚上</u>，德仁天皇又为特朗普举行晚宴，这是天皇换代

后首次主办晚宴。(选自《美日"亲密秀":将日美贸易悬念留待7月选举后》,搜狐,2019年5月28日16:58)

例 4-24:

美国总统川普今(27)日与日本首相安倍晋三举行领袖会谈,川普<u>在</u>出席共同记者会谈到北韩<u>时</u>说,这2年来北韩没有再进行核试验的现状,"我很满足"。(选自《和安倍开共同记者会 川普谈北韩:我很满足现状》,三立新闻网,2019年5月27日21:06:00)

例4-22语篇中的"今晚"为参照时间,以新闻语篇报道时间"2019-05-27 21:51"充当指示中心作为参照。例4-23语篇中的"27日上午"是事发时间,指示了新闻事件发生的绝对时间,"当天晚上"以此时间为参照。话语也可以使事件与一个指示中心而不是发话时间发生联系,例4-24语篇中"在……时"就担任了这样一个角色。通常情况下,与这样一个参照时间的联系是由"在……时""当……时""在……之前""在……以后"等介词短语表示的。

二 空间指示

从很多方面来看,空间概念是人类思维的核心,构成了标准隐喻的基础,例如,三天<u>前</u>(时间)、情绪<u>低</u>落、社会<u>中</u>层(地位)、三十<u>左右</u>(年龄)、组织<u>上</u>、处于我的控制<u>之下</u>、<u>低</u>音、在他的心<u>中</u>、<u>高</u>水平、<u>狭隘</u>的心理、品德<u>高尚</u>、天天<u>向上</u>等等。因此,空间概念的关联性作为适应语境的相关成分,已经不再受限于空间指示(spatial deixis)的范围了。空间指示语,也称为方位指示语(space deixis),表示说话人借助话语传播信息或者实施言语行为的地点或空间位置。它们表示话语中涉及的相关物体的方位或空间信息,或者说话时刻说话人与听话人所处的位置等。人或物的空间位置的确定必须以其他的人或物为参照点。

第四章 海峡两岸网络新闻语篇中的指示现象　　157

（一）定域空间与非定域空间

在我们所选的关于美国总统特朗普访日的海峡两岸 10 篇网络新闻语篇指示系统中，空间指示信息包括两个类型：①定域空间，包括地区类空间、部门类空间、楼馆类空间等，在语言形式上表现为专有名词性或者类似名词性词语。无论是哪一类定域空间，都具有一定的辖域。②非定域空间，是带有方位词的地点，以某一地点或者某一事物为参照点，加上方位词说明。这类地点在语言形式上都是非专名性的，因此这类地点的辖域通常是不确定的，有时甚至是非常模糊的。请看下面的例子：

例 4-25：

　　美国总统川普访日行第三天和夫人梅兰妮亚一起出席，日本天皇德仁夫妇在<u>王居</u>举办的国宴，川普遇到英文流利的德仁天皇，两人不用翻译相谈盛欢，天皇宴请川普吃法国大餐，不过国际媒体都发现到，川普和德仁天皇敬酒却皱起眉头，因为摆在<u>川普面前</u>的，竟然是一杯货真价实的香槟，而其实川普也没真的喝香槟，仔细看川普把下唇卷起，技巧性做样子，因为川普真的滴酒不沾！（选自《川普怪表情装喝香槟　滴酒不沾原因曝光》，东森新闻网，2019 年 5 月 29 日 09：29）

一般情况下，定域方位信息的所指都是确定的；出现的非定域方位由于上下文语境的提示，也是能够明确其所指的。例 4-25 语篇中的"王居"为具体的场所，属于定域方位，偏正短语"川普面前"所指以"川普"所处位置相关，甚至还受其朝向影响，属于非定域方位。在我们所选的这 10 篇海峡两岸网络新闻语篇中，定域方位信息数量远远大于非定域方位。这是因为从语言表达与语言理解上来看，运用定域方位重在表示某一新闻事件发生在确定场所范围内，受传者能够据此推知新闻事件发生的地点。由此，新闻事件在传播过程中便达到了传播者与受传者在传受心理上的高度契合：新闻事件确实发生了，就在确定的地点，有据可查；相反，方位的不确定性、模糊性，常常给受传者不真实的感觉，这是网络新闻语篇应该极力避免的方面。非定域方位尽管依靠语境的帮助，可以明确所指范围，但其带给受传者的真实感受要低于定域方位，因此可以减少运用的频率。

（二）近指与远指系统

在现实的言语交际中，由于所要指示的人或物就在言语交际参与者面前，因此可以省略地点名词，直接使用指示代词辅以手势加以说明。常见的空间指示代词包括近指系统"这/这里/这儿"与远指系统"那/那里/那儿"等。在我们所选的这10篇海峡两岸网络新闻语篇中，关于新闻事件涉及的空间位置，除了采用定域地点与非定域地点指示信息外，也经常运用近指指示系统，没有采用远指指示系统，这主要是受语篇创作者表达意图的影响。具体情况如下：

1."这"（+数词）+名词（名词性结构）

例4-26：

今年4月中旬，僵持了2年之久的日美贸易谈判终于重新启动。目前，已进行2轮谈判。对于这一双边自贸协定，日本政府坚称贸易谈判将主要集中在商品方面，但美国希望寻求一份全面的协议：不仅涵盖商品，还包括服务和投资，甚至汇率条款。（选自《美日"亲密秀"：将日美贸易悬念留待7月选举后》，搜狐，2019年5月28日16：58）

"这"后加名词或者名词性结构实现它们最基本的指示意义，确定该名词或者名词性结构的所指对象。例4-26语篇中的"这一双边自贸协定"前指"僵持了2年之久的日美贸易谈判"，"这一"的使用，提醒受传者新闻事件发生的时间很近,显示网络新闻语篇报道的时效性。

2."这"(+数词)+量词+名词(名词性结构)

例 4-27:

谈到美中贸易问题,安倍说,美国和中国分别是世界第一大及第 2 大经济体,美中间能建构安定的经济关系,不仅对日本来说,对整个亚洲及世界都是极为重要的事。

安倍说,从<u>这个角度</u>来看,日本期待美中双方能通过持续对话,建设性地解决目前的问题。

(选自《和安倍开共同记者会 川普谈北韩:我很满足现状》,三立新闻网,2019 年 5 月 27 日 21:06:00)

根据上下文语境提示,语篇读者很容易了解例 4-27 中"这个角度"的意思可由前指"美中间能建构安定的经济关系,不仅对日本来说,对整个亚洲及世界都是极为重要的事"而获得。

3."这"(+数词)+量词

例 4-28:

美国总统川普今(27)日与日本首相安倍晋三举行领袖会谈,川普在出席共同记者会谈到北韩时说,<u>这 2 年</u>来北韩没有再进行核试验的现状,"我很满足"。(选自《和安倍开共同记者会 川普谈北韩:我很满足现状》,三立新闻网,2019 年 5 月 27 日 21:06:00)

这种结构实质上是第二种结构的简约形式,意义所指同样可由上下文语境获得。例 4-28 语篇中的"这 2 年"所指可由新闻人物川普发话时间参照得知。

4. "这"

例 4-29：

美国总统川普："他是很棒的人，更是一表人才，但他却被酒精缠上了，最后整个人生被彻底摧毁，这就是我为什么不喝酒，我不碰酒、不喝酒。"（选自《川普怪表情装喝香槟 滴酒不沾原因曝光》，东森新闻网，2019年5月29日09：29）

由"这"单用充当主语或者宾语，其用意是代替上文中已经出现的或者可以由语篇读者根据自身的知识背景、文化传统等因素能够理解的比较近的所指对象。例4-29语篇中的"这"指代上文中提到的"但他却被酒精缠上了，最后整个人生被彻底摧毁"。可以看出，语境因素在方位指示词的运用上非常重要。

通过对所选语料的分析，我们发现，海峡两岸网络新闻语篇主要运用以"这"为代表的近指系统，很少运用以"那"为代表的远指系统，这说明"近指"是网络新闻语篇创作者确立新闻事件涉及对象的优选手法。这是因为：一方面，新闻事件中涉及的人或者事物大多比较接近；另一方面，网络新闻语篇创作者为消除读者的心理隔阂与远距离感，需要创立一种情境，让读者产生现场感。近指系统的运用可以使读者心理上出现新闻事件的发生近在咫尺的感受，读者的现场参与心理大大增强。

（三）位移动词

空间指示经常与通过空间的运动（motion through space）的概念相联系，因此部分表示移动的动词，也存在不同的空间指示。例如："来""拿来""带来""进来"等词表示向近处移动，即向说话人方向移动；"去""拿走""带走""出去"等词表示离开说话地点向其他方位移动，即向远离说话人所处位置的方向移动。"来""去"等词的运用体现着说话人的空间指示。这些表示移动的动词在网络新闻语篇中有着不同的运用。例如：

例 4 -30：

　　川普在会面时首先表示，能在德仁即位后以首位国宾身份获邀来访，感到非常光荣；德仁回复说，能在即位后欢迎川普以首位国宾身分来访，感到非常高兴。（选自《日皇德仁见川普！15 分钟"全用英语" 会谈围绕 3 大主题》，三立新闻网，2019 年 5 月 27 日 15：16：00）

例 4 -31：

　　在现场，记者注意到，整个记者会过程中，安倍讲话时不时朝特朗普看去，而特朗普眼神活动比较活跃，一会儿扭头向右看，一会儿看着正面的摄影记者，一会儿看一眼安倍。（选自《美日"亲密秀"：将日美贸易悬念留待 7 月选举后》，搜狐，2019 年 5 月 28 日 16：58）

　　我们对所搜集的这 10 篇网络新闻语料涉及的表示移动的动词进行统计，发现"来"类词的使用频率比起"去"类词要超出很多，这是因为网络新闻语篇对"来""去"等词的选择除有说话人客观位置决定外，还与新闻撰稿人的主观意向相关。现实生活语言中存在很多不对称现象，比如肯定与否定，大与小，高与矮，能说的与不能说的，实际上都与语言使用者对事物的主观认识相关，或者说语言中产生这样或者那样的"不对称"结构的真正原因来自人们对事物的不同感知与体验。从语言认知的角度来看，我们会发现，人们在使用某种语言格式的时候或许总是与心理上对该格式所涉及的事情的喜恶感觉相关。人们通常希望事物向好的方面发展，向对自己有利的一面发展，向自己这一方移动，企望相聚、厌烦分离，所以更倾向使用"来"，而不是"去"。马庆株[①]认为，说话人是否可以察觉到或者感觉到的主观感受决定了对"来去"的选择，包括目击亲眼所见或者其他可感知义表达方式在内的主观范畴，表示说

[①] 马庆株：《"V 来/去"与现代汉语的主观范畴》，《语文研究》1997 年第 3 期。

话人主观方面的感知、相关动作与说话人的关系，可以涵盖过去的向近处或者远处移动的意思。凡是动作造成可感知结果的动词，后面就会出现"来"或者"V 来"；反之，后面则会出现"去"或者"V 去"。总之，"来"与"去"的方位指示体现动作与说话人的关系说话人与动作的相对方向、说话人的态度与主观感受，分别表示由远至近与由远及近，具有主观意向。海峡两岸网络新闻语篇的创作者选用较多的可见结果与可感知义的"来"指称方位，为的是在传播新闻的同时，与语篇读者建立良好的合作关系，这样可以突出主题，拉近与读者的心理距离，礼貌而真实地传播信息。

（四）说话人空间与指示空间

空间指示的运用通常总是会联系某一种视角，比如说话人空间（utterer space），或者是指示空间（reference space）。这两种不同的视角也经常出现在网络新闻语言中，例如：

例 4-32：

随着明年 11 月美国总统大选的临近，特朗普需要尽早建立政绩，以此赢得连任，而日美经贸赤字问题则有望成为其主要政绩之一，毕竟特朗普在参选总统的时候就已经反复敲打日本了，现在已经当上总统了更不可能放过日本。（选自《特朗普访日之旅：11 次会面也难解日美经贸谜题》，中国新闻网，2019 年 5 月 27 日 01：44）

例 4-33：

霸气搭直升机登场，川普访日最后一站，来到日本横须贺基地，更登上日本自卫队护卫舰加贺号，成为史上第一位美国总统登上自卫队舰艇。（选自《川普怪表情装喝香槟　滴酒不沾原因曝光》，东森新闻网，2019 年 5 月 29 日 09：29）

例 4-34：
　　日皇德仁还说，现在的美日关系是建立于许多人的奉献牺牲上，这些他常铭记在心，殷切期盼日美两国人民今后也能更拓展合作的范围，深化屹立不摇的情谊纽带，面向充满希望的未来，对世界和平与繁荣做出贡献。（选自《日皇宫中盛宴款待川普伉俪 盼美日情谊深化》，联合新闻网，2019 年 5 月 27 日 21：51）

　　说话人空间视角中，如"左/右、这里/那里"这类空间概念，都是以说话人本身的空间方位确定的视角。例 4-32 语篇中的"上"是以新闻人物为空间定位的，隐喻地位的变化。指示空间是以新闻事件发生的地理位置为空间指示，体现了一种相对的空间定位关系，例 4-33 语篇中的"上"是以基地为参照地点。在指示空间中，方位短语有时不一定用于处所义，而转变为虚指用法，用来表明某一方面或某一界限。例 4-34 语篇中"上"的空间定位是以"许多人的奉献牺牲"作为基础，根据它与背景（即对突出体进行空间定位时用作指示中心的实体）的相对关系来进行定位的。

三　语篇指示

　　语篇指示也称话语指示，表示语篇或话语中的某一指示信息，或表示前述话语中的某一指示信息。由于交际总是会涉及一定的时间与地点因素，所以语篇指示语与时间指示信息、地点指示信息之间存在非常密切的关系，有时语篇指示语从形式上看本身就是表示时间信息与地点信息的指示语。但必须指出，时间指示、地点指示及人称指示的参照点存在于语篇之外的情景语境中，而语篇指示的参照点则存在于语篇内部的语言之中，是话语在整个语篇中所处的位置。

　　Halliday 和 Hasan（1976）认为，是否具有语篇性是语篇与非语篇的根本区别，而所谓语篇性主要是通过衔接关系体现出来的，在特定语境中,部分可以体现语篇衔接关系的词语或者结构可以被看作一种语篇指示语。网络新闻语篇中的某些衔接词语,用来表明当前这句话和同一语篇中其他话语之间的关系,或者被用于指示包含这句话在内的整个语篇的一部分,起到承上启下的作用。这些词语或者结构的参照点是产生的话语在整个新闻语篇中所处的位置。例如:

例 4-35:

　　日本共同社称,在27日的日美首脑会谈中,贸易谈判是主要话题之一。美国明年将迎来总统选举,贸易消息人士表示,"力求连任的特朗普思维方式早已完全转向选举"。虽然考虑到日方的政治日程,特朗普表示在夏季的日本参议院选举前不急于达成协议,但通过强力施压取得外交成果是其一贯风格。首脑会谈伊始,特朗普就表示"我想8月份能有好消息公布",要求迅速谈妥。

　　……

　　对于特朗普"8月有消息公布"的说法,日本《每日新闻》称,这是特朗普政府照顾到了正对7月参议院选举全力以赴的安倍,但是参议院选举后日本政府要面临迅速达成协议的压力。

　　(选自《安倍策划美日"亲密秀"遭质疑:将取悦演绎到极致》,新浪网,2019年5月28日08:24)

例 4-35 语篇中的"……的说法"指向上文中的"特朗普就表示'我想8月份能有好消息公布'",属于语篇指示语。读者只有充分了解上文相关信息以后,才会清楚这里的意义所指。

(一) 语篇指示中的前指与后指现象

语篇指示可指向前述信息或后述信息,常见的有"前者"与"后者"、"上文"与"下文"、"另文"等。我们所调查的这10篇海峡两岸网络新闻语篇中前指的例子比较多,后指的较少,例如:

例 4-36：

  会谈后的记者会上，特朗普称赞美日关系的同时，<u>再次</u>提到两国间的贸易不平衡"大到难以置信"。（选自《美日"亲密秀"：将日美贸易悬念留待 7 月选举后》，搜狐，2019 年 5 月 28 日 16：58）

例 4-37：

  德仁说，明仁夫妇现在应该是过得稍微悠闲一点，并转达明仁夫妇向川普问好之意。

  <u>另外</u>，川普盛赞德仁英文能力非常好，"是在哪里学英文的？"德仁回答说，曾在英国牛津大学留学过，也曾造访牛津大学美国同学的家里。

  （选自《日皇德仁见川普！15 分钟"全用英语" 会谈围绕 3 大主题》，三立新闻网，2019 年 5 月 27 日 15：16：00）

例 4-38：

  <u>因此</u>，<u>为了</u>避免类似的事情再度发生，安倍政权从去年秋季开始，就策划新天皇接见第一位外国领导人的事宜了。（选自《特朗普访日之旅：11 次会面也难解日美经贸谜题》，中国新闻网，2019 年 5 月 27 日 01：44）

  无论前指还是后指，二者都是新闻语篇创作者或者新闻人物所发出的一种信息指向，在语篇理解中都有一定的信息解读导向的作用。例 4-36 语篇中的"再次"指向上文，说明特朗普先前至少有过一次类似的言行。例 4-37 语篇中的"另外"同样指向上文，表明双方已经开始交流了。例 4-38 语篇运用关联词语"因此"前指上文，运用介词"为了"引出下文，显现出语篇指示语的语境依赖性。

（二）语篇指示的表现形式

  在我们所选的这 10 篇海峡两岸网络新闻语篇指示系统中，语篇指示语主要通过以下三种形式指示信息。

1. 近指指示语

通过指示代词"这"表现,与空间指示语不同,语篇指示语指向局限于本语篇内,与外界世界不直接关联。例如:

例 4-39:

27 日上午,日本德仁天皇夫妇在皇宫为特朗普夫妇举行隆重欢迎仪式。当天晚上,德仁天皇又为特朗普举行晚宴,<u>这</u>是天皇换代后首次主办晚宴。(选自《日美首脑会谈未就贸易谈判实质问题达成一致》,新华网,2019 年 5 月 27 日 19:20)

例 4-39 语篇中的"这"指向本语篇内部,前指"德仁天皇又为特朗普举行晚宴",间接关联外部世界。

2. 关联词语

具有关联语篇内部某一条话语和上文语句之间语义关系的一些词语和短语。

例如:

例 4-40:

<u>如果</u>日美经贸问题没有得到充分解决,<u>那么</u>日美关系的进一步深化有可能受阻,<u>而且</u>经贸问题<u>还</u>将会影响到日美其他领域的关系,<u>进而</u>从局部到整体冲击日美关系。<u>因此</u>,安倍首相当下所渲染的日美"蜜月期"<u>不过</u>是一种幻想,日美关系距离真正的蜜月期<u>还</u>很远。(选自《特朗普访日之旅:11 次会面也难解日美经贸谜题》,中国新闻网,2019 年 5 月 27 日 01:44)

例 4-41：

　　日本放送协会（NHK）报导，这场由日皇德仁伉俪在皇官内的丰明殿所主办的晚宴（相当于国宴），皇嗣秋筱宫夫妻及女儿真子、佳子等多位皇族都出席。<u>此外</u>，日本首相安倍晋三伉俪、内阁阁员、长期对美日交流有贡献的人士总共 165 人出席。（选自《日皇官中盛宴款待川普伉俪　盼美日情谊深化》，联合新闻网，2019 年 5 月 27 日 21：51）

　　例 4-40 语篇中运用关联词语"如果……那么"设置了假设的语义关系，"而且、进而"体现了递进的语义关系，"因此"在上文叙事的基础上完成了因果的语义关系，"不过……还"表明转折的语义关系。例 4-41 语篇中的"此外"则在上文描述新闻事实的基础上再进一步，体现了递进的语义关系。

　　3. 用于时间指示的一些词语

　　诸如"前一段、后一句、上文、下文、先前、接下来"等。例如：

例 4-42：

　　安倍首相 4 月底访问美国，与特朗普举行首脑会谈，现在特朗普又正对日本进行访问。<u>接下来</u>，特朗普还将出席 6 月在大阪举行的 G20 峰会。

　　<u>与此同时</u>，算上 27 日的日美首脑会谈，安倍首相与特朗普已经见了 11 次面，且本次见面距离两人上一次见面还不到一个月；安倍首相是与特朗普通话最多的外国领导人，多次与特朗普打高尔夫球。

　　（选自《特朗普访日之旅：11 次会面也难解日美经贸谜题》，中国新闻网，2019 年 5 月 27 日 01：44）

例 4-43：

　　日皇德仁说，<u>上次</u>川普访日时所会见的上皇（明仁）在天皇任内由衷的祈愿和平,与上皇后(美智子)一起持续对战争罹难者进行慰灵,致力于国际亲善。(选自《日皇宫中盛宴款待川普伉俪　盼美日情谊深化》,联合新闻网,2019年5月27日21:51)

例4-42语篇中的"接下来、与此同时"在上文叙事的基础上,按照时间线条引出下文,继续叙事。例4-43语篇中的"上次"则指向上文,关联以前的新闻事实。

本章小结

本章以2019年5月27—29日关于美国总统特朗普访日的共计10篇海峡两岸网络新闻语篇为语料,探讨指示语系统在两岸网络新闻语篇中的定位功能。两岸新闻语篇创作者以各种语言形式为媒介,运用人称指示语、社交指示语为语篇读者确立人际意义,传达委托人对新闻事实、新闻人物的立场与态度;通过时间指示语、空间指示语与语篇指示语为语篇解读定位时空要素,关联语篇上下文,使新闻语篇顺应两岸不同语境与网络文化,包装自己的观点,传播其服务的意识形态,促进语篇读者接收并认可语篇观点。

第五章　海峡两岸网络新闻语篇中的隐喻运用

新闻语篇传播的"新闻真实"其实并非客观真实，而是基于某种意识倾向由各种语言手段巧妙建构的符号真实，"任何对世界的陈述与书写都是从特定理念立场所塑造，是媒体及记者运用各种语言策略对现实的建构"①。隐喻作为一种常见的语言现象，通常被认为是传统研究中的修辞手法。自20世纪70年代以来隐喻逐渐转向语言认知。我们用作传情达意的语言实质上是对感官体验的一种再创造过程。语言中所展现的世界是经过重新诠释的概念世界，这种由体验再造的过程就是隐喻。众所周知，语言与认知存在着紧密的关系。隐喻在语言和认知之间起到重要的桥梁作用，隐喻的本质就是一种认知活动。作为我们概念系统的一部分，隐喻系统通常相当抽象，并非显而易见。但我们平时所思考的方式、所经历的事物与对我们心智活动造成的影响，其实都是隐喻的某一种表征。隐喻可以使新闻标题生动活泼，使新闻语篇语言表达增加更多的亲和力，拉近与读者的心理距离，激活他们的认知环境，激发他们的阅读兴趣。海峡两岸网络新闻语篇创作者顺应相应区域人们思想和环境文化，巧妙运用隐喻手法构建新闻语篇，重新诠释新闻事实并使之自然化。

---

① 黄敏：《新闻话语中的言语表征研究》，华东师范大学出版社2012年版，第38页。

第一节　网络新闻语篇中的概念隐喻

隐喻在语言实践中随处可见，具有较大的普遍性及渗透性。隐喻不仅是传统修辞方式中的一种，更是人类认识与把握自然世界的思维方式和认知工具。隐喻是在两个不同语义领域之间的互动。相似性是建立隐喻的认知基础。概念隐喻理论假设隐喻是一种借助语言现象显现的认知现象。概念隐喻连接源域与目标域这两个概念领域，来源域通常由具体或者人们相对熟悉的概念组成，目标域由牵扯到相对抽象的概念。作为一种认知手段，隐喻是人们理解抽象概念、进行抽象推理的主要机制。隐喻的本质是概念性的，而不是语言层面上的。相应地，人类概念系统的本质是隐喻的。作为人类的共性，概念隐喻是人类概念系统的内在组成部分，同时也是人类知识层级中的核心组成部分。

新闻领域具有自身特殊的图式结构，其中一领域被用来说明另一领域。尽管隔绝多年，但海峡两岸使用同种语言，具有相对一致的认知观。我们以海峡两岸关于第 21 届世界杯的网络新闻报道语篇入手分析两岸新闻语篇的认知观。

2018 年 6 月 14 日至 7 月 15 日，世界杯赛事在俄罗斯举行。作为全球体育两大最顶级赛事之一，国际足联世界杯（FIFA World Cup，简称"世界杯"），作为全球体育两大最顶级赛事之一，国际足联世界杯（FIFA World Cup，简称"世界杯"），是举世瞩目的全球最大体育盛事，其影响力和转播覆盖率甚至超过奥运会。作为一种特殊的新闻文体，世界杯新闻报道语篇不仅要客观准确地报道足球比赛的过程和结果，更要积极运用各种语言表现手法去最大限度地呈现比赛的现场氛围与对抗的激烈程度。为了更好地报道，世界杯新闻报道语篇运用了大量隐喻手法。世界杯赛事充满竞争、对抗激烈，由于比赛与战争具有较大的相似性，所以语篇中运用的战争隐喻尤为明显。学界关于体育赛事运用战争隐喻的分析已有多篇，如张磊夫（2019）、董晓波（2014）、程蕊（2015）、刘敏（2015）、唐林源（2017）等，多为运用概念隐喻理论分析赛事报道的研究。本节以海峡两岸新闻网站关于世界杯报道语篇为语料，运用概念整合理论分析其中的战争隐喻手法，探究概念整合的形成机制，进而彰显意符与意指之间的内在联系。

一 概念整合理论与世界杯报道语篇

隐喻的本质是借助一个较为基本的观念去了解另一个较为复杂或者晦涩的概念。Lakoff 和 Johnson（1980）提出概念隐喻理论，使"带有浓厚的主观描述色彩的隐喻修辞研究出现了认知研究的新趋势"[①]。两位学者认为隐喻是人类运用较普遍的一种思维方式和认知手段，涉及两个不同域的相互作用，即从源域到目标域的跨域映射。Fauconnier 和 Turner 等（2002）提出概念整合理论，这是在认知语言学领域继 Lakoff 和 Johnson 概念隐喻理论之后的一个新的理论视角。该理论所持开放的、动态的研究视角的核心问题是话语解读过程中各个心理空间的建立、跨空间映射及概念整合机制的在线认知运作，将隐喻现象的认知研究推向了另一层深度，不仅对隐喻现象的理解而且对其建构都具有重要的影响。

语言和隐喻的关系是紧密相连的。当我们用隐喻的方式表达某事时，它涉及概念的映射从一个词到另一个词。映射形成一对一的对应关系。新闻语篇语言具有客观性、真实性，有时为了追求生动形象、具体传神的传播效果，也会为了一定的审美性而追求用语的开放性与模糊性等，这恰好适应隐喻的高度运用。通过把握隐喻现象的具体运行机制，受传者能够更好地理解和领会语篇隐喻的本质、功能和动因等问题。而另一方面，概念整合理论的目的在于揭示话语意义的实时在线构建及话语解读问题。因此，本课题将这两种理论结合起来，紧密地联系海峡两岸关

[①] 王正元：《概念整合理论及其应用研究》，高等教育出版社 2009 年版，第 67 页。

于第 21 届世界杯报道的新闻语篇文本，就其语言表征与隐喻构建进行认知推理与解析，诠释和理解两岸新闻语篇中的隐喻现象。

二 世界杯报道语篇战争隐喻的基础：相似性关系

世界杯新闻报道语篇除了具有新闻报道语篇的一般特征外，作为体育新闻语篇，还具有独特的表达特点。其中最显著的特点之一是大量借用其他领域的词汇及表达策略，这其实就是一种隐喻现象。隐喻表达跨域映射，包含源域和目标域两个域，其中人们较为熟悉、具象的是源域，相对陌生、抽象的是目标域。隐喻将源域映射到目标域上，使目标域得到理解。

通过跨空间的映射激活相关概念，隐喻现象将两个原本不同的心智空间连通起来。"概念整合的本质是关系的整合"①。不同输入空间的概念信息之所以能够连通起来，其实依赖的就是各种关系。Fauconnier 和 Turner 等（2002）将不同心智空间之间的连通关系抽象总结为时空关系、因果关系、身份连通关系、特征及范畴关系和部分与整体关系等。在概念隐喻理论中，隐喻的认知基础是相似性。相似性是连通那些具有某些共性成员的空间时所不可缺少的关系。基于不同概念域之间存在相似性，隐喻意义才得以生成。

在世界杯报道语篇的隐喻结构中，足球比赛是战争这个根隐喻从始至终都贯穿在新闻报道语篇之中。原本表面看似并无关联的两类物象被输入相应空间内而相提并论，实际上这些空间之间在涉及事件的属性、时空、过程、因果等与意象物的范畴、性质、形状、特征、用途等存在较多方面的共性。在此基础上，类属空间在两个输入空间之间进行跨空间映射，反映两个输入空间所共有的一些相似的概念结构，最终决定参与整合跨域的核心概念成员。世界杯比赛和战争原本是性质截然不同的

---

① 王正元：《概念整合理论及其应用研究》，高等教育出版社 2009 年版，第 23 页。

两种人类活动。但是，二者也存在诸多相似之处。世界杯比赛和战争同样具有对阵的双方；足球比赛如同战争一样讲究排兵布阵；体育比赛有主力与替补，战争也有主攻部队和预备队；参与足球比赛的队员与战争中的军队和武器同样注重"攻击力"与"杀伤力"；足球比赛过程类似战争充满了激烈的对抗；足球比赛的最终目标和战争一样是击败对手，夺取胜利。例如：

例 5-1：

　　世足赛 4 强赛第二战，英格兰开场不到 5 分钟就以自由球破门，但克罗埃西亚下半场回敬 1 球，双方激战之后以 1 比 1 踢入延长赛。延长赛后半克罗埃西亚<u>再下一城</u>，成功<u>杀败</u>英格兰，成为自足总世界排名制度启用以来，进入决赛世界排名最低（20）的国家！他们将在冠军赛与法国争夺队史首冠。（选自《克罗埃西亚 2∶1 杀退英格兰　将与法国争冠》，《中时电子报》2018 年 7 月 12 日 03∶01）

概念隐喻实质上是一种结构映射，它发生在概念领域，关联两个新的概念：源域和目标域。源域是特定的认知领域，人们可以直接体验，然而，目标域是抽象认知领域。概念隐喻是建构认知的手段从源域到目标域的映射。我们采用的结构是"B→A"表示源域和目标域之间的关系，所以概念隐喻是将源域 B 的部分知识投射到目标域 A。例 5-1 语篇描述了世界杯半决赛中克罗地亚队与英格兰队激战的场景，构建赛场与战场两个输入空间，前者属于体育比赛现象，后者属于军事战争现象，貌似两者之间没有任何联系。语篇运用"再下一城"与"杀败"这两个喻象形似且神似，仅用这六个字就可以描绘出比赛的情形与克罗地亚队的胜利气势。

如同现实世界中到处存在表征一样，人们的心智空间里同样也充满着许多表征物及其所表征的概念、内容、现象等的整合机制。大多数的

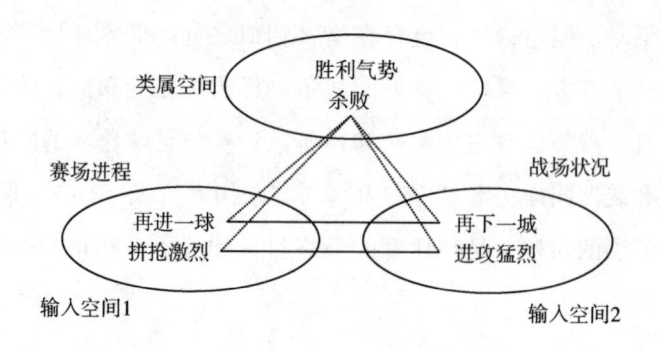

```
           胜利气势
  类属空间   杀败


赛场进程              战场状况
  再进一球       再下一城
  拼抢激烈       进攻猛烈

  输入空间1      输入空间2
```

图 5.1　《克罗埃西亚 2∶1 杀退英格兰　将与法国争冠》概念整合示意

隐喻结构通常都是基于相似性的概念整合，因此，相似性关系在隐喻的构建与理解中有着重要的作用。人们对于不同事件或物象之间可以类比推理或者感知的相似性具有一定的敏感性。这种相似关联与相似感知是人类与生俱来的众多本能之一。人们的心智空间网络与外部空间的连通关系通过相似性关系的压缩，可以进入并参与心智整合。作为新闻语篇的解读者，我们必须要借助认知结构，同时对源域与目标域两个空间的感知交融展开相似联想，这样才能理解语篇创作者及其委托人的真实意图和情感诉求。

三　世界杯报道语篇战争隐喻的概念整合

美国认知语言学家 Fauconnier 于 1985 年提出了"心理空间"概念，即"说话人在思考或谈论已知、想象、过去、现在或将来情形时部分的现时的表现结构"[①]。读者随着世界杯报道语篇隐喻现象的展开，其心理空间的内容被原本已经存储的知识经验不断修正和填充。Fauconnier 的心理空间论"为先前在语言与认知研究中所遇到的许多难题提供合理的答案，是研究自然语言意义的一种行之有效的方法"[②]。在此基础上，Fau-

---

[①]　转引自谢之君《隐喻认知功能探索》，复旦大学出版社 2007 年版，第 57 页。
[②]　Lakoff, George, *Women, Fire, and Dangerous Things*, Chicago, IL: University of Chicago Press, 1987, p. 542.

connier 和 Turner 进一步提出"概念整合"理论，也叫概念合成（融合）理论。这个理论为语篇读者在世界杯报道与战争隐喻两个心智空间的整合指引了方向。

（一）心智空间与概念框架

"空间"是作为概念整合的基本理念，①"心理空间是人们在思考、谈话时为了局部理解和行动目的而建立起来的'概念包'"。② 概念整合是对两个或多个心理空间有选择地在线、动态地构建关联、表达理解意义的认知活动。此外，人的心智空间是在某种认知模式的基础上由一些概念框架组建形成的，人的框架概念是由特定的激活关系和相关成员所构成的。例如：

例 5-2：

　　易边再战，基本仍是西班牙控球围攻，俄罗斯快速反击的格局。双方不断调兵遣将，切尔切索夫首先用正牌后卫格拉纳特替下日尔科夫巩固防线，后又换上已在本届杯赛上有三球入账的快马边锋切里舍夫和速度型前锋斯莫洛夫加强反击的锐度。耶罗则先后换上后卫卡瓦哈尔、中场大将伊涅斯塔和上赛季为塞尔塔队攻入 22 球的前锋阿斯帕斯，保持对东道主的压力。（选自《俄罗斯点杀西班牙首进八强》，新华网，2018 年 7 月 2 日 03：10）

例 5-2 语篇中的"比赛 = 战争"意象的概念框架内成员有：围攻、快速反击、调兵遣将、正牌后卫、巩固防线、快马边锋、前锋、加强反击、后卫、中场大将、保持压力等。在对激烈紧迫的、充满对抗的赛事的理解中，受传者的思维激活了另一认知域军事行动域，实现了从后者（源域）向前者（目标域）的映射。

---

① 吴为善：《认知语言学与汉语研究》，上海复旦大学出版社 2011 年版，第 254 页。
② 吴为善：《认知语言学与汉语研究》，上海复旦大学出版社 2011 年版，第 256 页。

概念隐喻下的心智空间在知识构建中具有开放性和动态性。也就是说，心智空间并非虚无、空幻的，随着人们思考或者话语的延续扩展，心智空间会迅速且不断地调整发展。它形成于人们对客观世界和社会生活的感知、体验、思维及情感，可以构建一系列的概念，如时间、地域、事件、动作行为、可能性、愿望等。读者阅读世界杯赛事报道语篇会随着语篇的进展，构建包括进攻、防守、射门、越位、任意球等足球比赛空间。例如：

例 5-3：
　　<u>轰鸣的"日耳曼战车"</u>被墨西哥"<u>仙人掌</u>"<u>拦住了去路</u>。（选自《卫冕冠军出师不利　德国爆冷不敌墨西哥》，新华网，2018年6月18日 01：29）

例 5-3 语篇首先构建一个战场进攻事件的空间，"进军"的概念框架内成员有：战车轰鸣、仙人掌拦路等。

例 5-4：
　　德国队在墨西哥球员的贴身逼抢与墨西哥球迷的"<u>绿色海洋</u>"中完全迷失，22岁小将洛萨诺上半场攻入唯一进球，球场另一端的<u>门</u>将奥乔亚高接低挡力保<u>城门</u>不失。（选自《卫冕冠军出师不利　德国爆冷不敌墨西哥》，新华网，2018年6月18日 01：29）

例 5-4 这段内容又构建一个"城门攻防"套叠"绿色海洋"的空间，"海洋"是人们熟知的概念域，在文中却和"进攻与防守"事件组合到一起，隐喻海水可以淹没进攻的战火，其成员有：过程对抗激烈，目标战胜对方，直接对手——贴身逼抢，间接对手——"绿色海洋"，揭示了墨西哥队的强大实力。

如图 5.2 所示，图中的圆圈代表心理空间，圆圈内的点代表各元素，元素之间的联系用线来表示。在输入空间 1（表现为 1.1 与 1.2）与输入空间 2 中的对应元素之间存在着部分映射关系，这两个输入空间元素之间的映射关系用线来表示。

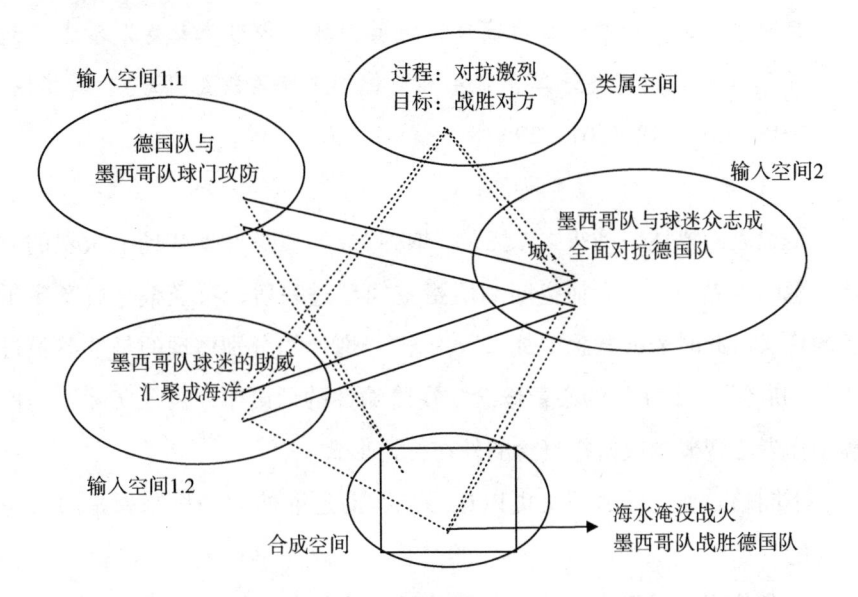

图 5.2　《卫冕冠军出师不利　德国爆冷不敌墨西哥》概念整合示意

说明：实线表示参与事件的角色状况，虚线说明角色之间的动态关系（包括过程、目标与结果）。

(二) 表征与跨空间映射

表征指人们在生活中所依赖的实体的根本性的认知与符号范畴之间的特定关系。我们所处的世界是一个表征的世界，任何表征情景、表征现象都可以被输入而作为空间整合的概念源泉。通常，在概念整合过程中，两个心智空间中往往有一个是表征的（表征空间）；另一个是所指的（所指空间）。世界杯赛事报道语篇中，战争隐喻表征体育赛事。例如：

例 5-5：

  卫冕冠军将"战火"全面"烧"向对方半场，可无论替补登场的罗伊斯，还是德拉克斯勒与克罗斯，始终无法将球送入对方网窝。眼见进攻迟迟不见成效，德国队主教练勒夫在比赛还有十多分钟结束时派上戈麦斯增加锋线高度，但其他球员很难为戈麦斯输送"炮弹"。（选自《卫冕冠军出师不利 德国爆冷不敌墨西哥》，新华网，2018 年 6 月 18 日 01：29）

  语篇表面描述"战火""烧""炮弹"，实质是展现赛场上激烈的对抗。隐喻世界中，由表征空间和所指空间经过映射、再经整合后产生了新的意义。此时表征概念"战火""烧""炮弹"分别体现的是"队员进攻""拼抢""足球"的心智概念。在隐喻性的话语中，表征实际上是语篇创作者心智概念或所指概念的外在标记形式。

  不同的心智空间之间是可以连通的，而连通的认知机制就是通过跨空间的"映射"而激活相关概念的过程。这就是早期 Lakoff 等提出"映射论"的依据。他们具体地描述隐喻的工作机制，把由源域向目标域这种具有方向性的互动称为映射[1]，认为隐喻意义的产生就是源域向目标域选择性地部分映射的结果。映射"将域间概念连接起来"，是"概念整合意义间的桥梁与纽带"。[2] 世界杯报道语篇创作者基于人们心智空间的具体与抽象、内里与外在、表征与本质等诸多信息，运用映射将赛事与战争两个不同语域空间的部分概念连通起来，通过这种跨空间映射，语篇意义成因随之激活起来。例如：

例 5-6：

  中新网 7 月 12 日电 北京时间 7 月 12 日凌晨，2018 俄罗斯世

---

[1] 束定芳：《认知语义学》，上海外语教育出版社 2008 年版，第 163 页。
[2] 王正元：《概念整合理论及其应用研究》，高等教育出版社 2009 年版，第 19 页。

界杯第二场半决赛在莫斯科卢日尼基球场展开较量,由"三狮军团"英格兰对阵"格子军团"克罗地亚。英格兰队特里皮尔"圆月弯刀"破门,佩里西奇门前垫射扳平,常规时间内两支队伍1∶1战平。(选自《一黑到底创历史!克罗地亚2∶1逆转英格兰挺进决赛》,中国新闻网,2018年7月12日04∶37)

语篇分别用"三狮军团"、"格子军团"隐喻英格兰队、克罗地亚队,"圆月弯刀"隐喻"抛物线踢球"。"圆月弯刀","圆月"、"弯刀"(源域)和"抛物线射球"(目标域)涉及不同的概念域:"圆月"属于"自然空间"的一个框架概念,其成员有自然现象、存在于天空、夜晚、天气晴朗、农历每月中旬等;"弯刀"属于"武器空间"的一个框架概念,其成员有兵器、金属、有弧度等;"踢球"属于"足球运动空间"的框架概念之一,其成员有运动现象、用脚的某一部位、作用于足球、按照一定路线踢向预定目标、与比赛有关等。三个空间的对应成分存在映射关系:圆弧形状。通过跨空间隐喻映射,三个空间连接起来,再经过概念整合、完善后得到层创意义:足球按照抛物线路径射入球门。如图5.3所示:

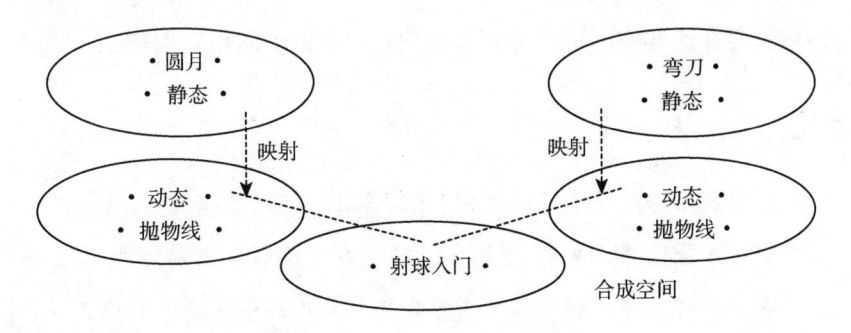

图5.3 《一黑到底创历史!克罗地亚2∶1逆转英格兰挺进决赛·圆月弯刀》概念整合示意

在新闻语篇创作过程中,创作者心智空间的映射意念在赛事与战争两个概念领域的整合上发挥主导作用。需要指出的是,世间几乎任何事物现象的实体都具有可被表征的性质。语篇创作者在思考输入表征物、建立表征空间的同时，随之以这个输入表征为中心的心智映射与概念整合网络也就构建起来了。人的心智空间生成、组合与排列非常灵活、丰富，这与创作主体的"关系互动有关，与视点位移有关，与关注焦点有关"①。新闻语篇创作者基于人们对战争的相关经验，基于世界杯足球比赛和战争的相似性，选择了战争隐喻。我们在理解新闻语篇时要尽可能地把握创作者的心智空间，以及语篇创作的时空语境、文化因素等，以便尽可能地还原语篇创作者及其委托人的创作真实意图。

世界杯报道语篇将赛事隐喻为一场战争，或者说是一场没有硝烟的战争。人类社会从产生那天起，战争不断，人类语言对战争的描述异常丰富、细致，足球比赛虽然不像战争那样充满暴力，但与战争具有同样的目的——迫使对手服从己方意志，夺取胜利的果实。因此，世界杯赛事报道语篇运用大量战争语汇来丰富自己的表达，增强传播感染力。具体来说，报道语篇中的战争隐喻是通过四种映射来构建的。

1. 位置映射

战争源域中至少要有两个位置，即参与交战的敌对双方，被映射到目标域世界杯比赛空间中，分别对应比赛中的两支队伍。例如：

例5-7：

<u>俄罗斯世足赛7日晚间由"三狮军团"英格兰与"北欧海盗"瑞典</u>拼抢4强门票，英格兰上半场靠效力于英超莱斯特城的后卫马奎尔在角球进攻中头槌破门，下半场换热刺中场阿里顶入1球，以2比0击败瑞典，相隔28年再进世足4强。（选自《睽违28年！空战大捷　英格兰重返世足4强》，《中国时报》2018年7月8日04：10）

---

① 吴为善：《认知语言学与汉语研究》，复旦大学出版社2011年版，第257页。

例 5-7 语篇开头交代比赛双方，分别借用"三狮军团"与"北欧海盗"对应英格兰与瑞典两支参赛队伍。

2. 过程映射

战争的一方通过侦察敌情、排兵布阵、将士们奋勇冲杀等获得最终胜利。这种过程映射到目标域世界杯赛事中，表现为比赛一方教练通过探知对手全体队员面貌，继而安排部署，即运动员们积极拼抢，最终取得比赛胜利。例如：

例 5-8：

这场比赛法国排出 4-2-3-1 阵型迎战，比利时则是 3-5-2，法国队马图伊迪（Blaise Matuidi）因为两张黄牌禁赛一场后，再度回到场上，比利时则是后卫梅尼尔（Thomas Meunier）领到两张黄牌必须禁赛一场，本战由 M. 登贝莱（Mousa Dembele）补上他的先发位置。（选自《法国踢掉比利时　队史第二冠差一步》，《中时电子报》2018 年 7 月 11 日 02：52）

例 5-8 语篇在报道具体赛事进程之后，补充介绍了比赛的背景知识，双方参赛阵容与队员的具体调整安排。

3. 结果映射

战争的结局有胜利一方也会有失败一方，映射到目标域世界杯比赛中，运动员们积极拼抢，最终的结果同样可能取得胜利也有可能失败。例如：

例 5-9：

凭借苏亚雷斯在个人第 100 场国家队比赛中打入制胜进球，乌拉圭队在 20 日进行的俄罗斯世界杯 A 组第二轮比赛中以 1：0 击败沙特队，取得两连胜后同东道主俄罗斯队双双提前一轮晋级 16 强。

（选自《苏亚雷斯百场收大礼　乌拉圭携手俄罗斯小组出线》，《中时电子报》2018年7月11日02：52）

例5-9语篇运用"打入""制胜""击败""两连胜"等战争领域词语映射到赛事空间，说明比赛的结果。

4. 知识映射

战场上如果战士表现不勇敢，当逃兵或向敌人投降是可耻的，将会受到军法的制裁。由知识映射推理可知：世界杯赛场上如果球员不全力以赴，也将受到相应负面的评价。例如：

例5-10：

　　此战阿根廷<u>后防</u>成为球队<u>最大问题</u>，尤其是在球队丢了第二粒进球后，场上部分球员<u>斗志全无</u>，竟开始场上<u>散步</u>。这个问题在球队<u>丢</u>的第3球中被无限放大，从画面中可以看出梅西竟然是在阿根廷众将中第一个从前场飞跑回来去延阻的人，其余几名在禁区的球员都<u>直愣愣的看着</u>，<u>等着</u>裁判吹罚越位。（选自《世界杯第八日：阿根廷0-3惨败命悬一线　法国克罗地亚晋级》，腾讯体育，2018年6月22日04：07）

例5-10语篇首先说明"阿根廷后防成为球队最大问题"，然后借助"散步""丢""直愣愣的看着""等着"等行为，揭示其球员"斗志全无"的状态，印证自身观点。

（三）关系压缩

在隐喻话语现象中，具有相似性的概念关系将整合空间连通起来，但这只是概念整合的第一步，只有通过"压缩"将这些相似的概念关系压进心智空间网络，这样概念整合才能得以进行。所以压缩是实现概念整合的必要手段，而且在整个概念整合过程中需要不断地、持续地进行压缩。压缩"把离散的东西压缩进网络、获得整体视界、强化关系、提出方案、由许多到单一"①，诸如这些均需要借助压缩来实现。再者，压缩实质上是尺度的压缩；而概念"整合机制的根本是'人的尺度'"②，只有当整合达到人的尺度时，整合才可以参与到其他尺度的整合中去。另外，概念整合并非纯粹、单一的关系压缩，往往要将时空、背景、延展、衍生、类推等多元关系压缩纳入整合框架中。整合也并非简单的归类，可以"将不同的连通关系压缩到人的感知、体验中，构造出认知网络"③。各心智空间之间具有若干显性或隐性的连通点，具有类推性或不具相似性的概念均可以压缩整合。例如：

例5-11：

克罗地亚在本届世界杯的表现，展现了<u>铁血之师</u>的风采。他们在场上积极的跑动，娴熟的技术，以及<u>中场指挥官</u>莫德里奇的神奇调度，让<u>格子军团</u>成功<u>杀入</u>决赛。（选自《克罗地亚加时绝杀英格兰　铁血格子军团令人敬佩》，天津北方网，2018年7月12日05：39：27）

例5-11语篇将克罗地亚队称为"军团"，"展现了铁血之师的风采"，同时将中场运动员称作"中场指挥官"，描述进入决赛运用"杀入"一词。语篇将一系列的战争用语体现的概念关系压缩进整合空间，然后进行跨域的隐喻映射，以此说明世界杯赛事并非个人运动，需要全体队员如同军队那样齐心协力，才能取得最终的胜利；同时也带给读者生动传神的阅读体验。

在压缩这一环节所引发的概念整合中，输入空间和类推、衍生、隐

---

① 王正元：《概念整合理论及其应用研究》，高等教育出版社2009年版，第23页。
② 因为"人的尺度"是人类最容易理解的、熟悉的框架中的直接的感受和行为。整合网络中输入的结构、成员的想象、转换常常是以取得人的尺度为前提的。参见王正元《概念整合理论及其应用研究》，高等教育出版社2009年版，第23页。
③ 王正元：《概念整合理论及其应用研究》，高等教育出版社2009年版，第25页。

喻、参照域等连接起来，不同概念空间之间的语义冲突激活语篇读者大脑中相关的连通关系，从而整合生成新的概念。

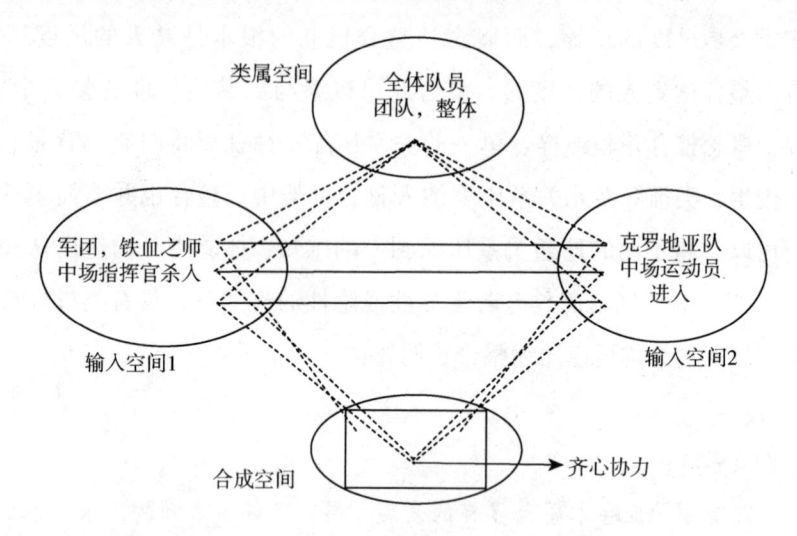

图 5.4 《克罗地亚加时绝杀英格兰 铁血格子军团令人敬佩》概念整合示意

说明：实线表明事件参与角色的状况，虚线体现角色之间的动态关系。

概念整合是人们不同心智空间动态互动活动的过程。世界杯赛事相关概念的输入与压缩带来人们心智空间概念的变化，其中包括跨空间映射时相似性关系的压缩，战争隐喻话语得以应用。此外，由于压缩，新闻语篇的创制者及其委托人需要尽量运用一般人的体验概念去促使受传者强化对目标域概念的理解。总而言之，压缩这一环节至关重要，是产生整合概念的手段。借助概念整合手段，世界杯赛事报道语篇顺利激活读者心智空间的联通关系，语篇意义得以传达。

从具体的语篇分析来看，隐喻建构是多种认知要素彼此相互作用的结果，尤其是运用概念整合理论，这种幕后的、动态的心智加工使隐喻得以实现、新创意义得以生成。可以看出，海峡两岸社会民众民族语言文化体验与生活经验的相似性使得两岸体育新闻语篇中运用战争隐喻拥有基本相同的概念隐喻主题和隐喻模式。同一模式的概念隐喻的使用都体现出相似性与整合性，表明了两岸隐喻思维方式和语言使用的连续性。

第二节　网络新闻语篇中的批评性隐喻

在传统理论研究中，无论是比较观、替代观，还是互动观都认为，隐喻是一种语言现象，有基本的表层意义与隐喻意义的区别。以往的很多研究都关注它的修辞和文本功能，认为隐喻与意识形态无关。20世纪70年代末，批评话语分析（Critical Discourse Analysis）逐渐在西欧发展起来。Fairclough曾在《批评性话语分析》一书中阐释了语言、权力、意识形态三者之间的关系[①]。他指出，语言之中普遍存在意识形态，因此语言同时也是实现权力关系、实施社会控制的一种重要手段，并直接参与构建社会现实和社会关系。Lakoff说过："那些抽象的和繁杂的情况通常要通过隐喻来理解，事实上，我们会不由地运用无处不在的隐喻系统来理解复杂和抽象的事情"[②]。某种程度上，隐喻促进了社会和政治制度的发展，多数媒体也希望借助隐喻获得对社会领域和政治领域更多的话语权。Lakoff（1980）认为"隐喻无处不在，不仅存在于我们的语言中，也存在于我们的思想和行为"。与传统理论不同，概念隐喻理论认为概念隐喻是思维，它可以作为更好的工具来揭示人类的思维。作为人类的思维方式，概念隐喻同样也可以用来反映社会意识形态。隐喻也被纳入批评话语分析范畴，被认为是概念化政治事件和构建世界观的重要手段[③]。在一定意义上，隐喻促进了社会和政治制度的发展，多数媒体也希望借助

[①] Fairclough, N., *Critical Discourse Analysis: the Critical Study of Language*, New York: Longman, 1995, pp. 5 – 42.

[②] Lakoff, G., Metaphor and war: the metaphor system used to justify war in the Gulf, *Cognitive Semiotics*, 2013 (2), pp. 25 – 32.

[③] Charteris-Black, J., *Corpus Approaches to Critical Metaphor Analysis*, Basingstoke: Palgrave MacMillan, 2004, pp. 2 – 17.

隐喻获得对社会领域和政治领域更多的话语权。

批评性隐喻分析是由 Charteris – Black（2004）首次提出的一种批评性话语分析方法，是一种全新的揭示隐藏意识形态、情感、思想、情感和信仰的分析方法，是一个更好地理解语言之间错综复杂的联系的有意义的方法。这种方法将隐喻作为一种观点来表现语言使用者的内在和隐藏的思想。批判隐喻分析旨在运用批判性话语分析、认知语言学、语用学与语料库分析等学科方向的研究方法分析隐喻语言现象及其语用和认知特点，揭示话语群体的信仰、立场与情感。它与传统的隐喻研究有很大的不同，传统的隐喻研究更加关注语言学方面。此外，通过基于语料库分析识别隐喻，并从语用学和认知的角度对隐喻进行解释，旨在探究隐喻的话语功能，从而理解隐喻表达的修辞意图和结果。因此，就 Charteris – Black 所提倡的观点而言，可以从认知和务实两个角度来解释隐喻。从这个角度可以得出结论，隐喻可以极大地影响人们的政治评价和社会评价，也可以对人们的思想观念产生影响，可以为发现一种新的交流方式提供支持。

Charteris – Black 的研究表明分析权势人物的话语（例如政客、媒体大亨和神权统治者），通过批评分析可以揭示影响他们选择表达情感词语的因素。结合语言进行批判隐喻分析，通过认知理解和社会知识进行分析，可以解释人们为什么在某些类型的话语中选择比其他表达方式更为隐喻的方式。Charteris – Black（2004）研究的主要问题是隐喻的话语功能、情感和影响力的判断。他注意到，在处理媒体上，知名人物计划运用隐喻来表达自己激发观众的反应并做出独特的判断。基于批评话语分析的三个阶段，Fairclough（1995）认为包括识别、理解和解释。Charteris – Black 在此基础上分离了关键隐喻分析的三个阶段，即隐喻识别、隐喻理解和隐喻解释。隐喻的识别首先涉及概念上的含义，即区分文本中是否存在隐喻，并判断表面来源域与隐喻目标域之间是否存在关系。Charteris – Black 的批评性隐喻观点为本课题研究开拓了思路，本节借助概念隐喻理论作为研究框架，试图从批评角度分析两岸媒体中的概念隐喻类型，以海峡两岸 2019 年 5 月 27—29 日的 50 篇网络新闻语篇为分析语料，语料集中于三个新闻主题：美国总统特朗普访日，奥地利总理被迫下台，欧洲议会选举结束。

一 两岸网络新闻语篇批判性隐喻的识别

学界关于认知隐喻的研究中，人们普遍认可 Lakoff 和 Johnson 概念隐喻的分类标准，也就是说把隐喻具体分为结构隐喻、方位隐喻和本体隐喻三类。

（一）结构隐喻

结构隐喻是指当人们接触一个比较陌生的、抽象的概念时，会调动相对熟悉的、已经被掌握的概念去构建，也就是运用一个已知概念的结构去构造出另一个未知概念。描述原来概念的词语，也相应地可以描述新的概念。结构隐喻中，隐喻概念的建构一定是部分的，两个概念之间一定存在着差异性。常见的有"时间如流水""生活是巧克力"等。例如：

例 5-12：
　　日本首相安倍晋三与来访的美国总统川普 27 日在东京迎宾馆举行高峰会谈，针对美日贸易、军事、北韩等议题交换意见。（选自《川安会同意合作因应北韩问题 安倍访伊朗缓和紧张局势》，《中时电子报》2019 年 5 月 27 日 12：54）

例 5-13：
　　特朗普则在记者会上就美日贸易问题说，"在我们两国的贸易谈判中，我们力争达成对双方有利的协议。我们的目标是减少与日本之间的贸易赤字，为促进从美国出口而消除贸易壁垒。有关贸易协议的事情，很快我们就会发布新消息。"（选自《特朗普与安倍举行联合记者会，就伊朗问题言辞变温和》，环球网，2019 年 5 月 27 日 14：39）

在结构隐喻中，隐喻是系统的、连贯的。结构隐喻中的两个概念认知存在有规律性的系统对应关系，虽然两个概念的具体成分不同，但系统结构相似或相同。例5-12语篇中的"日本首相安倍晋三与美国总统川普"作为两个国家的领导人与自然地形系统中的高峰对应，认知上存在相似性，都是系统中的最高等级，所以容易被联想到。例5-13语篇中运用战争隐喻，在贸易与战争两个不同的系统中寻求相似点，将国际贸易间的对立与界限隐喻为战争中的防御工事。

（二）方位隐喻

空间方位的认知是人类早期对自然界的认知方式之一，成为人们熟悉的认知系统。继而许多抽象概念的认知概念竞相借助空间概念中的方位概念，方位隐喻是指运用"上、下、左、右、前、后"等方位词来构造新的概念的隐喻类型。常见的方位隐喻有这样一些类型：升官是向上，降职是向下；价格昂贵是向上，价格便宜是向下；品德高尚是向上，道德卑劣是向下；等等。例如：

例5-14：

引发此次不信任投票的导火索为德国媒体本月17日曝光的一段疑似"通俄"视频。事件导致与库尔茨带领的人民党联合执政的自由党党魁、时任副总理施特拉赫<u>下台</u>。（选自《国会通过不信任投票 奥地利总理下台》，中国新闻网，2019年5月28日07:23）

例5-15：

美日领袖还针对如何合作促进6月大阪G20峰会举办成功、大陆及俄罗斯的应对之道，以及紧张情势<u>升高</u>的伊朗局势等交换了意见。（选自《川安会同意合作因应北韩问题 安倍访伊朗缓和紧张局势》，《中时电子报》2019年5月27日12:54）

方位隐喻以现实空间的体验为源域（上下、内外、前后、深度、中心、周边等），映射抽象的目标。例如以上下映射地位，地位高状态为上，地位低状态为下。常见的表达方式是上蹿下跳和欺上瞒下。因为根据日常经验，在位者是高的，反之则地位低下。例 5-14 语篇将奥地利总理被罢免撤职与从高台上下来两个概念系统对应，因此称之为下台。例 5-15 语篇运用词语"升高"把抽象的紧张情势具象化，方便读者更好地理解语篇意义。

（三）本体隐喻

本体隐喻是指把人类的感受、心理过程等抽象体验识别为物质实体，也就是用物质性的语言去描绘抽象的经验，以达到对其进行分类范畴化、指称定位、量化统计等方面的目的，还可以在此基础上进行推理归纳。本体隐喻又可分为实体和物质隐喻、容器隐喻与拟人隐喻等类型。

实体和物质隐喻是指把将人们对于某事物现象的某种经验看作实体或物质的隐喻，从而可以分组归类、指称定位并量化解释这种经验。例如：

例 5-16：

有关日美关系，安倍说，日美双方关系可说坚若盘（磐）石，且藉（借）由他跟川普间非常亲密的个人信赖关系，日美同盟的紧密关系早已坚定不移，成为世界上最为紧密的同盟。（选自《和安倍开共同记者会　川普谈北韩：我很满足现状》，三立新闻网，2019 年 5 月 27 日 21：06）

例 5-17：

今年 4 月中旬，僵持了 2 年之久的日美贸易谈判终于重新启动。（选自《美日"亲密秀"：将日美贸易悬念留待 7 月选举后》，搜狐，2019 年 5 月 28 日 16：58）

实体和物质隐喻运用具体的、有形的实体和物质来理解和感受那些抽象的、无形的活动。例5-16语篇在抽象的国际关系与具象的盘（磐）石寻求相似点——坚固，例5-17语篇运用词语"启动"将谈判隐喻为机器，实施了实体和物质隐喻，让读者理解更为透彻。

作为本体隐喻中最典型的隐喻，容器隐喻是指把本来界限并不清晰的非容器事物当作容器来描写的隐喻。例如：

例5-18：
　　过去五年来，欧盟面临多次恐怖攻击、难民危机、英国公投脱离欧盟的决定，且受全球金融危机余波影响所困；观察员指出，反移民、反菁英和疑欧政党趁势而起，广受选民欢迎。（选自《欧洲议会选举民粹主义政党席次增加》，联合新闻网，2019年5月27日16：57）

例5-19：
　　打高尔夫球、看相扑比赛、吃美国牛肉汉堡……在享受了日本首相安倍晋三"导游般"的精心款待后，美国总统特朗普的日本之行终于进入"正题"。（选自《安倍策划美日"亲密秀"遭质疑：将取悦演绎到极致》，新浪网，2019年5月28日08：24）

容器隐喻将某些物质、某种概念看作容器，借助容器理解物质的界限，对其进行量化和解释。例5-18语篇将"全球金融危机余波的影响"这个抽象的概念当作容器来困住欧盟，说明欧盟面临的处境，例5-19语篇运用词语"进入"把"日本天皇为特朗普举行隆重欢迎仪式"这一活动隐喻为容器，方便读者理解。

拟人隐喻是指说话人描绘具体物体、现象或经验时，赋予这个物体人的思想特征，这样就可以运用人的行为、性格等特点去理解与把握抽象的物体、现象或经验。例如：

例 5-20：

日本广播公司（NHK）27 日报道称，会谈开始前，安倍首先表示："在新天皇即位的同时，日本迎来了新的时代，令和。"（选自《特朗普与安倍举行第 11 次美日首脑会谈》，环球网，2019 年 5 月 27 日 14：39）

例 5-21：

极右派领袖可望缔造历来最佳选举结果，但相较于上次选举结果仅小幅成长；此结果显示，选民可能还没准备好放弃欧盟，或拥抱倡议从内部削弱欧盟的领袖。（选自《欧洲议会选举 民粹主义政党席次增加》，联合新闻网，2019 年 5 月 27 日 16：57）

拟人隐喻把物质或概念当作人来描述，使其具有人的特征与性格。例 5-20 运用"迎来"这个只有人才具有的行为方式，赋予了"日本"这个国家和"令和"时代人的特征；例 5-21 语篇运用词语"成长"把选举结果数据当作人来写，构建了语篇。

以上隐喻类别只是海峡两岸网络新闻语篇运用的主要类型，其中有些还可以进一步细分。例如：

例 5-22：

绿党团体的领导人说，要想赢得绿党支持，代价不会"便宜"。（选自《欧洲议会选举投票结束 多国绿党成绩骄人》，新华网，2019 年 5 月 28 日 06：51：14）

结构隐喻为人们思考和理解周围新事物提供了一种新的方式，允许语篇创作者运用一个高度结构化且明确界定的概念来构建另一个概念。例 5-22 借助新闻人物的话语在政治领域与交易领域之间寻求相似点，阐述语篇观点。

二　两岸网络新闻语篇批判性隐喻模式的理解与解释

为了更好地说明两岸网络新闻语篇内部概念隐喻类型的分布比例,本节借用 Charteris-Black（2004）提出的"共振值"（token）概念。共振值是测量源域普遍性的重要标准,指基于源域的计算概念隐喻在语篇中出现频率的参数。其计算方法为"隐喻关键词总数"乘以"隐喻关键词总出现次数",得到的数值就是共振值。隐喻关键词是源域中具有隐喻意义的表达词。例如,拟人隐喻在我们所选的语料中显示关键词为"亲密、蜜月、迎接、迎来、成长、成绩骄人",其中关键词"亲密"使用了9次,关键词"迎接"使用了7次,关键词"蜜月"使用了6次,关键词"迎来"使用了5次,关键词"成长"使用了3次,关键词"成绩骄人"使用了1次,那么拟人隐喻的共振值就是 6×（9+7+6+5+3+1）=186。本节运用这种方法依次计算每类概念隐喻的共振值,可以得出他们在总共振值中的比例,以此探讨两岸网络新闻语篇创作者运用隐喻的手法。

由于新闻语篇运用隐喻手段的频率较高,我们还是把语料限定为2019年5月27—29日的美国总统特朗普访日、奥地利总理被迫下台、欧洲议会选举结束等三个主题的海峡两岸50篇网络新闻报道中。我们在所选的大陆地区25篇网络新闻报道中共发现12种隐喻模式,134次隐喻表述,共振值总数为935。具体情况如表5.1所示。

表5.1　　大陆地区网络新闻语篇概念隐喻的使用情况

共振值及比例示意　　　　　　　　单位：个，次，%

隐喻模式类型/源域	隐喻关键词	隐喻出现总次数	共振值	共振值所占比例
战争	12	23	276	29.52
方位	10	21	210	22.46
容器	7	19	133	14.22
拟人	6	13	126	13.48

续表

隐喻模式类型/源域	隐喻关键词	隐喻出现总次数	共振值	共振值所占比例
经济	5	15	75	8.02
机器	4	11	44	4.71
地形	3	13	39	4.17
犯罪	2	6	12	1.28
动物	2	4	8	0.86
颜色	2	3	6	0.64
植物	1	4	4	0.43
食物	1	2	2	0.21
合计	55	134	935	100

我们在所选的台湾地区25篇网络新闻报道中共发现14种隐喻模式，142次隐喻表述，共振值总数为890。具体情况如表5.2所示。

表5.2　　台湾地区网络新闻语篇概念隐喻的使用情况与共振值及比例示意　　单位：个，次，%

隐喻模式类型/源域	隐喻关键词	隐喻出现总次数	共振值	共振值所占比例
容器	11	23	253	28.43
方位	9	22	198	22.25
战争	9	17	153	17.19
经济	5	18	90	10.11
拟人	5	12	60	6.74
地形	4	11	44	4.94
机器	4	8	32	3.6
动物	3	7	21	2.36
犯罪	2	8	16	1.8
超生物	2	4	8	0.9
颜色	2	3	6	0.67
植物	1	5	5	0.56
垃圾	1	3	3	0.34
食物	1	1	1	0.11
合计	59	142	890	100

为了对比说明海峡两岸网络新闻语篇各种概念隐喻模式的使用情况，我们将表5.1与表5.2中相应的共振值统计结果列表如下：

表5.3　　　　海峡两岸网络新闻语篇概念隐喻共振值对比　　　　单位：%

隐喻模式类型/源域	大陆地区语篇共振值	百分比	台湾地区语篇共振值	百分比	合计
战争	276	64.34	153	35.66	429
方位	210	51.47	198	48.53	408
容器	133	34.46	253	65.54	386
拟人	126	67.74	60	32.26	186
经济	75	45.45	90	54.55	165
机器	44	57.89	32	42.11	76
地形	39	46.99	44	53.01	83
犯罪	12	42.86	16	57.14	28
动物	8	27.59	21	72.41	29
颜色	6	50	6	50	12
植物	4	44.44	5	55.56	9
食物	2	66.67	1	33.33	3
超生物	0	0	8	100	8
垃圾	0	0	3	100	3
合计	935	51.23	890	48.77	1825

从以上统计结果，我们可以看出：我们所选的海峡两岸网络新闻语篇都存在数量较多的隐喻模式，台湾地区语篇运用的隐喻模式种类稍多于大陆地区语篇。两岸语篇隐喻模式共振值前三名雷同，不过顺序不同：大陆地区出现频率前三名的依次是"战争隐喻"＞"方位隐喻"＞"容器隐喻"，台湾地区出现频率前三名的则依次是"容器隐喻"＞"方位隐喻"＞"战争隐喻"。这三种隐喻模式共振值在两岸语篇中都占据优势地位。这三种隐喻能够排列在前是有原因的，方位认知与容器体验都是人类与生俱来的本能，而战争作为历史概念范畴则伴随人类社会进程始终，让人刻骨铭心，三者用于语篇隐喻效果明显。

海峡两岸语篇运用的隐喻模式第四名分别是本体隐喻中的拟人隐喻与结构隐喻中的经济隐喻，体现两岸新闻人不同的隐喻选择，在一定意义上可以折射两岸言语社区的文化相异之处，相对于大陆地区的人本倾向，台湾地区的经济意识更为浓厚。

我们所选的 25 篇大陆地区网络新闻语篇共运用 12 种隐喻模式，隐喻关键词 55 个，共出现隐喻现象 134 次，共振值为 935；所选的 25 篇台湾地区网络新闻语篇共运用 14 种隐喻模式，隐喻关键词 59 个，共出现隐喻现象 142 次，共振值为 890。相比之下，台湾地区网络新闻语篇创作者运用的隐喻模式、隐喻关键词数量、隐喻现象出现次数都稍多于大陆地区，一定程度上说明在网络新闻语篇修辞对新闻话语事实与意识形态的建构方面，无论是在形式种类上还是在使用频率上，台湾都比大陆丰富，生动性更强。

语言始终处于动态发展中，并且根植于特定的社会环境中，体现并重塑不同民族、阶层、行业、群体的利益。两岸语篇隐喻模式之所以出现大同小异的情况，一方面是语篇创作者运用相同的语言；另一方面这些创作者却生活在隔绝一段时间的言语社区。Charteris-Black 指出，个人资源和社会资源都会影响隐喻的选择。他认为，个人资源主要包括人们的语言知识、感觉、具体经验、思想和对特定场合的个人理解，而社会资源指的是意识形态，例如历史文化知识，宗教，政治见解。认知、语用、语言对话语中的隐喻选择产生影响。而且思想、文化、历史也在话语中对隐喻选择产生影响。因此，隐喻的选择对说服功能有影响。只有通过分析语义，语用和认知之间的相互联系，才能全面地说明隐喻。具有相异言语社区生长背景的海峡两岸语篇创作者为传递新闻委托人的意志，会选用自身与读者相对熟悉的隐喻模式，方便读者理解并接受语篇观点。

本章小结

隐喻渗透于人们的社会日常生活和政治生活，并从各方面影响人们的思想和行为，潜在地塑造和支配着人们的言语交际习俗。本章首先从概念整合的角度出发，以两岸对第 21 届世界杯赛事报道的网络新闻语篇为语料，对战争隐喻的工作机制进行了比较深入的考察。世界杯报道语篇战争隐喻依赖于赛事与战争这两个概念域从具体到抽象的跨空间映射，基于概念隐喻中源域物象和目标域物象的对应连通，通过心智概念合成的认知操作，新闻语篇创作者得以更加明晰、更为深入地再现语篇隐喻的实时构建，读者也得以把握语篇隐喻意义的生成。在新闻语篇意义的表征与理解过程中，不同的概念经过筛选、组合、类推、压缩等，整合中创建诸多生动的概念整合网络，实现了从源域到目标域的映射，演绎着丰富多彩的意义世界，方便语篇读者的解读。

　　本章运用批评性隐喻理论探讨两岸关于美国总统特朗普访日、奥地利总理被迫下台、欧洲议会选举结束等三个主题的网络新闻语篇中的隐喻现象。两岸语篇创作者将语篇动机隐藏于隐喻现象之后，不同隐喻模式的使用，暗含了语篇创作者及其委托人对社会现实与新闻事件的观点与评价，创作者试图借助隐喻现象激发读者的认同，发挥劝说作用。隐喻不仅是一种认知活动，而且可以是一种说服与认同活动。语篇创作者对于隐喻模式种类的选择、隐喻现象频率的设置，都是为其语篇信念与语篇行为意图服务的。

第六章　海峡两岸网络新闻语篇中的言语行为

　　语言是人类交流中最重要的符号系统。话语沟通的实质是信息交流。人们使用语言进行交流的过程是言语行为。语篇与言语行为之间存在着密切的关联。语篇本质上并非由语句的组合，而是言语行为的序列。作为构成语篇的基本要素，言语行为并非孤立存在，诸多言语行为借助各种连贯关系组成言语行为序列进而构成语篇发挥其功能。

　　言语行为理论始于对日常语言功能的研究。根据言语行为理论，人们是通过言语行事的。言语交际的效率不仅涉及文本语法的语义问题，还关涉语用问题。因此，言语行为理论已成为语用学的重要组成部分。它来自以下假设：人类交流的基本单位不是句子或任何其他表达方式，而是某些行为的完成，例如陈述、请求、命令、问题、道歉、祝贺和其他行为。言语行为的特点是，说话人通过讲一个句子或几个句子来执行上面列出的一项或多项行为，而这些行为的实现也可能给听话人带来一些影响或后果。最早提出言语行为理论的是英国哲学家 Austin。他主要针对 1930 年代逻辑实证主义中语言意义的"真值"概念，认为语言的意义不在于是否可以验证，而在于言语交际的结果是否可以达到预期目的。Austin 认为，语言交流的单元不是句子，而是通过单词和句子完成的言语行为。后来，美国哲学家 Searle 使这一理论得到了进一步发展。Searle 认为，每个句子都有一定的潜在额外言语力量，这是句子含义不可或缺的一部分。每个有意义的句子都可以借助其含义来执行特定的言语行为。总之，Austin 和 Searle 的言语行为理论解释了人们如何使用语言表达言语力量来实现各种言语行为。Austin 将言语行为分为三类：表示特定含义的位置行为和他所指的语言行为，实际上是指字面含义；言外行为，表示陈述、请求或承诺，实际上是指言外的意思或说话人的交际意图，也称为言外之力；表达言语的言语行为说话人对听话人的影响是一种交流意图的影响或效果，一旦被听话人理解。在言语行为中，如果未经检验的假设可以解释一个事实并说服一个原本固执的人改变其偏见，那么这样的言语行为就有意义。

"新闻在很大程度上，是人们说了什么和他们是如何说的。"[①] 网络新闻语篇作为语言的社会功能变体，存在各种言语行为。海峡两岸网络新闻话语反映各自社会中的主流意识，巧妙地选择新闻话题，施加解释，隐蔽地建构社会现实，在社会事件进入公共议程之后引导社会公众舆论，建构共识，排斥异议，建立并维持各自的主流价值观，其中必然充斥着各种各样的言语行为。

第一节　网络新闻语篇言语行为的规则与主体

作为一种社会行为，言语行为必然会受到社会文化背景、礼貌合作、交际对象地位等各种社会因素的制约。由于网络新闻语篇充满了对新闻事实的各种断言叙述（而不是威胁或承诺），因此网络新闻语篇的言语行为是不可分割的。网络新闻语篇中话语主体的权威地位构成了创作者与读者之间特定的沟通和传受关系。除了一般的语言规则外，语篇主题的言语行为还会受到媒体传播相关规则的限制。网络新闻传播是一种面向社会公众的多向言语交际，同时也是一种隐蔽的言语交际。在交流过程

---

① Cappon, R. J., *Associated Press Guide to News Writing*, New York: Macmiallan, 1991, p. 79.

中，传播者试图通过其自身的话语能力传达语篇意图影响受传者的立场与观点，或者期望改变受传者的认知环境，从而使受传者对新闻事件的认知可以与网络新闻语篇的传播主题相结合。基于这一特征，网络新闻语篇的言语行为实质上是根据一般的社会道德、职业道德，在网络平台上在最短的时间内以受传者认可的专业身份，根据恰当的信息源，发布有关目标受众最需要的最新变化的新闻信息[①]的行为。

一 网络新闻语篇言语行为的构成性规则

网络新闻语篇得以发挥其传播信息、引导社会舆论等功能，就在于其语篇言语行为的表现力。任何言语行为都具有一定的构成性规则。

（一）言语行为的构成性规则

美国语言哲学家 Searle 认为，言语行为是一种社会行为，而社会行为必须遵守一系列规章准则，因此言语行为必须遵守一系列规章准则，包括调节性规则和构成性规则。其中构成性规则生成并制约新的一种行为或活动，人们若要通过语言来实施某一行为，必须遵守某些相关的构成性规则，否则，便不能成功实施该行为。

Searle 通过许诺行为确定了九个实施该行为的充分必要条件，并把这些条件总结为四种类型：命题内容条件、预定条件、真诚条件、本质条件[②]。接着，Searle 把这四个条件进一步上升为"许诺"行为的构成性规则，并推广到所有言语行为，由此建立了言语行为的四条构成性规则。

1. 命题内容规则

规定话语的命题内容部分的意义，在言语行为中说话人要表达一个与语旨行为相关的命题。例如，在请求行为中，说话者断言听话者的将来行为 A，而在承诺行为中，说话者则只能断言自身的将来行为 A。

[①] 据胡范铸《新闻语言客观性问题的言语行为分析》[《华东师范大学学报》（哲学社会科学版）2007 年第 39 卷第 2 期] 中关于"新闻言语行为"的定义确立。

[②] 转引自索振羽《语用学教程》，北京大学出版社 2000 年版，第 165—167 页。

2. 预备性条件规则

规定实施言语行为的预备条件,在言语行为中说话人认为他要实施的行为是合理的、必要的且实施的现实条件是具备的。例如,在请求行为中,说话者认定听话者能够完成行为 A,在承诺行为中,说话者本身能够完成行为 A,听话者想让说话者完成行为 A。

3. 真诚条件规则

规定保证言语行为真诚地得以实施的条件,在言语行为中说话人必须是出于真心的。例如,在请求行为中说话者确实希望让听话者去做 A,在承诺行为中说话者的确打算去做 A。

4. 本质性规则

规定言语行为按照规约当作某一目的的条件,在言语行为中,所实施的行为必须和语力是一致的。例如,请求行为把说话者让听话者去做的 A 看作说话者的一种企图,而承诺行为中把说话者承诺听话者的 A 看作一种责任担当。

Searle 的言语行为构成性规则理论探究了言语行为的本质,深层次地总括各类言语行为的构成条件。但是涉及具体的语言环境或者具体的言语行为时,不同语境下的言语行为仍有其特殊的构成性规则。网络新闻语篇作为受到新闻语体与网络文化特色双重影响的语言形式,其构成性规则也深受相关语境的影响。

(二) 网络新闻语篇言语行为的构成性规则

作为一种言语行为,网络新闻语篇的语言运用同样受到相应的规则制约。语篇创作者遵循相应规则,有助于更好地构建网络新闻语篇。

1. 时效性规则

网络新闻语篇兴起并发展于网络信息时代。与传统新闻相比,时效性是网络新闻传播的优势,也是网络新闻语篇作为信息互动的言语行为的特征。网络新闻语篇在传播新闻事实真相时必须准确及时,否则将会失去其新闻价值。新闻网站编辑与网络新闻语篇创作者总是力图抓住第一时抢发新闻,以致语篇有时会出现错别字、病句甚至新闻信息不太准确的现象。

2. 客观真实规则

网络新闻语篇作为网络信息时代社会舆论的风向标,其言语行为的内容必须是真实的,切不能像少数网民一样对谣言缺乏分辨力甚至肆意造谣。除此之外,网络新闻语篇言语行为必须客观,不能带有编撰者的个人主观情绪。因此,网络新闻语篇言语行为在内容上必须是客观真实的。例如:

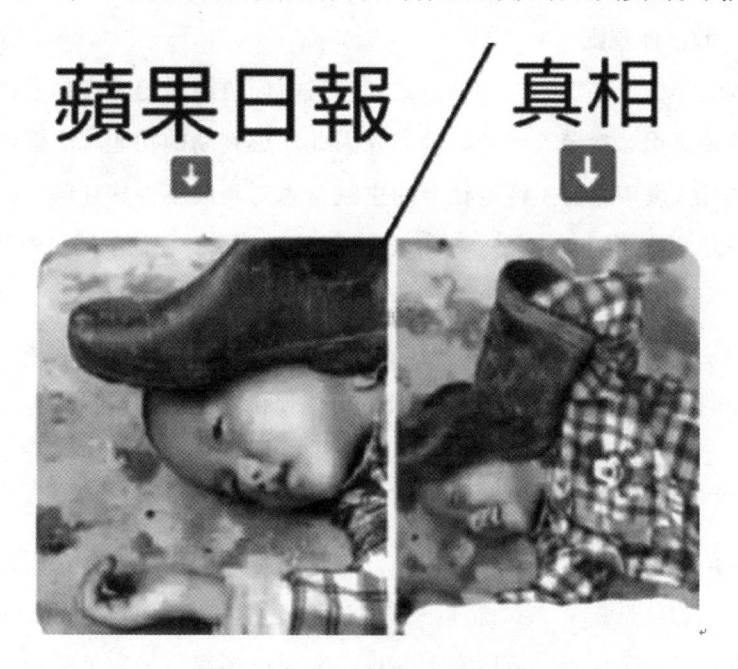

图 6.1　新闻语篇报道事实真相示意

类似上图的新闻报道公然违背客观真实原则,势必会影响新闻语篇创作者及新闻网站的公信力。有时,出于网络新闻语篇的时效性规则,新闻网站一开始发布的信息可能存在不准确的现象,如果能够做到后期及时改正是可以接受的。

3. 互动性规则

这条规则是从网络新闻交际主体的心理角度提出的。新闻语言是语言的一种变体，具有交际、传播和语用三大功能。网络新闻在传播信息的同时，也在和受传者进行言语交际。网络新闻传播与传统新闻传播之间的重要区别在于，网络新闻传播是双向互动过程，受传者拥有较强的参与权。许多新闻网站的新闻信息后面都有指向网民评论的链接，一些精彩的论坛帖子也被置于相关的新闻主题中。网络新闻语篇创作者总是希望受传者在语篇解码过程中获得的信息与自己话语建构时的编码信息保持一致，而不是出现信息的增值、减值与变值。

4. 政治性规则

作为建构社会现实的一种方式，网络新闻语篇承担着诠释事件、自然化主流意识、指导人们理解世界并因此形成判断的功能。语篇创作者代表委托人发声，按照特定社会的主流意志对新闻事件施加解释，并使之自然化，从而影响社会公众的反应与舆论。同时，任何的网络新闻语篇言语行为都应该遵守伦理道德，特别是对生命的尊重。在价值观越来越多元化的今天，网络新闻语篇作为代表社会主流意识发声并与社会各阶层积极互动的一个平台，更应该传递正确的价值观和恪守道德伦理底线。

二 网络新闻语篇的言语行为主体

言语行为就是社会的交际活动过程，离不开交际双方，人们普遍认为言语行为就是一个"我说你听"的过程，所以传统的言语行为主体局限于说话者和听话者。但事实上，我们发现很多言语行为是在一定的人际构架和语言环境下产生的，除了一些具有私密性的言语行为，大多数的言语行为还是由"你""我""他"三方共同构成的一种人际结构，"'言语主体'不仅仅意味着'我'，也应包括'我'的对位'你'，还应包括"'他'的存在"。[①] 其中"我"指的是言语行为中的说话者，"我"所说的话可以给"你"听，也可以被"他"听，"他"就作为这个言语

---

① 胡范铸：《"言语主体"：语用学一个重要范畴的"日常语言"分析》，《华东师范大学学报》（哲学社会科学版）2009 年第 6 期。

行为的核查者存在。所有的言语行为都是有一定的言说意图的，这就是驱动言语行为继续进行的驱动力量，在言语行为角色中，驱动者可以是说话者"我"，也可以是听话者"你"或者核查者"他"。

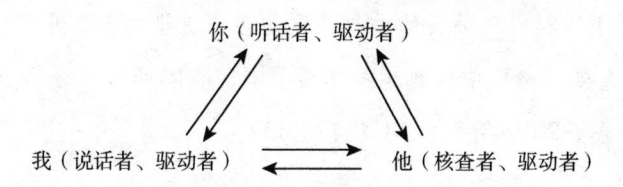

```
                你（听话者、驱动者）
               ↗↙            ↖↘
      我（说话者、驱动者） ⇌ 他（核查者、驱动者）
```

图 6.2　言语行为三方主体关系示意

在网络新闻语篇的言语行为中，言语行为的说话者指的是秉承委托人意志的语篇创作者，听话者一般认为是广大网民，核查者除了网络新闻语篇的读者之外，还包括所有通过间接途径接收到网络新闻语篇的对象，也包括新闻网站负责把关的编辑，驱动者包括语篇创作者、语篇接收者和语篇核查者。其中，语篇创作者在一定意义上反映语篇委托人的意图，因此驱动者实质上主要由语篇委托人担当，同时顾及语篇接收者和语篇核查者。

（一）网络新闻语篇的说话者

网络新闻语篇的说话者即语篇创作者及其委托人。语篇创作者实质上类似于传话者的角色，传达其委托人的目的和意图。但是，这种传递并不是完全的复制，在传递的过程中会加入创作者本人的创造，在主要意图不变的前提下，或增加额外的信息，或减损原有的意义。创作者借助对新闻文本叙事主题的选择与删减，通过营造的"媒介现实"将委托人的主观意识倾向传播给受传者，让受传者按照委托人的意志再现新闻事件。例如：

例 6-1：

2019 年跆拳道世锦赛正在英国进行，然而在女子 73 公斤以上级的决赛中，却出现了<u>极具争议</u>的一幕。

中国选手郑姝音在前两局<u>大比分领先</u>情况下，被裁判以10次犯规<u>为由</u>，判罚直接负于主场作战的英国选手沃克顿。

对于这样<u>有失公正</u>的结果，网友在社交媒体上炸开了锅。

(选自《怒！中国奥运冠军遇黑哨，金牌就这样被偷走了？》，中国新闻网，2019年5月18日17：13)

网络新闻语篇的创作者秉承新闻委托人的意旨，利用自己在新闻传播中的特殊地位，凭借文本的编排和语言的选择，对新闻事实要素进行选择，建构新闻事实，运用符号隐含义的表现手法传达语篇深层意义（"隐喻"）与潜在意义（"转喻"），将自己的立场和观点传递给语篇读者。例6-1在新闻标题与正文中都运用了表达主观情绪的词语"怒""极具争议""有失公正""为由"以及可以影响读者认知的词语"大比分领先"，表达了语篇的意识倾向。

与一般的日常会话不同，网络新闻语篇的创作者在语篇中实质上是在传达委托人的潜在话语。新闻语篇的委托人不但可以是人，也可以是社会组织、阶层，还可以是国家。委托人隐藏在新闻语篇背后，借助语篇创作者通过语篇语言实施意识形态控制和维护特定的权力关系，隐含地表达自己的态度，构建"媒介现实"。网络新闻语篇是语篇创作者根据委托人的需求创造出来的，不可避免地会反映委托人的意志，传递他们的意图和目的，其隐性意义则深藏在语篇背后，形成貌似客观自然的常识性事物，使委托人的意图达到自然的状态，因而在潜移默化中被读者所认可并接受。例如：

例6-2：

高雄市长韩国瑜返台，他在机场受访痛批民进党只会说他卖台，如果民进党有办法让人民过好日子，我投你一票也可以，听说昨晚陈水扁脸书骂我 20 多分钟，奇怪，早上儿子告我，晚上父亲开直播骂我，这对父子是怎么回事，我搞不懂。

　　韩国瑜说，外界提到施政满意度，我不管多少，都要往前冲，为了高雄繁荣，选总统跟民调相关，都不在我的考量，赖清德说我是奇才，我脸红了，那我也要说他是百年难得一见说实话的政治人才。

　　（选自《韩国瑜返台 怒批：民进党有办法让人民过好日子 我投你》，联合新闻网，2019 年 3 月 28 日 12：12）

　　所谓新闻事实是经过"选择"、"再选择"与"修饰"、"再修饰"之后的事件，新闻语篇文本是意识形态过程和语言过程的互动结果，是语篇创作者根据不同背景的意识倾向所建构出来的。例 6-2 通过新闻人物的话语展示观点，借助"怒批""痛批""卖台""好日子"等词语再现真实世界里的社会观念和行为，这背后隐藏的就是委托人传递的隐性意义，读者看到后会不由自主地接受。

（二）网络新闻语篇的听话者

　　网络新闻语篇的听话者通常情况下就是指广大网民中的网络新闻用户。据中国互联网络信息中心（CNNIC）发布的第 44 次统计报告显示，截至 2019 年 6 月，我国大陆地区网民规模 8.54 亿人，互联网普及率 61.2%，其中网络新闻用户规模为 6.86 亿人，占网民总体人数的 80.3%；手机网民规模为 8.47 亿人，网民使用手机上网比例达 99.1%，其中手机网络新闻用户人数为 6.6 亿人，占手机网民用户的 78%。据 TWNIC（台湾网路资讯中心）最新统计数据显示，截至 2018 年 12 月，台湾地区网民用户规模为 1886 万，整体上网率达 79.2%。通过手机上网率突破七成。就网络服务应用部分，内容媒体用户超过八成，其中新闻/财经用户占 11.2%，运动或赛事用户占 7.7%，合计 18.9%。总体来看，台湾地区上网用户普及率高于大陆地区，但网民中使用手机上网率要低于大陆地区，网络新闻用户比例更是远低于大陆地区。

海峡两岸网络新闻用户由于政治制度迥异、社会文化差异、生活阅历等因素，形成了两个风格迥异的言语社区。他们的世界观、价值观、人生观会略有不同，许多情况下对同一新闻事件的理解也会有所差异。海峡两岸的新闻人也相应地创作了基于同一新闻事件而观点不同的网络新闻语篇。请看下面两例：

例6-3：

　　他亦<u>以伊朗产生的威胁为由</u>，宣布一项紧急状态声明，这样政府将可在不需国会批准的情况下，向沙特阿拉伯、阿联酋及其他国家售卖军备。(选自《美国以伊朗威胁为由，向中东增兵1500人，直接军售沙特等国》，网易，2019年5月25日11：54)

例6-4：

　　<u>美国与伊朗关系激化</u>，美国总统川普24日宣布，中东地区将增加部署1500人部队，同时美政府指出，将绕过国会审查，出售价值达81亿美元（约新台币2550亿元）武器给沙特阿拉伯及其他阿拉伯盟友，川普称这些举措都是基于"保护"性质，意在恫吓伊朗威胁。(选自《威胁升级！美中东增兵1500人、军售逾2500亿》，《中时电子报》2019年5月25日15：26)

例6-3与例6-4两则网络新闻语篇报道的都是关于美国向中东增兵并售卖军事装备的信息，但由于与新闻事件中涉及的国家关系不同，两岸地区与美国具有不同的历史互动关系，因而两则语篇安排了不同的报道措辞，前者强调美国以伊朗威胁为由，后者则凸显伊朗威胁升级，塑造了不同的美国形象。不同两岸读者阅读相应的新闻语篇自然会解读出不同的观点。两则网络新闻语篇某种意义上可以说顺应并强化了读者已有的认知。

（三）网络新闻语篇的核查者

言语行为的核查者除了网络新闻语篇的听话者之外，还应包括其他所有与该言语行为有关的对象，因此，网络新闻语篇言语行为的核查者主要包括网络新闻语篇创作者本人、网络新闻语篇的读者与网络新闻语篇报道事件涉及的新闻人物或社会组织等。

1. 网络新闻语篇创作者本人

任何言语行为的说话者在发起该言语行为之前都应该对自己的言语进行斟酌，检查是否会有不良后果。网络新闻语篇属于书面语体，具有足够的时间进行言语编辑。网络新闻语篇的创作者代表一定阶层或利益集团发声，自身的核查更应仔细。例如：

例6-5：

　　双方在会谈上确认了下次外长会谈于日本举行，<u>就拉夫罗夫尽快访日展开协调达成一致</u>，访日设想在春季。（选自《日媒：日俄领土问题谈判仍无进展》，新浪网，2019年5月12日21:56）

例6-5语篇中，创作者使用了介词"就"构成的介词短语"就拉夫罗夫尽快访日展开协调"，介词短语要求介词后面带名词或名词性短语，而这里的"拉夫罗夫尽快访日展开协调"为主谓短语，属于谓词性短语，不符合介词短语的格式，可修正为"就拉夫罗夫尽快访日展开协调一事"。所以，网络新闻语篇在发布之前必须进行自查，不仅要核查内容的真实有效性，也要注意语言表达是否恰当，以避免不必要的误解和麻烦。

2. 网络新闻语篇读者与转发者

网络新闻语篇的读者选择自己有兴趣的新闻语篇阅读并给予评论，自然成为语篇的核查者。除此以外，网络新闻语篇的转发者在转发时也有责任对语篇进行核查。例如：

例 6-6：

泰国新一届国会开幕　泰国王出席

东方网　2019 年 5 月 24 日 22：08：13　来源：中国新闻网

中新社曼谷 5 月 24 日电　（记者　王国安）在全国大选 2 个月后，泰国新一届国会 24 日举行开幕仪式，上、下两院议员齐聚一堂。泰国国王玛哈·哇集拉隆功及王后素提达出席。

……

在上面网络新闻语篇中，"东方网"对"中国新闻网"所发布的网络新闻语篇进行转发，在这过程中，"东方网"的言语角色从单纯的"听话者"转向"核查者"，有责任保证所转发的新闻信息的客观公正性。

3. 新闻网站编辑

新闻网站编辑作为把关人，有责任审核网络新闻语篇是否可以发布，适用于哪类读者。请看下面一组新闻标题：

例 6-7：

1)《嫩妹录像喝醉遭硬上　惊见过程崩溃：别播了》，东森新闻网，2019 年 11 月 30 日 14：48

2)《色男 1 个月累犯 5 次　路上拉女童楼梯坏坏》，东森新闻网，2019 年 12 月 1 日 10：40

3)《女惊醒田中央　惨遭小黄运将强压泄欲》，东森新闻网，2019 年 11 月 30 日 16：20

4)《7 年没啪！她深信尪不举　小三突抱子上门》，东森新闻网，2019 年 11 月 30 日 13：55

以上四则新闻语篇选材多与性话题有关，在标题设计用词上就特意凸显，追求眼球效应。由于海峡两岸社会文化不同，这样的标题用语在大陆地区新闻网站很少出现。

（四）网络新闻语篇的驱动者

所有的言语行为发展都需要一个驱动力量把握言语的方向和进程，这个驱动力量就是其言语意图。网络新闻语篇言语行为的主导者、驱动者主要由言语行为的"说话者"即新闻语篇的委托人来担当。请看下面两例：

例 6-8：

　　高雄市长韩国瑜 22 日起出访香港、澳门、深圳及厦门，宣称已获逾 52 亿元订单，连日来被质疑"卖台"，香港《成报》连日刊文批判，今又报导指出，翻查纪录显示，跟韩国瑜签下买单的公司，不乏中国国企，或受中共"国有资产监督管理委员会"监管、公司属"国家发改委"国债项目等，即便是在香港签约的企业也是中联办控制，换句换说，韩国瑜买单的幕后老板就是中共，直言"这场戏演得太差了。"（选自《韩国瑜买单的幕后老板就是中共》，《自由时报电子报》2019 年 3 月 27 日 08：20）

例 6-9：

　　韩国瑜带团出国拼经济，昨天回台后说，这 7 天是"起得比鸡早，跑得比马快"，睡眠时间短，体力消耗较大。"团长"忙到连用餐的时间几乎都没有，同行的市府首长、市议员也跟着睡眠不足，但为了帮农渔民、花农抢订单，大家咬紧牙根全拼了。（选自《韩国瑜铁人行累趴记者！走 2 公里觅食　直播被断讯》，联合新闻网，2019 年 3 月 29 日 09：00）

新闻人物身份与形象的塑造，不仅是社会实践的结果，而且还是语篇言语行为作用的结果。例 6-8 与例 6-9 两则新闻语篇都是关于新闻人物韩国瑜的事实报道，但语篇观点却截然相反，新闻人物韩国瑜在两篇新闻中显现的形象大相径庭，反映了语篇创作者及其委托人的意志。两篇网络新闻语篇的对比，可以显现言语行为的权力地位，语言不仅可以用来再现"社会现实"，甚至还可以创造"社会现实"。语篇话语权的纷争背后隐藏着台湾地区不同党派阵营利益的纠葛。

第二节　网络新闻语篇言语行为的层次与类型

从认知语义角度来看，网络新闻语篇创作者及其委托人就是希望读者理解他或者他们只是对某一新闻事件或者情景的叙述，也就是说，网络新闻语篇创作者及其委托人试图让读者相信，他或者他们只是让新闻语篇信息传达到读者，这意味着读者被期待建立起与传播者或者新闻创作者所预期的完全一致的文本再现与情景模式。从语用角度来看，语篇创作者或者传播者还希望通过新闻文本表达具有隐含意义的言语行为以获得预期的效果。这就要求网络新闻语篇不仅要有言内行为功能，也要有言外之力，还要有言后之果。与广告语篇不同，网络新闻语篇的首要目的不是推销某个特定公司或者机构的产品或服务。从意识形态上说，网络新闻语篇含蓄地推销作者信念与观点。所以，绝大多数情况下，网络新闻不是把新闻事件的完整过程与新闻人物的完全确切的言语行为及其语境都传播给受传者，而是带上了作者及媒体的主观意愿，有选择地传播。网络新闻语篇的创作者试图通过言语表达效果或者劝服功能，实际上是把所传播的事件语义内容表述得不仅能使它们被广大读者所理解，而且还能够让它们作为真相或者至少可能的真相而被接受。因此我们可以发现，大量的网络新闻语篇充满了断言性的言语行为。为了使这样的言语行为表现得恰当合适，作者必须表述一些还不为受传者所了解而想要他们了解的命题。实际上，对网络新闻语篇进行严格意义上的语用分析，其主要内容就是解释说明这些断言性的言语行为所必需的条件。

一 网络新闻语篇言语行为的层次

网络新闻语篇传达的信息，按照信息论的含义，由三部分构成：①语义信息——网络新闻人物的言语行为、新闻事件的发生、发展、结局等过程；②符号信息——网络新闻视觉传达设计的语言符号，包括文字符号、图片符号、流媒体符号等综合符号；③表现信息——网络新闻传达的内在情感与思想内涵。由语义信息、符号信息与表现信息三部分组成的网络新闻是个矛盾的整体，它们相互作用，过分强调某一部分，必然会影响其他两部分；它们又彼此影响，组成整体的知觉结构。语义信息是第一信息，是网络新闻语篇的内容，必须力求准确；符号信息是网络新闻语篇的形式，必须以读者容易掌握的形式传播；表现信息是网络新闻语篇的内在精神，是创作者希望读者领会的部分。网络新闻语篇创作者的主要动态交际意图实质上就是通过符号信息展现语义信息，传达表现信息，也就是通过言内字面意思对读者施以言外之力，以言行事。语篇创作者构建网络新闻语篇的最终目的是在读者身上实现某种语言外的实际效果，如引起读者知识储备和情绪状态的变化（被网络新闻吸引）以及发出某种行为动作（如发帖评论等）。请看下面的例子：

例6-9：

斯里兰卡复活节惊传8起爆炸 至少290死500伤

东森新闻 2019年4月23日11：10

斯里兰卡在21日复活节当天，接连发生了8起爆炸案，酿成至少290人死亡、500人受伤的惨剧，警方逮捕了13名嫌犯全都是当地人，也证实这起恐攻是"宗教激进主义者"下的手，而在机场还发现第九枚炸弹，差点又会造成更严重死伤。斯里兰卡总理指出，其实早在10天前就接获恐攻情报，但相关单位却消极应对，要查清楚到底行政体系出了什么样的问题。

斯里兰卡21日复活节当天发生恐怖攻击，首都科伦坡和邻近城市，3间教堂和3间高级饭店，半小时内陆续爆炸，当天下午又有小型旅馆和大楼也传出爆炸，8起连环爆酿成惊人死伤，是斯里兰卡内战结束后伤亡最惨重的一次。

案发的教堂位于首都科伦坡的圣安东尼堂外，军警戒备森严，是第一波爆炸的地点，这座百年历史古迹，当时聚会人潮众多死伤相当惨重，警方全力缉凶，前后逮捕了13名嫌犯全是当地人，当局证实这波连环恐攻，就是宗教激进主义者下的手。

斯里兰卡总理威克瑞米辛赫："首要之务就是，要确保恐怖主义，无法在斯里兰卡抬头。"

即使逮到嫌犯，但22日清晨，军方又在科伦坡国际机场附近，找到一枚土制炸弹紧急拆除，让人担忧恐攻是否还是"现在进行式"总理对外表示，警察总长曾在4月11日通报，国内有恐怖分子准备发动攻击，情报单位却没积极应对，怀疑有人知情不报。

由于采取双首长制的斯里兰卡，2018年底曾爆发宪政危机，有舆论认为情报被扣住的导火线，有可能来自于总统与总理间长期不合，而我外交部则表示，在这起恐攻当中，一名下榻香格里拉饭店的国人，被碎玻璃割伤没有大碍。

教宗方济各："在这起残忍暴力事件中的罹难者，我要致上最深的哀悼。"

教宗方济各公开谴责凶嫌，而川普也发推文哀悼，但糗的是他把死伤人数弄错，当时死亡人数已有上百，他竟然写成1亿3800多万，斯里兰卡的总人口也不过2100多万，虽然他随后立刻更正，但已经被网友截图。

而目前斯里兰卡政府连续3天实施宵禁，周一股市也紧急休市，暂时禁止民众使用社群软件，避免散布错误和仇恨讯息，恐攻阴霾笼罩了红茶之国，也让全球都高度关注。

关键字：斯里兰卡　爆炸　恐怖攻击　宗教　激进

　　语篇通常描述发生在特定语境下的交际行为事件，具有潜在的两个交际对象。网络新闻语篇潜在的交际对象是新闻委托人和读者，语篇创作者只是委托人的代言者，通过具体的新闻用语措辞（言内行为）传递委托人的语用意图（言外行为）——宣传和推销其立场、观点或者理念，使言内行为作用于语篇读者（言后行为效力）——认同他的观点、接受他的理念。因此，整个交际事件的关键因素是新闻委托人与读者之间的媒介——网络新闻语篇。如何发挥网络新闻语篇用语最大的言后效力正是新闻语篇创作者竭尽全力之处。以上面的网络新闻语篇为例，它为实现新闻语篇的言后行为效力采用了如下手段：①就语篇措辞而言，首先，为了凸显斯里兰卡复活节爆炸案的严重性，语篇创作者接连使用了诸如"爆炸、死亡、受伤、惨剧、嫌犯、恐攻、炸弹、连环爆"这样的一系列揭示恐怖攻击严重程度的名词性词语，从而加深了受传者对新闻所传播事实的关切度。其次，为了缩短新闻语篇与读者之间的心理距离，这则新闻语篇特意引用了斯里兰卡总理与教宗的话语，并说明美国总统也为此发推文哀悼，这样新闻语篇作用于读者的情感心理效果得到强化，更加有利于影响语篇读者的心理和行动，使他们理解并认同创作者的观点，这样语篇创作者及其委托人的言外行为就实现了，而且有极大可能影响读者实现其言后行为。②在句式的选择上，首先，本则网络新闻语篇为吸引读者的注意力，在标题中使用了一个省略形式的顺承复句，后一分句的主语承前省略，即前一分句中的宾语"8起爆炸"，后一分句还省略了谓语核心"导致"或"引起"，只保留了结果宾语"至少290死500伤"，在视觉上具有一定的显著性，能够引起传播对象的兴趣。其次，语篇大量省略句的运用，由于上下文语境的存在，不仅没有影响读者的理解，反而引发读者按照语篇作者所指引的方向思索，关联所指示对象，诱使读者理解、接受创作者的观点。③在修辞方面，为了让读者注意、理解、再现、记住、接受以至于与他原先的认知体系融为一体,网络新闻语篇的内容本身需要进行进一步的组织,需要运用一些方式来表现它们的真实性或者可能性。在这则网络新闻语篇中,作者为了说明他的观点,在直接描写事件进程的同时,除了使用引用修辞,拟人修辞"要确保恐怖主义,无法在斯里兰卡抬头",比喻修辞"导火线",借代修辞"红茶之国"等,还运用数字修辞,不断列举精确数据"8 起爆炸至少 290 死 500 伤""13 名嫌犯""3 间教堂和 3 间高级饭店,半小时内陆续爆炸",诱发读者的视觉效应。④在语言艺术方面,新闻语言刻意重复重点词语,以达到强化读者记忆的效果。重复对认知和劝服过程非常重要,有利于唤起读者对新闻重要信息的记忆,从而顺利地透过他们的感知过滤。因此,为了强调语篇创作者的立场与观点,新闻正文语篇中重复运用关键词语"爆炸"6 次,"恐攻(恐怖攻击)"6 次,"恐怖"4 次,"嫌犯"3 次,"激进"3 次,使人印象深刻。语篇创作者通过以上四个方面的手段使读者的认知与他构建的认知体系达成一致,接受并认同其立场与观点,站在政府一方,谴责恐怖暴力行径。

由上分析,我们可以看出,创作者在网络新闻语篇中传递的很多信息,并不是直接表达的,大量的非字面信息、意义通过客观的表层叙述结合特定的语境反映出来,暗示、劝说并最终说服读者。为了传达新闻语篇委托人的交际意图,网络新闻创作者在遵循新闻语篇语用基本原则的前提下,充分利用新闻语言的语用特点来尽可能地借助言内表面意思传达言外之意,为实现其言后行为效力,通过各种途径使这三者实现最大的统一。

二 网络新闻语篇言语行为类型对比分析

语言哲学家 Austin 认为语言交际的单位不是句子,而是通过词与句子所完成的言语行为。新闻语篇信息实质上就是一个个言语行为序列组成的有机整体,对这些单个言语行为序列分析是毫无意义的,因为独立的言语行为的意义具有不确定性，会话双方离开彼此共识的语境便不能完成言后行为，即达不到成功的言语交际。因此需要将言语行为放在更大的言语范畴内进行分析，即在语篇结构中分析言语行为。为探究网络新闻语篇的言语行为类型，我们选取海峡两岸报道同一新闻事件的两则网络新闻语篇作对比分析。为追求客观性，分析语料为海峡两岸的第三方新闻事件，新闻语篇分别为大陆地区人民网，2015年3月7日17：48的《俄反对派领导人遇害案最新进展：两名高加索嫌疑人被捕》（下文简称语篇一）与台湾地区《中时电子报》2015年3月8日04：10的《涅姆佐夫遇刺案　俄逮2嫌　扯上车臣》（下文简称语篇二）。我们在充分研究两则新闻语篇的基础之上，在具体分析时充分考虑语篇三个层面上的构成要素，对其言语行为类型进行量化数据分析，进而展现海峡两岸新闻话语的不同风格。

语篇一内容如下：

俄罗斯反对派领导人、俄前副总理涅姆佐夫遇害案近日占据俄罗斯各大媒体头版头条。日前，该案件出现了最新进展。人民网记者从俄新网获悉，两名犯罪嫌疑人已于莫斯科当地时间今日被捕。

俄新网今日援引联邦安全局局长亚历山大·博尔特尼科夫的话称，经过调查，今天两名涉嫌谋杀涅姆佐夫的犯罪嫌疑人已经被捕。他还透露称，这两人是高加索地区居民。目前，调查活动还在继续。

据博尔特尼科夫介绍，俄联邦安全局、内务部和俄罗斯调查委员会已奉俄罗斯总统普京之命成立联合调查行动小组，调查涅姆佐夫遇害一案。

涅姆佐夫，1959年出生，曾在俄联邦政府内担任系列高职。后成为反对派政客，以反对普京著称。于2月27日夜间在距离克里姆林宫不远处与乌克兰女伴杜丽茨卡娅步行时，背中四枪，当场死亡。

语篇二内容如下：

俄罗斯反对派领袖涅姆佐夫遇刺案的调查出现重大进展，联邦安全局（FSB）7日宣布已经羁押2名涉嫌犯案的北高加索男子，本案显然将导向与车臣自治共和国有关，而涅姆佐夫与车臣领导人卡狄罗夫的恩怨更受到检视。

嫌犯名列车臣警队名单

FSB局长波尼科夫表示，2名嫌犯的名字为安佐·古巴雪夫和札乌尔·达达耶夫，都来自俄罗斯联邦辖下北高加索南部地区，他们犯案所用的车辆也被扣留并进行搜证。但他未说明两嫌在何地及如何被捕。调查委员会指两人涉及策划与执行涅姆佐夫谋杀案。

官方并未透露更多有关两嫌的资料，但车臣自治共和国位在动荡不安的北高加索南部，而上述两嫌犯也来自该区，似乎透露某些玄机。俄国反对派人士已挖出车臣政府在2010年发表的一份声明，达达耶夫名列车臣授勋警队名单上。

上月27日午夜前，涅姆佐夫在首都莫斯科遇刺身亡，案发现场就在克里姆林宫附近的莫斯科河大桥，因此外界议论纷纷，反对阵营更指称，涅姆佐夫系由克宫下令暗杀，以报复他对普丁的严厉批判。

但调查本案的侦查团队指出，本案可能有其他动机，例如犯案者可能企图抹黑普丁形象，企图破坏国家稳定；也可能涉及伊斯兰极端主义，因为涅姆佐夫之前严厉谴责法国《查理周刊》遭到的恐怖攻击。

批车臣领导人遭报复？

"自由欧洲电台"近日报导说，车臣犯案的可能性不容忽视，因为涅姆佐夫屡次批评车臣自治共和国领导人卡狄罗夫，且车臣安全人员多次在莫斯科进行绑架和暗杀行为，都未遭到制裁。

报导指出，4年前卡狄罗夫公开呼吁，鼓动2010年莫斯科大规模抗议事件的涅姆佐夫应被判刑入狱。涅姆佐夫回应说，卡狄罗夫的心理疾病很严重，应该接受紧急治疗。他还说，整个车臣被这样一个人控制令人遗憾。

但曾任FSB局长，现为俄罗斯国会下院议员的科巴列夫说，两嫌犯应该只是拿钱办事的杀手，关键在于找出是谁下令刺杀涅姆佐夫。

(一) 网络新闻语篇中的言语行为结构

网络新闻语篇信息连接新闻委托人、语篇生成者与潜在的语篇接收者，在这双方之间起到桥梁的作用。新闻语篇信息的解读需要一个适宜的环境，即语篇环境。言语行为理论视角下的新闻语篇信息既具有一般语篇的共性，也具有自身的独特性。从语用学的视角来看，新闻传播的传受双方也是在进行一场宽泛意义的会话，因此我们可以运用言语行为理论来对网络新闻语篇进行科学的解读。

1. 语用层面：即语篇的言语行为类型及其行为结构组合方式

网络新闻语篇是由若干个言语行为事实按照一定的顺序结合的有机整体，各种言语行为是新闻语篇功能实现的手段与途径。一般说来，语篇行为是构成语篇的最大组织单位，对新闻事件的说明起着最重要的作用；语篇行为又可以继续分为子行为，子行为可以说是作为语篇行为的实现手段和途径，各种言语行为是语篇功能实现的手段与途径，各言语行为之间存在着复杂的组织结构关系，其对语篇的功能作用稍弱于语篇行为，但也是语篇不可或缺的言语行为。例如：

例6-10：

涅姆佐夫，1959年出生，曾在俄联邦政府内担任系列高职。后成为反对派政客，以反对普京著称。(选自语篇一)

子行为对语篇的功能作用稍弱于语篇行为，但也是语篇不可或缺的言语行为。例6-10语篇展示的新闻人物简介属于语篇行为的描述型子言语行为，补足语篇背景信息。

2. 语言层面：言语行为实现的语言表达方式

言语行为是通过语言实现的，特定的言语施为主体通过语音、词汇和语法的不同组织方式，形成规约性的语言表达。网络新闻信息作为一种特殊的交际语篇，具有一般新闻语篇所具有的语词和网络文化生成的网络特有词汇。例如：

例6-11：

俄罗斯反对派领袖涅姆佐夫遇刺案的调查出现重大进展，联邦安全局（FSB）7日宣布已经羁押2名涉嫌犯案的北高加索男子，本案显然将导向与车臣自治共和国有关，而涅姆佐夫与车臣领导人卡狄罗夫的恩怨更受到检视。（选自语篇二）

例6-11语篇中的"FSB"为"联邦安全局"的缩略形式，大多数读者可能对此并不了解，因此，语篇在第一次行文时呈现了完整形式加上缩略形式的行文方式，在语篇其他部分则都运用缩略形式，表现了网络特有的高效简洁的文化生态。

3. 语境层面：语篇言语行为的外在表达形式

语境在人类信息交际过程中发挥着重要的作用，一方面能够使多义的语言符号系统趋向单义，避免造成歧义；另一方面又使语言符号"节外生枝"，生成出语境意义。语境意义甚至可掩盖语言信息符号自身所具有的意义而成为交往的主信息，相反语境也控制着交际双方在交际过程中语言符号的使用。网络新闻语篇的语境因素包括信息来源、语篇篇幅大小、由网络所特有的超链接功能引发的新闻语篇等。这些语境因素都可以辅助解读新闻语篇信息。例如：

例 6 – 12：

　　人民网记者从<u>俄新网</u>获悉，两名犯罪嫌疑人已于莫斯科当地时间今日被捕。（选自语篇一）

　　语境信息方便语篇读者更为全面地了解语篇信息，解读语篇意义。例 6 – 12 语篇显示信息来源为俄新网，以证实新闻事实的客观性。

（二）网络新闻语篇言语行为的对比分析

　　海峡两岸的网络新闻语篇类型在用语措辞、句法结构、语篇行为、语篇功能、交际媒介等方面具备较大的共性，这是对其展开实证对比调查研究的前提基础，但由于历史原因，两岸网络新闻语篇也在各方面存在着一定的差异。

　1. 语用层面

　（1）言语行为类型

　　网络新闻语篇是由若干个语篇行为组成的，各言语行为之间存在着复杂的组织结构关系。语篇行为下面又有各个子行为，子行为是实现语篇行为的手段和方式，附加行为作为子行为的补充说明。各种语篇根据自身条件的不同，其语篇行为和子行为以及附加行为的数量各不相同。从言语行为理论角度来看，网络新闻语篇是报道已经发生的新闻事件，总体上属于阐释型言语行为，又可以具体分为描述型、断言型、表态型、宣告型等若干子言语行为。新闻语篇生成者及其委托人通过这些子言语行为向语篇接受者暗示其意识形态。

　　①描述型：这种类型言语行为目的是用于描述新闻事实，介绍其发生、发展、结果等过程。例如：

例 6 – 13：

　　俄罗斯反对派领导人、俄前副总理涅姆佐夫遇害案近日占据俄罗斯各大媒体头版头条。（选自语篇一）

②断言型：这种类型言语行为目的是对新闻事实的真实性作出承诺，让语篇接受者相信。新闻语篇运用这种言语行为类型，意在强调新闻事实的真实性。例如：

例 6-14：
他还透露称，这两人是高加索地区居民。（选自语篇一）

③承诺型：这种类型的言语行为目的是说话人对将要实施的某种行为承担义务。新闻语篇运用这种言语行为类型，意在预告新闻事实的进一步发展。例如：

例 6-15：
法院发言人说，嫌犯预定今天在莫斯科出庭。（选自语篇二）

④宣告型：这种类型言语行为目的是使客观事实与所表达的命题内容一致。新闻语篇运用这种言语行为类型，意在通过权威新闻人物或者组织话语来展现新闻事实。例如：

例 6-16：
联邦安全局（FSB）7 日宣布已经羁押 2 名涉嫌犯案的北高加索男子。（选自语篇二）

⑤表态型：这种类型言语行为目的是对命题内容中所表明的某种事态表达说话人的某种心理状态。新闻语篇运用这种言语行为类型，意在表明作者及委托人的立场与态度。表态型进一步可分为直接表态型与间接表态型。前者为新闻作者直接对新闻事实评论表明自身意识倾向，后者为作者借助新闻人物话语暗示自身态度。例如：

例 6-17：

本案显然将导向与车臣自治共和国有关，而涅姆佐夫与车臣领导人卡狄罗夫的恩怨更受到检视。（选自语篇二）

例 6-18：

"自由欧洲电台"近日报导说，车臣犯案的可能性不容忽视，因为涅姆佐夫屡次批评车臣自治共和国领导人卡狄罗夫，且车臣安全人员多次在莫斯科进行绑架和暗杀行为，都未遭到制裁。（选自语篇二）

上述五种言语行为类型中，描述型与断言型是使语篇话语适应客观现实，客观性较强，其中断言型具有强调作用，不如描述型客观；承诺型与宣告型是让客观现实适应语篇话语，客观性较弱；而表态型直接或者间接传达语篇生成者的观点，与客观世界之间没有适从方向，客观性最弱。我们对两则网络新闻语篇言语行为类型进行了充分的研究，并分析了各种言语行为类型的字数及占总篇幅的比例，得出表6.1：

表6.1　海峡两岸网络新闻语篇言语行为类型对比示意

		语篇一（正文共319字）	语篇二（正文共738字）
描述型		142字，占总篇幅的44.5%	187字，占总篇幅的25.3%
断言型		87字，占总篇幅的27.3%	96字，占总篇幅的13%
承诺型		0字，占总篇幅的0%	19字，占总篇幅的2.6%
表态型	直接表态型	0字，占总篇幅的0%	101字，占总篇幅的13.7%
	间接表态型	0字，占总篇幅的0%	265字，占总篇幅的35.9%
宣告型		90字，占总篇幅的28.2%	70字，占总篇幅的9.5%

由表6.1我们可以看出，语篇一中，客观性强的描述型与断言型言语行为合计占总篇幅的71.8%，相对中肯客观。语篇二中，客观性最弱的表态型言语行为占总篇幅的49.6%，显示其报道的主观性较强。

（2）语篇功能

网络新闻语篇是由一个个言语行为组成的有机序列整体，网络新闻语篇功能的实现有赖于各言语行为之间的互相联系，各言语行为都是整个语篇功能实现的手段与途径。宏观结构是新闻语篇的功能结构，体现语篇的直接成分（子言语行为）之间的关系。完整的网络新闻语篇结构通常包括新闻事实、新闻背景、新闻评论等言语行为范畴。具体的网络新闻语篇通过删除规则与隐现规则实现和语篇完整结构的转换，究竟采取何种变式，是由新闻语篇生成者及其委托人主观意识倾向决定的。对照网络新闻故事的完整结构范畴，两则新闻语篇中的言语行为范畴各有不同。基于两则网络新闻语篇在言语行为类型上的差异，我们认为，二者的语篇功能也有所不同。通篇为情景言语行为范畴的语篇一本质功能在于通告，起到一种告知作用，客观性较强；而评论言语行为范畴占有将近一半篇幅的语篇二则在语篇功能上兼有暗示、说服语篇接受者的作用，具有较多的主观性因素。

2. 语言层面

Labov（1972）指出，语篇分析的根本问题就是说明一句话如何以合理的、受规则制约的方式出现在另一句话的后面。这就要求语篇分析必须考虑言语事件语用层面上言语行为类型不同的结果直接导致事件的社会语境以及语言形式所实施的社会行为。两则网络新闻语篇在语言层面上运用的词汇和句式同样表现出一定的差异。

(1) 词语

语篇二比语篇一在选词上更为倾向模糊化，以隐藏语篇生成者的意识倾向。具体表现有二：①情态表达词语的运用。在语篇二中，我们发现了一些具有主观情态色彩的词语，主要出现在直接表态型言语行为语句中。例如：

例6-19：

本案显然将导向与车臣自治共和国有关……（选自语篇二）

例 6-20：

而上述两嫌犯也来自该区，似乎透露某些玄机。（选自语篇二）

②言语行为动词的选用。言语行为动词是语篇生成者表征新闻事实的主要构成要素，特定言语表征的意义深受所选言语行为动词的影响。"说"是最中性最安全的言语行为动词，但在具体语篇中，为避免单调，也为暗示语篇生成者的意识倾向，经常会进行一定的替换。由于不存在与"说"完全同义的词语，语篇生成者的意识便在言语行为动词的替换与选择中得以体现。例如：

例 6-21：

联邦安全局（FSB）7 日宣布已经羁押 2 名涉嫌犯案的北高加索男子……（选自语篇一）

例 6-22：

反对阵营更指称，涅姆佐夫系由克宫下令暗杀……（选自语篇二）

同样的言语内容，由不同的言语行为动词引导，会引发不同的感觉，传递的信息因而产生差异性。"宣布"一词具有积极义，表明语篇生成者对所引述人物的尊重或者认可。"指称"意即"指出声称"，具有一定的消极义，表明语篇生成者对所引述人物的怀疑甚至敌意。

（2）句式

从叙述的语气上看，语篇一通篇使用陈述句，用来叙述或说明新闻事实。语篇二除陈述句外，还运用了疑问句，体现语篇中的对话色彩，使语篇接受者仿佛置身于面对面对话交流的语境中，潜移默化中接受语篇生成者的暗示。例如：

例 6-23：

批车臣领导人遭报复？（选自语篇二）

从语态表达上看，语篇一总共 10 句话，其中 2 句部分出现被动形式。语篇二总共 13 句话另加 2 个小标题，有 5 句整体或者部分出现被动形式。句法结构同样可以表达隐含的意识形态观点，运用被动形式可以把明显需要主语位置的主语删除，从而削减施事者的负面影响，维护其形象。

3. 语篇语境

两则网络新闻语篇在语境层面上的差异与语用和语言层面的不同之处一脉相承。

（1）信息来源

网络新闻话语是叙事话语的一种，信息来源可以决定网络新闻对新闻事件的选择，可以影响新闻报道视角与新闻制作中的话语选择，因而从各个侧面体现委托人的主观倾向。语篇一的信息来源是俄新网的采访对象俄联邦安全局局长。语篇二的信息来源除俄联邦安全局局长外，还包括调查委员会、自由欧洲电台、俄前任联邦安全局局长现任国会下院议员等，为新闻报道中暗示的主观意识倾向提供了合理解释。

（2）篇幅

语篇二由于在传播新闻事实的同时，除了在标题中直接说明自己观点，在正文中还运用了多种手段暗示其主观倾向，所以在篇幅上比语篇一的 2 倍还多 100 字。

（3）新闻链接

网络新闻语篇所特有的新闻链接引发相关新闻语篇，从不同侧面辅助说明网络新闻事件，强化语篇生成者的观点，加深语篇接受者对新闻事实的理解。语篇一正文后新闻链接引发的新闻语篇主要围绕遇害反对派领袖下葬与其女伴展开，语篇二则将重点放在莫斯科 7 万人游行追悼遇害领袖，传播遇害者的号召力，进一步丰富与发展语篇内容，延伸受传者的阅读。

本章小结

　　网络新闻语篇是由一个个言语行为组成的有机序列整体，新闻语篇功能的实现有赖于各言语行为之间的互相联系，各言语行为都是整个语篇功能实现的手段与途径。本章总结了网络新闻语篇的构成规则，认为包括时效性规则、客观真实规则、互动性规则与政治性规则。在网络新闻语篇的言语行为体系中，言语行为的说话者指的是遵循委托人意愿的语篇创作者，听话者通常认为是语篇的广大读者，核查者除了网络新闻语篇的读者之外，还包括间接接收网络新闻语篇信息的所有对象，以及新闻网站负责把关的编辑，驱动者包括语篇创作者、接收者与核查者，实质上主要由新闻语篇的委托人担当。

　　言语行为理论与新闻信息相结合为新闻语篇的个性化解读提供了一种新的视角，在篇章语言学的框架下研究语篇行为、子行为对于语篇交际功能实现的不同作用，从而为言语行为理论的推广应用提供实证基础。我们将网络新闻语篇视为交际性复合型言语行为，运用言语行为理论的相关知识探讨了网络新闻语篇言语行为的三个层次，对比分析了海峡两岸的两则网络新闻语篇，探讨了二者的言语行为类型，再统计出各施为行为在两则新闻语篇中出现的比例，探寻新闻语篇的行为结构与交际功能，并进一步从语言与语境两个层面进行了对比，研究两岸新闻语篇对于同一新闻事件相同或相异的主观诠释与报道架构，发掘网络新闻语篇背后隐藏的意识倾向，以期充实网络新闻语篇类型学的研究。

第七章　海峡两岸网络新闻语篇中的互文性

现代语言学创始人索绪尔认为，语言符号能指与所指的结合并非必然的，二者的对应关系具有任意性，因此语言符号并非直接指称客观世界，而是对应有差异的语言符号系统。差异性本质决定了语言符号是一个非自主、缺乏稳定、相对的单位系统，背后深藏着各种相似关系与相异关系，任何话语的生成都是聚合选择之后的组合产物。

法国女性主义批评家、语言学者 Kristeva 教授于 1969 年在《符号学：符义分析研究》一书中首次提出"互文性"概念。所谓"互文"，意思是说存于其他文本之中的文本。"互文性"一词源于拉丁文 intertexto，意思为在编织时加以混合，指通过归因发现某一语篇文本（或意义）是从其他语篇文本（或意义）中分析提取或者据以建构的。它着眼于特定文本（或意义）与其他文本（或意义）之间的相互联系。Kristeva 后来又于 1970 年在《小说文本：转换式言语结构的符号学方法》中详细论述了"互文性"概念的具体内容，用它来表示不同语篇文本之间的相互关联、相互映衬。① "互文性"是语篇的固有特征。任何语篇文本都不可能孤立地阐释语义、传播信息，都是对以往其他语篇的借鉴与改造。Kristeva 指出每个文本的形式都是用许多马赛克般的引文拼嵌起来的图案，每个文本都是对其他文本的吸收和转化。② 根据互文性概念，抽象的纯粹原创

---

① 罗婷：《论克里斯多娃的互文性理论》，《国外文学》2001 年第 4 期。
② Kristeva, J., *The Kristeva Reader*, Toril. Moi (ed.), Oxford: Basil Blackwell, 1986.

性文本并不存在,任何语篇文本总是会与其他已有的语篇文本发生这样或者那样的关联。著名思想家、社会学家、符号学家罗兰·巴特对这一理论大力推广,西方的文论领域受到了巨大的影响。1970年之后,互文性理论研究者分成了两个派别,即解构批评和文化研究方向,以克里斯蒂娃、巴特等为代表;另一派是诗学和修辞学方向,以法国学者热奈特和里法泰尔等为代表。之后的研究者们又将这两派称为广义的互文性与狭义的互文性。这两派的根本区别是对"文本"的定义不同,广义的互文性认为文本囊括了较为广泛的概念,如非文学体系的艺术作品、人类的各种知识领域、表意实践,甚至宏观的社会、历史、文化等都可视作文本,德里曾说:"文本即世界。"狭义的互文性则锁定在文学文本之中。

网络新闻语篇产生并发展于新媒体时代,顺应新媒体时代碎片化阅读、互动即视感的交流需要。创作者构建语篇必然会受到社会多方面诸多话语的影响与制约,运用网络平台特有的超链接技术,最终催生了建立在来源复杂的不同话语基础上的互文关系。互文性体现在语篇创作者与读者双方角度,一方面网络新闻语篇的生成受到其他文本元素的诸多影响;另一方面读者对语篇互文性的解读也引发语篇意义的再创作。

第一节 网络新闻语篇的篇内互文性

网络新闻语篇的撰写、传播与网络社会密切相关。网络新闻语篇产生于网络社会,随着网络社会生活的发展变化而发展变化,因此网络新闻语篇在遵从社会文化、风俗习惯、行为规范、伦理道德与价值观念等方面约束的同时,也承受网络文化很深的影响。

英国话语分析学者 Norman Fairclough 认为,"从历史的角度出发,互文性概念将文本看作是把过去的东西——现存的习俗和已有的文本——

改造成现在的东西"①。他把互文性分成"明确的互文性"与"构建的互文性"。"明确的互文性"指特定的已有文本被公开地利用到一个新的文本中。"构建的互文性"也叫作"互为话语性",是指把一个语篇文本是如何通过话语秩序的诸多因素(各种习俗)之间的组合而建构起来,并变成自然化,让听者对此感觉如同日常事务一般习以为常。这是按照话语秩序重要性原则的方向进行扩展而得到的互文性。当前全球化背景下,作为一种普遍的话语实践,互文性成为一种非常突出的语言现象,互文性理论也迅速成为语篇分析的核心概念之一。Jenny(1982)提出强势互文性,认为语篇中存在着明显与其他语篇相关的话语成分,如引用、抄袭等。Fairclough(1992)指出"明确的互文性"包括话语呈现、预设、元话语、否定、反讽等。作为一种特殊的语篇,海峡两岸的网络新闻语篇与相应的社会文化系统、语言系统都密切相关,包含文字、图片、音频、视频等多模态内容,互文性体现在诸多方面。我们这里主要通过转引与社会流行语的使用两种方式来探讨海峡两岸网络新闻语篇中的互文性。

一 网络新闻语篇中的转引与互文性

海峡两岸的网络新闻语篇创作者为了更好地构建语篇,经常采取转引方式表征新闻事件,插入其他现有的语篇内容。转引即 Fairclough(1992)提到的"话语呈现",指在说话或写作中引用现成的话语,如诗句、名言、成语等,用以表达自己思想感情的修辞方法,具体可分为直接引用和间接引用两种。转引可以增加新闻语篇报道的真实客观性,让读者认为语篇对新闻事实的评述并非创作者个人的观点,而是基于客观事实的判断。

(一)网络新闻语篇转引方式的必然性

媒体的专业性要求新闻应该注重客观真实,但完全真实客观的网络

---

① Norman Fairclough:《话语与变迁》,殷晓蓉译,华夏出版社2003年版,第79页。

新闻语篇并不存在,为了力求接近传播事实真相,只能运用包括转引在内的多种方式。这主要受到两方面因素的影响与制约。

一是新闻事实突发性和不可预测性的影响。

新闻消息报道的新闻事件具有突发性与不可预测性等特质,新闻创作者报道新闻事实总会受到时间或空间等多方面因素的影响与制约。另外,由于网络新闻特别注重新闻传播的时效性,另外还有空间、资金等方面因素的限制,新闻创作者本人通常不可能在新闻事件发生时亲临现场,创作者本人的能力素养及其观察事物的有限性,很难真实、客观、全面、多角度、立体化地反映描摹新闻事物。这样从他人获取的第二手资料就成为报道新闻事实的主要"新闻来源"。

二是新闻创作者及其委托人传播意图的影响。

语篇创作者秉承委托人意志,运用故事图式选择并突出某些信息,删减或忽略其他信息,选择并截取特定新闻人物的若干陈述,采用特定类型的说明构建新闻故事,对社会现实实现再语境化,向读者展现某种意义并使这种诠释呈现自然化。在新闻语篇中,转引话语的大量使用可以让读者增强语篇的可信度,同时可以引导读者从相应的角度审视和判断新闻事实。在这种影响下,转引方式成为包括两岸网络新闻语篇在内的所有新闻语篇必备的报道方式之一。例如:

例7-1:

　　高雄市长韩国瑜22日起出访香港、澳门、深圳及厦门,宣称已获逾52亿元订单,连日来被质疑"卖台",香港《成报》连日刊文批判,今又报导指出,翻查纪录显示,跟韩国瑜签下买单的公司,不乏中国国企,或受中共"国有资产监督管理委员会"监管、公司属"国家发改委"国债项目等,即便是在香港签约的企业也是中联办控制,换句换说,韩国瑜买单的幕后老板就是中共,直言"这场戏演得太差了。"(选自《韩国瑜买单的幕后老板就是中共》,《自由

时报电子报》2019年3月27日08：20)

例7-2：
    韩国瑜在脸书表示，感谢一路上辛苦奔走、齐心牵成的朋友、单位、企业与工作人员，此次金额说多不多，说少不少，但至少可让大高雄辛苦的农渔民、花农们可以安心享受到丰收的喜悦、免于谷贱伤农的担忧。而打开市场、稳定通路也是此行的成果之一。未来大家只要保持台湾产品的一贯品质，他有信心，动辄几十亿的订单一定会源源不断。(选自《绿营抹红 韩国瑜呛：我是卖菜郎 不是小红帽》,《中时电子报》2019年3月28日17：55)

社会文化观念与政治思想全方位渗透新闻报道，影响新闻人物身份与形象的塑造。需要在相应社会价值框架内进行，例7-1与例7-2两则新闻语篇采用了不同的转引方式报道新闻人物韩国瑜，前者借助选择的特定媒介报道，而且还直接加上语篇创作者的评论，语气较为强烈，试图影响读者的观点；后者则直接转引新闻人物自身话语，说明给民众带来的经济效益，希望以事实说服读者。两篇网络新闻语篇的对比，揭示其语篇话语权的纷争背后隐藏着台湾地区不同党派阵营利益与商业利益的驱动。

(二) 网络新闻语篇的转引方式与互文性

新闻报道是语篇互文性的一个典型例子，它通常包括各种直接引语、间接引语和其他一些不明来源语篇。这些话语来自不同的方式，代表不同的个人或群体的利益和意识形态。因此，语篇创作者可以根据委托人与自己的立场安排或增删这些话语，形成各种会话关系或特定的互文性。转引话语在新闻语篇中可以有效地增强报道的客观性和可信性，语篇创作者对消息来源、转引话语形式与转引话语动词的选择往往会体现其对所报道新闻事件的立场和态度。我们随机选择海峡两岸2019年5月

27—29 日关于美国总统特朗普访日的共计 10 篇网络新闻语篇进行统计分析，力图通过对随机抽样的有限语料的统计分析来考察海峡两岸网络新闻语篇中的转引话语在消息来源和转引方式上的异同。其中，大陆地区 5 篇字数共计 5631 字，其中转引话语 41 处，字数为 2383 字，占比 42.32%；台湾地区 5 篇共计 4107 字，其中转引话语 38 处，字数为 1943 字，占比 47.31%。

1. 转引话语的来源

在新闻报道中经常出现这样的情况，语篇创作者有意转引新闻人物的话语或部分转引新闻人物的话语来阐述或传达自己的观点，同时，这些新闻人物的身份总是另有阐释。在信息来源方面，转引作为主要的互文方法起着关键作用。语篇创作者他人的言论或观点时，通常要交代其来源。经考察，在我们所选的这 10 篇网络新闻语篇中的转引话语来源分为三种：具体确定的消息来源、含蓄不定的消息来源和未确定的消息来源。

(1) 具体确定的消息来源

语篇创作者有名有姓地交代引语的发出者。海峡两岸网络新闻语篇运用的确定的消息来源从指称上可以进一步分为定指性词语与人称代词两类。例如：

例 7-3：

　　特朗普强调，多年来，日美间存在着庞大的贸易不平衡问题。美国的目标是削减与日本的贸易赤字，扫清对日出口贸易壁垒。(选自《日美首脑会谈未就贸易谈判实质问题达成一致》，新华网，2019 年 5 月 27 日 19：20)

例 7-4：

　　日皇德仁还说，现在的美日关系是建立于许多人的奉献牺牲上，这些他常铭记在心，殷切期盼日美两国人民今后也能更拓展合作的范围，深化屹立不摇的情谊纽带，面向充满希望的未来，对世界和平与繁荣做出贡献。(选自《日皇宫中盛宴款待川普伉俪 盼美日情谊深化》，联合新闻网，2019年5月27日21：51)

例7-5：

他说，日本会善尽自己的责任，能做的一定会尽力去做；在日美紧密合作的同时，为缓和伊朗紧张情势、不因误解演变成武力冲突，他们会努力。(选自《和安倍开共同记者会 川普谈北韩：我很满足现状》，三立新闻网，2019年5月27日21：06)

例7-6：

英国《金融时报》称，让特朗普成为日本"令和"时代首位国宾的举动，凸显出安倍的努力——安倍希望，能确保日本与这位反复无常的美国总统保持尽可能牢固的关系。(选自《美日"亲密秀"：将日美贸易悬念留待7月选举后》，搜狐，2019年5月28日16：58)

例7-3语篇中，创作者为体现语篇观点"日美首脑会谈未就贸易谈判实质问题达成一致"，转引特朗普的话语，说明美日双方贸易谈判的分歧；例7-4语篇中，创作者同样为体现语篇主题"日皇德仁盛情款待川普伉俪"，转引日皇德仁关于美日关系的话语。两例都属于已标识的明确信息来源。例7-5语篇运用第三人称代词指代日本首相安倍，承接上文，贯彻语篇意义。例7-6语篇则采用社会组织的名义传达语篇观点。统计显示，这种确定的消息来源在我们调查的10篇海峡两岸网络新闻语篇中共出现62处，其中大陆地区5篇中出现30处，占比48.39%，其中定指性词语有26处，人称代词为4处；台湾地区5篇中出现32处，占比51.61%，其中定指性词语25处，人称代词7处。

(2) 含蓄不定的消息来源

语篇创作者不直接点明引语的发出者，采用含蓄不定的新闻来源，只是用一些不具体的词语来加以暗示。例如：

例 7-7：

美国明年将迎来总统选举，贸易消息人士表示，"力求连任的特朗普思维方式早已完全转向选举"。（选自《安倍煞费苦心策划美日"亲密秀"，日本分析人士：将取悦演绎到极致》，新浪网，2019 年 5 月 28 日 02：22）

例 7-8：

日本宫内厅官员说，2 人会谈时间约 15 分钟，都用英语交谈，话题围绕 3 大主题及英文能力，并互赠礼品。（选自《日皇德仁见川普！15 分钟"全用英语"会谈围绕 3 大主题》，三立新闻网，2019 年 5 月 27 日 15：16）

例 7-7 与例 7-8 语篇没有直接说明引语的发出者，分别运用"贸易消息人士""日本宫内厅官员"这样并非具体的词语来加以暗示新闻语篇主旨，力图让读者在潜移默化中接受其观点。统计显示，这种半确定的消息来源在我们调查的 10 篇海峡两岸网络新闻语篇中共出现 11 处，其中大陆地区 5 篇中出现 7 处，占比 63.64%；台湾地区 5 篇中出现 4 处，占比 36.36%。

(3) 未确定的消息来源

语篇作者或者因为对消息来源不清楚，或者觉得不重要，或者干脆有意隐瞒，使用含糊不清的表达方式来交代引语的来源。这种处理方式反映了新闻语篇作者对引语观点的赞成。例如：

例 7-9：

　　日本国内有声音揶揄这是一次"旅行之旅"，安倍首相是"导游"。（选自《特朗普访日之旅：11 次会面也难解日美经贸谜题》，中国新闻网，2019 年 5 月 27 日 01：44）

例 7-10：

　　不过国际媒体都发现到，川普和德仁天皇敬酒却皱起眉头，因为摆在川普面前的，竟然是一杯货真价实的香槟，而其实川普也没真的喝香槟，仔细看川普把下唇卷起，技巧性做样子，因为川普真的滴酒不沾！（选自《川普怪表情装喝香槟 滴酒不沾原因曝光》，东森新闻网，2019 年 5 月 29 日 09：29）

例 7-9 语篇运用无法辨别出处的消息来源"有声音"传递语篇观点，例 7-10 语篇借助泛指用法"国际媒体"表达语篇意义，这两种情况通常是由于语篇创作者可能不知道消息的出处，或者认为消息来源不重要，或者故意隐瞒而不交代消息来源。统计显示，这种未确定的消息来源在我们调查的海峡两岸网络新闻语篇中共出现 6 处，其中大陆地区 5 篇中出现 4 处，占比 66.67%；台湾地区 5 篇中出现 2 处，占比 33.33%。

2. 转引话语的方式

Fairclough（1992）将引语的形式分为三类：直接引语、间接引语和无符号引语。他认为这三种引语类型与语篇整合有关，它们表示文章撰写者试图反映不同程度的内容。

直接引语（Direct Speech, DS）是一种与原文一致的引语，通常具有引号等标记化特征，具有强调作用。直接言语忠实地提供新闻人物原来的话语，保留了原话的形式和内容，表达了信息来源者原始的思想。可以看出，在引语过程中几乎没有语篇创作者的意识形态控制，这也说明直接引语实质上体现了语篇创作者的声音。被引用的话语和语篇创作者的话语之间有一条明显的界线。语篇创作者事实上借助新闻人物之口传递其所服务的意识形态。例如：

例 7-11：

　　安倍还提到日本企业对美投资增加，称"全球对美国经济作出最大贡献的是日本企业"；"为尽快获得日美双赢形式的成果，就加快讨论达成了一致"。（选自《安倍煞费苦心策划美日"亲密秀"，日本分析人士：将取悦演绎到极致》，新浪网，2019年5月28日02：22）

例 7-12：

　　安倍在会谈一开始表示，"日皇即位的同时也迎接了令和的新时代。日本时隔202年的上皇退位、天皇即位，在悠久的历史当中，很高兴（川普）成为令和新时代的首位访日国宾"。（选自《川安会同意合作因应北韩问题　安倍访伊朗缓和紧张局势》，《中时电子报》2019年5月27日12：54）

在上述两则新闻语篇中，创作者充分转引了新闻人物的话语。很明显，创作者在转换过程中并没有插入多少自己的想法。此时，创作者本人的话语影响力最低，保持了话语来源者本身的意识形态且未被改变。直接引语的运用，使语篇创作者与转引话语之间保持一定的距离，体现新闻语篇的客观公正。统计显示，直接引语在我们调查的10篇海峡两岸网络新闻语篇中共出现22处，其中大陆地区5篇中出现10处，占比45.45%；台湾地区5篇中出现12处，占比54.55%。

间接引语（Indirect Speech, IS）是指语篇创作者从自身角度撰写所转引的话语，把新闻人物的话语和自己的观点融合在一起，在描述过程中不使用引号，使得所引用话语和新闻文本二者界限趋向模糊。在这个过程中，创作者重构语境，极有可能在描述过程中插入自己及其委托人隐藏的意志。语篇读者会认为间接转引的是新闻人物的观点，而实质上其服务的是语篇创作者及其委托人的立场与态度。例如：

例 7-13：

　　安倍强调了日本企业对美国经济的贡献，期待日美经济获得更大发展，并表示双方在会谈中就加快日美贸易谈判进程达成一致。（选自《日美首脑会谈未就贸易谈判实质问题达成一致》，新华网，2019 年 5 月 27 日 19：20）

例 7-14：

　　有关日美关系，安倍说，日美双方关系可说坚若盘石，且藉由他跟川普间非常亲密的个人信赖关系，日美同盟的紧密关系早已坚定不移，成为世界上最为紧密的同盟。（选自《和安倍开共同记者会 川普谈北韩：我很满足现状》，三立新闻网，2019 年 5 月 27 日 21：06）

　　例 7-13 与例 7-14 语篇在转引新闻人物安倍的话语中加入了语篇创作者的想法。话语的再次加工过程其实是明确的互文性过程。示例中没有第一人称的立场，也没有添加引号，通过对新闻人物话语的加工与转化，创作者有机会重新调整语篇用语，突出自己最想表达的观点。由此可见，创作者对语篇话语的意识形态控制是直接的而且是最为有力的，这毫无疑问将影响语篇读者对于新闻事件的立场与观点，进而间接影响读者的意识形态和价值取向。统计显示，间接引语在我们调查的 10 篇海峡两岸网络新闻语篇中共出现 41 处，其中大陆地区 5 篇中出现 22 处，占比 53.66%；台湾地区 5 篇中出现 19 处，占比 46.34%。

在对新闻语篇的分析过程中，我们发现，介于直接引语与间接引语之间存在一种并非整句转引，而是在间接引语中对少量词语加上引号，这实质上是半转引半描述。例如：

例7-15：

会谈开始前，特朗普表示，美日关系"从未像现在这样好"，但他同时批评美日之间"巨大的"贸易不平衡，并称正在努力解决这个问题。（选自《安倍煞费苦心策划美日"亲密秀"，日本分析人士：将取悦演绎到极致》，新浪网，2019年5月28日02：22）

例7-16：

川普说，目前伊朗面对经济制裁的重大困难，他无意伤害伊朗，也认为他跟伊朗间是可以达成协议的；伊朗也拥有经济的潜在能力，"我没有以改变伊朗体制为目标"，只是希望看到一个没有核武的伊朗。（选自《和安倍开共同记者会 川普谈北韩：我很满足现状》，三立新闻网，2019年5月27日21：06）

例7-15与例7-16语篇借助在间接引语中出现直接引语的手法，一方面刻意强调，引起读者的关注；另一方面提前对随后出现的直接引语进行了解读与评价，表明语篇创作者与转引话语保持一定距离，暗含质疑或反讽的意味。统计显示，这种间接引语与直接引语相结合的方式在我们调查的10篇海峡两岸网络新闻语篇中共出现16处，其中大陆地区5篇中出现9处，占比56.25%；台湾地区5篇中出现7处，占比43.75%。

为了更加清楚地了解我们所选的10篇海峡两岸网络新闻语篇在消息来源和转引方式上的异同，具体统计结果如表7.1所示。

表 7.1　　　　海峡两岸网络新闻语篇转引话语对比　　　　单位：处，%

项目		总数	大陆地区	百分比	台湾地区	百分比
消息来源	具体确定的消息来源	62	30	48.39	32	51.61
	含蓄不定的消息来源	11	7	63.64	4	36.36
	未确定的消息来源	6	4	66.67	2	33.33
	合计	79	41	51.9	38	48.1
转引方式	直接引语	22	10	45.45	12	54.55
	间接引语	41	22	53.66	19	46.34
	直接与间接相结合	16	9	56.25	7	43.75
	合计	79	41	51.9	38	48.1

从表 7.1 可以看出，海峡两岸网络新闻语篇采用的转引话语消息来源的数量与方式数量相近，在具体方式分布上略有不同。两岸新闻语篇都注重运用确定的消息来源，以增强新闻的客观性；相对于直接引语方式，两岸语篇创作者更倾向于把消息来源的言语转化为间接引语，同时也采用了直接引语与间接引语相结合的方式，既能渗透创作者本人及其委托人的意志，同时也让读者感受到新闻语篇的客观性。

绝对客观的新闻报道是不存在的，引用谁的话，引用说话人的什么话，如何引用，这些都与语篇创作者及其委托人的立场、倾向具有密切关系。为达到特定目的，语篇创作者可能片面引用甚至故意歪曲新闻人物的话语。与台湾地区语篇相比，大陆地区语篇运用转引话语次数稍多，但篇幅比例稍弱。具体到消息来源的不同类型，大陆地区语篇对于确定的信息来源与直接引语的运用比例都略低于台湾地区语篇，而采用半确定的消息来源、未确定的消息来源的次数略高于台湾地区语篇，或许是因为我们所选的新闻语篇是主旨是关于国际政治动态，语篇创作者认为这类新闻语篇应该在客观准确报道国际领导人言语活动的基础上，要履行好自己的媒介角色，以更多的信息来源与更为大众化的话语形式向公众传递这些话语的主旨与新闻语篇的意义。相应地，大陆地区语篇运用间接引语、直接与间接引语相结合方式的数量也要高于台湾地区语篇，或许是由于网络新闻语篇的语体，语篇创作者希望在真实可靠报道的基础上能够让新闻用语更为简明扼要。

总体来看，我们所选的 10 篇网络新闻语篇都借助转引话语对新闻事件进行了重新解构，使之与相应的政治文化历史相关联，让读者在潜移默化中接收并认可语篇观点。两岸网络新闻语篇创作者借助不同的信息来源，运用直接引语，在新闻语篇与所引人物话语之间构成了明确的互文性，运用间接引语、直接与间接引语相结合方的式，体现了构建的互文性。

二 网络新闻语篇中的流行语与互文性

网络信息资源纷繁复杂，网络本身特有的无限性、自由性和虚拟性等性质使网络社会推崇视觉文化，流行求新求变的作风，致使网民对新闻信息的选择、接收大多表现为"快餐化"。网络新闻实行题文分离的做法，网民首先面对的是网络新闻语篇的标题，而不像报纸新闻的标题和主体部分一起出现在读者面前，网络新闻语篇也因此而呈现为"读题化"。这就要求网络新闻语篇为吸引更多网民的点击与阅读，必须具备求新求变的意识，在版面设计上要追求视觉冲击，除了注重图像的安排，用词也要更加鲜明、前卫。为扩大自身的传播效应，网络新闻语篇纷纷在标题甚至正文中引用社会流行语。这个过程体现了流行语"模因"[①] 在网络新闻语篇中的传播，反映了流行语源语篇与网络新闻目标语篇之间的互文关系。网络新闻语篇为扩大传播效应而运用的社会流行语很好地体现了互文性理念。我们选择大陆地区人民网与台湾地区《中时电子报》部分网络新闻标题为例探讨这个问题。请看下面四则新闻标题：

例 7-17：

1)《雪天路滑<u>且行且珍惜</u>》，人民网，2015 年 1 月 30 日 06：00

[①] 模因（Meme）原为生物学科的专业术语，指生物物种的优良基因在进化过程中不断复制并传播。

2)《"痛经假"且试且珍惜》，人民网，2015年4月1日00：00

3)《竹条抽打男童大哭 PO 网　父母称：好玩》，《中时电子报》2015年5月18日7：58

4)《赵薇突 po 黄晓明照片　网友叹：他结婚妳失控了》，《中时电子报》2015年5月28日18：05

网络新闻语篇通过复制、模仿社会流行语达到互文效果。例1)标题中直接引用源自大陆地区明星马伊琍微博中的网络流行语"且行且珍惜"。例3)标题中的"PO 网"为台湾地区流行语，是 POST 到网上的缩略用法，就是上传到网上的意思。此二例体现了"明确的互文性"。有的网络新闻语篇对社会流行语的借助并非从形式到内容都保持完全一致的引用，而是根据当前语境来复制源语篇的结构或内容，可以对局部作相应的调整、修改以避免出现重复现象。例2)标题中的"且试且珍惜"模仿了流行语"且行且珍惜"的结构。例4)标题在流行语"PO 网"的基础上进一步缩略。这两个例子形成"构建的互文性"，让读者在熟悉的结构中领略不同的内容。

（一）网络新闻语篇互文性与语言模因

1. 模因与网络新闻语篇中的流行语

语篇互文性是一个动态的过程，自然离不开语言模因的相互复制与相互模仿。1976年，英国牛津大学动物学家 Richard Dawkins 撰写了 *The Selfish Gene* 一书，该书末尾首次正式提出社会文化进化的单位 Meme，试图借助达尔文的生物进化论的观点来解释社会文化进化规律。何自然先生将 Meme 译为"模因"。[①] 这一概念被借用到社会文化研究领域后，用来表示通过模仿进行自我复制的任何事物现象，像基因那样得到传承，像病毒那样得到复制、传播。作为文化信息的基本单位，模因通过非遗传的方式，特别是通过模仿传播想法或主意。语言模因现象主要通过复制、模仿等途径来传播。从模因论

---

① 何自然、何雪林：《模因论与社会语用》，《现代外语》（季刊）2003年第26卷第2期。

第七章　海峡两岸网络新闻语篇中的互文性　　　　　　　　241

角度来考察，社会流行语在网络新闻语篇特别是标题语言中的应用，正是语言模因驱动力作用的结果。每一则新闻语篇的标题模因分子都能找到其被复制、模仿进而得以传播的机制。语言模因可以进一步分为基因型和表现型两类。基因型模因的特征是同质异构，即相同的信息异型传递；表现型模因的特征是同构异质，即不同的信息同型传递①。请看下面一组新闻标题：

例7-18：
　　1)《<u>有钱就是任性</u>：油霸家的废旧坦克堆积成山》，人民网，2015年5月8日06:00
　　2)《湖北：取消药品政府定价　药企<u>有权不可任性</u>》，人民网，2015年5月29日00:00
　　3)《SJ-M亨利确定出演〈我结〉向<u>粉丝</u>喊话：不要讨厌我》，《中时电子报》2015年3月2日14:48
　　4)《<u>铁粉</u>等候12小时　安室奈美惠终抵台》，《中时电子报》2015年5月24日21:52

网民看到以上新闻标题，会感到非常熟悉，这就是语言模因的作用。例1)标题中的"有钱就是任性"源自网民调侃一桩诈骗事件而生成的网络流行语；例3)标题中的"粉丝"为英语"fans"的谐音，具有狂热、热爱之意，后引申为影迷、追星等意义。此二例体现了基因型模因的特征。例2)标题中的"有权不可任性"、例4)标题中的"铁粉"则分别为以上两个流行语模因的变体，体现了表现型模因的特征。

2. 网络新闻语篇运用社会流行语模因体现的互文性

作为语篇的基本特征，"互文性"认为所有语篇都是由引语拼凑组合

---

① 何自然：《语言中的模因》，《语言科学》2005年第4卷第6期。

而成,任何语篇都是对其他已有语篇的借鉴与参考,强调不同语篇之间的相互关联与指涉。受到语言系统和文化社会系统的影响,网络新闻语篇为提高新闻表达方式的鲜明性,竞相借助社会流行语。互文性正是在语言模因的传递过程中产生的,其实质就是模因的传播。例如:

例7-19:
　　据报道,美版《甄嬛传》遇冷,而美版《甄嬛传》除了将原著压缩成为6集(每集90分钟)外,其某些台词也堪称雷人,不少网友吐槽称"也是醉了"。(选自《美版《甄嬛传》遇冷台词太雷人　网友吐槽:也是醉了》,人民网广西站,2015年3月25日00:13)

例7-20:
　　网路上,这款"天增岁月人任性,春满乾坤兜有钱"相当热门,横批"也是醉了"更是大陆网友最爱用的用语之一,有别于以往的春联,KUSO春联也带给人焕然一新的新感受。(选自《春联吸睛大特搜　有钱任性　也是醉了》,《中时电子报》2015年2月17日07:57)

　　以上两例语篇中的"也是醉了"源自网络流行语,一般用来表示与某些人物无法交流或对某些事物现象无法理喻,是一种表达无奈、郁闷与无语情绪的轻微表达语句。直接引用社会流行语,不做任何修改地传递相同的信息,这是网络新闻语篇常用的一种手法。原有流行语模因在网络新闻目标语篇中重复出现,在新的语境中被赋予新的意义,与原有的流行语语篇构成互文文本。再来看下面再则网络新闻标题:

例7-21:
　　1)《徐若瑄妈妈撞脸林青霞　姐姐酷似赵薇全家高颜值》,人民网,2015年5月27日21:00

2)《恺乐与罗志祥亲密自拍 娃娃脸蛋撞脸昆凌》,《中时电子报》2015年5月18日08:07

以上两例标题中的"撞脸"一词为仿拟"撞衫"而成的词语。"撞衫"一词最早来源于欧洲,原型的英语单词为 Dress Same(相同的穿着打扮)。现在海峡两岸的网络新闻语篇中运用比较普遍,意指至少两个人在同一场合穿了相同或相近式样的衣服。"撞脸"一词则指一些人由于先天生成或后天整容等原因,与其他没有直接血缘关系的人或是与动物、卡通形象的容貌、表情等方面的惊人相似的现象。诸如"撞脸"这样的词语在结构上相比于原型"撞衫"没有变化,只是其中的关键字被替换成新字或词,成为一个新的模因变体,引入网络新闻目标语篇后与原先的社会流行语语篇形成互文关系。

(二)海峡两岸网络新闻语篇中社会流行语的互动

由于历史原因,海峡两岸形成不同的言语社区,社会流行语也呈现不同的特点。但近来随着两岸交流的加快,越来越多的台湾流行语进入大陆地区,如"你造吗(你知道吗)?""我宣你(我喜欢你)""女票(女朋友)"等;相应地,大陆流行语也逐渐进入台湾民众的视野,如"毁三观""你懂的""且行且珍惜"等。两岸的网络新闻语篇对社会流行语的吸收与运用也随之打破了原有言语社区的壁垒,开始引用对方的流行语模因,给网民带来新鲜而又熟悉的互文感觉,表现出一定的共通性。请看下面两例:

例7-22:

从打卡、到指纹,再到目前流行的"人脸识别",考勤的方式现在是越来越高大上了。(选自《高大上,环卫工人刷脸考勤》,人民网,2015年4月26日09:26)

例 7-23：

事实上，就中华民族 3 千年吃肉史来看，牛、羊肉才是"高大上"，猪肉一直被视为不入流而未能登大雅之堂。（选自《唐宋尊牛羊高大上 猪肉不入流》，《中时电子报》2014 年 11 月 13 日 04：10）

例 7-22、例 7-23 语篇中的"高大上"源自大陆地区 2013 年开始的网络流行语，是"高端、大气、上档次"的缩略用法，形容某事物现象上档次、有品位，偶尔也被用作反讽修辞。这里由《中时电子报》报道历史风俗时引用这个流行语模因流入台湾地区。再来看两例：

例 7-24：

在《红酒炖香鸡》中培养出极佳默契的提尔史威格与山谬芬奇，在新作《红酒炖香鸡 2 香槟鸡》中更是整个玩开，联手"多元成家"，一同照顾艾玛史威格饰演的女儿与新加入的小贝比。（选自《〈香槟鸡〉多元成家落漆版》，《中时电子报》2014 年 1 月 8 日 21：41）

例 7-25：

LGBT 评选委员认为蔡依林以自身公众人物影响力，在新专辑中《不一样又怎样》、《第二性》不惧社会舆论为爱发声，支持多元成家，获民众认同，入选"ICON OF THE YEAR"。（选自《蔡依林支持多元成家 入围国际同志奖年度人物》，人民网，2015 年 4 月 11 日 10：09：01）

例 7-24、例 7-25 语篇中的"多元成家"为台湾地区 2013 年的社会流行语，主要内容涉及三个概念：支持同性婚姻合法化、立法规定同意任意两人不以爱情和性为前提结为伴侣、不限人数与性别的同居约定合法化，体现了与传统婚姻观念的不同之处。这种流行语模因所体现的观念原先在大陆地区不可想象，在这里通过新闻报道传入。

从以上分析，我们可以看出，海峡两岸网络新闻语篇引用社会流行语模因处于一种互动关系之中，所体现的互文效应不再局限于原先所处的言语社区。随着两岸交往的进一步发展，这种互动关系的深度和广度都在进一步深入发展。两岸网络新闻语篇的这种语言互动来自近年来的社会接触，更是因为网络空间的交流缩短了两岸新闻语言之间的距离。

在传统媒体时代，新闻媒体语言往往引导社会流行语的传播，而现在由于网络的强大威力，却转变为部分社会流行语模因引导新闻媒体用语。新闻语篇互文性的形成和模因的传播实质上都是以复制、模仿为基础。社会流行语运用在网络新闻语篇中所体现的互文性，其实是以社会流行语所在的源语篇与网络新闻目标语篇这两个语篇的存在为基础，前者被后者不同程度地复制与模仿引用，就会产生互文效应。从模因论的视角来看，目标语篇形成的过程就是互文的过程，表现为流行语模因以不同程度、不同类型进行复制、模仿。被引用的源语篇部分就是一个模因或模因复合体，语篇互文性的过程可以体现为语言模因的存在和传播。网络新闻语篇与社会流行语互文的过程实质上就是流行语模因的模仿、传播过程，模因的传播能力以及其多维的变体形式构成了互文丰富的变现力。

海峡两岸网络新闻语篇借助网络平台，通过转引话语、吸收社会流行语模因等方式与原有语篇构成互文效应。海峡两岸新闻人在转引话语、引用社会流行语模因构建网络新闻语篇时呈现出共同性，并开始引用对方言语社区的社会流行语模因，来增强自己的互文效应。

第二节　网络新闻语篇的篇际互文性

计算机技术的高速发展让电脑与网络日益成为社会生活不可分割的部分。随着新媒体时代的到来，计算机网络已经成为人们传播信息最重要的方式。计算机技术已经为传播领域带来了巨大变革。网络新闻语篇特有的超链接方式使互文性特征体现得非常明显。与传统报刊新闻语篇相比，新媒体语境下的网络新闻语篇有了更多的与时间、空间以及读者的互动。实现这些互动的最主要方式就是超语篇链接。语篇中的词、短语、符号等可以借助超链接方式实现与其他语篇的关联，在它们之间实现明确的互文性。由于网络新闻语篇篇幅有限，有时语篇创作者很难在有限的语篇内展现新闻事件的来龙去脉，超语篇链接的应用可以使其拓展更多的内容；读者也可以根据自身兴趣选择点击不同的链接，关联阅读更多的网络新闻语篇，把握更为全面的事件信息。

一　网络新闻宏观语篇与互文性

随着新媒体时代的到来，多模态话语日益受到语篇创作者及新闻网站编辑的重视。小到语篇内部的文字字号、字体、颜色的不同设计，大到图像、音频、视频等多媒体介质的运用，网络新闻语篇的范围也随之扩大。以不同语篇之间的关系为研究对象的篇际互文性研究也得到学界关注。

网络新闻语篇打破了传统的线性阅读习惯。网络平台是线性和非线性交织通信的媒介。它不仅按时间传输，而且按空间传输，使受传者可以随意选择自己需要的内容。新闻网站报道新闻事件采用非线性叙事（超文本）方式，例如网页上的图片和超链接。网络新闻语篇信息之间存在着各种联系。网络独特的超链接功能使网络新闻语篇的非线性体现得特别明显，这使得网络新闻语篇文本与传统语篇文本在传播和接收方面存在一些根本性的区别。它可以采取交叉关联的方式快速地从一个地方跳到另一个地方进行信息存储，从而打破了原始系统只能按顺序访问和线性访问的限制，可以轻松灵活地进行信息检索。在阅读网络新闻语篇的过程中，读者可以通过设置超链接跳到另一条相关新闻语篇，甚至可以从一个新闻网站跳到另一个新闻网站。

网络新闻语篇通过超语篇链接方式与同一新闻主题或者与微观语篇新闻人物（组织）相关的诸网络新闻语篇构成语篇之间的互文关系。例如：

例 7-26：

据美媒报道，5 月 16 日，著名华裔建筑师贝聿铭（Ieoh Ming Pei）去世，享年 102 岁。贝聿铭 1983 年获得建筑界最高荣誉普利兹克奖，被誉为"现代主义建筑的最后大师"。

贝聿铭祖籍苏州，1917 年 4 月 26 日出生于广州。"聿铭"寓有光明之意。而贝聿铭做建筑的理念，也是"让光线来做设计"、"建筑是对阳光下的各种体量的精确的、正确的和卓越的处理。"

贝聿铭以中华文化为根，学贯中西，参与设计、改造的著名建筑有 100 多处，不少都是世界性地标，作品遍布世界四大洲。法国巴黎罗浮宫的玻璃金字塔、美国国家艺廊东厢、香港中银大厦、苏州博物馆都是贝聿铭的作品。

（选自《哀悼！建筑大师贝聿铭逝世 "华人之光"他当之无愧》，人民网，2019 年 5 月 17 日 10：45）

该新闻语篇正文后以相关阅读的方式链接了四篇围绕新闻主题人物从不同侧面、不同时段报道的新闻语篇：

（1）《贝聿铭杰作——卢浮宫玻璃金字塔入口落成 30 周年》，中国新闻网，2019 年 3 月 30 日 07：13

（2）《贝老，世界有你》，人民网，2017 年 4 月 23 日 05：20

（3）《贝聿铭迎来百岁华诞 罗浮宫金字塔历久弥新》，人民网，2017 年 4 月 26 日 09：42

（4）《华裔建筑大师贝聿铭去世 享年 102 岁》，人民网，2019 年 5 月 17 日 06：39

例 7-27：

华裔美籍建筑师贝聿铭 16 日辞世，享嵩寿 102 岁。他曾获有建筑界诺贝尔奖美誉的普利兹克奖，被誉为"现代主义建筑最后大师"，罗浮宫金字塔是他最为人津津乐道的作品之一。

……

罗浮宫金字塔当时尚未完工，贝聿铭获奖时最著名作品是1978年完成的美国国家艺廊东厢。评审给予贝聿铭高度评价，指他为20世纪建筑界贡献数一数二，美丽的内部空间和外部型态，"他多才多艺和运用建材的技巧，已臻诗意境界"。

关键字：建筑师　贝聿铭　辞世　现代主义建筑最后大师　罗浮宫金字塔

（选自《贝聿铭102岁辞世　罗浮宫金字塔盛名永流传》，东森新闻网，2019年5月17日10：45）

例7-26语篇通过正文后边的相关新闻链接语篇新闻人物的不同报道，例7-27语篇文末通过关键字链接与当前新闻事实、新闻人物相关的诸多新闻事件，分别引发受传者对与当前新闻事实主题相关的不同语篇进行非线性多层次阅读，进一步强化新闻主题。从两家新闻网站的新闻链接方式来看，与人民网运用的相关阅读链接方式相比，台湾地区东森新闻网为读者提供了更多的选择，给读者的自主权更大。

世间任何事物都不是孤立存在的，而是普遍联系着的。网络新闻语篇之间由于报道的事件内容、新闻人物等存在这样或那样的关联。因此语篇创作者还可以通过超语篇链接将网络新闻当前微观语篇与报道同一新闻事件或同一新闻主题的诸多语篇关联到一起，构成互文关系。例如：

例7-28：

联合国报告今天指出，由于动植物物种数量快速消失，未来粮食供给将面临"严重威胁"。同时，全球正在设法喂饱不断增长的人口。

……

报告中提及，地理上生物多样性丰富的拉美及加勒比海地区，如甲壳类动物、鱼类和昆虫等大量野生食物种类受影响甚巨。

目前每 9 人就有 1 人缺乏足够粮食，而全球人口预计将在 2050 年达 98 亿。

关键字：联合国　物种　粮食　数量　消失

（选自《联合国：生物多样性流失　粮食供应受威胁》，东森新闻网，2019 年 2 月 22 日 15：02）

读者阅读例 7-28 语篇，如果想进一步了解更为全面的信息，可以借助文末关键字链接更多的新闻语篇。比如点击关键字"物种"可以链接以下新闻语篇：

(1)《第六次生物大灭绝正在上演　人类恐"时日不多"》，东森新闻网，2017 年 7 月 12 日 14：32

(2)《十年全球滥捕百万只　穿山甲濒临绝种》，东森新闻网，2017 年 6 月 15 日 21：49

(3)《联合国警告：极端气候　害农作物变毒！》，东森新闻网，2016 年 6 月 1 日 21：43

(4)《全球暖化失家园　北极熊灭绝危机》，东森新闻网，2016 年 1 月 20 日 21：51

(5)《人类是地球最大杀手　第 6 次物种灭绝 ING》，东森新闻网，2015 年 11 月 30 日 18：17

超文本（Hypertext, hyperlink）本身在技术层面上是一种开放的模式，给网络新闻语篇的编排带来许多优势。在灵活多变的网络技术支持下，网络新闻语篇创作者使用超文本格式，根据不同网络新闻之间的关系对信息进行非线性存储、组织和管理，运用关键字在新闻语篇之间创建链接，借助语篇之间的互文关系构建语篇，实现新闻信息之间的多元的、复杂的联系，组建最全面的深度报道，让语篇意义在不同的层次中逐渐展示出完整的内容。语篇读者可以通过互文空间从当前网络新闻语篇跨越到相关的诸多语篇，多视角、多方位地掌握更大容量、更具深度的新闻事件信息。

二　网络新闻跨语篇与互文性

随着新媒体时代的到来，语言的使用呈现多语混杂、多介复合的特征，不同媒介、不同语体的话语互相交融。黄铁蓉（2018）指出，跨语篇互文性指涉两种或两种以上的艺术门类或传播媒体之间的转换和互动，深入考察相同或相似的内容经由不同的艺术种类或传播媒体而产生的联系和差异。两岸网络新闻语篇也顺应这个潮流，运用不同风格的报道，采用图文并茂的形式，甚至借助超语篇链接的手段连接视频，实现篇际互文性。例如《建筑大师贝聿铭去世　曾建议禁止紫禁城附近建高楼》（新浪网，2019 年 5 月 18 日 00：22）文后附有新闻专题"华裔建筑大师贝聿铭去世　享年 102 岁"，点击进入后会有诸多相关新闻语篇，包括介绍贝聿铭大师生平的短视频：

例 7 – 29：

在不同传播介质上实现了篇际互文性。

总体来看，篇际互文性（interdiscursivity）是指语篇中关联特定社会组织、社会意义的不同语体、风格、介质、实践、文化等元素的混合与交融。两岸网络新闻语篇介质形式上的图文混排、风格上的新闻与娱乐、语体上的叙述与说明等现象都体现了篇际互文性。武建国（2012）以篇际互文性的结构与功能之间的关系为标准，将其分为融合型篇际互文性、镶嵌型篇际互文性、转换型篇际互文性和链接型篇际互文性等四类。我们随机选择海峡两岸 2019 年 5 月 17—19 日关于华裔建筑大师贝聿铭去世的共计 6 篇网络新闻语篇进行统计分析，力图通过对随机抽样的有限语料的统计分析来考察海峡两岸网络新闻语篇中运用篇际互文性方式的异同。

（一）不同介质的篇际互文性

新媒体时代的到来是以多媒体与信息技术的发展为前提，网络新闻语篇充分利用技术优势，实现了不同介质的互文设计。例如：

例 7 - 30：

新华社快讯：据美国媒体16日报道，华人建筑师贝聿铭去世，享年102岁。

（选自《华人建筑师贝聿铭去世 享年102岁》，新华网，2019年5月17日06：47：59）

例7-31：

享誉国际的华裔建筑大师贝聿铭（I. M. Pei）辞世，享嵩寿102岁。

纽约时报报导，贝聿铭的儿子贝建中16日表示，贝聿铭在前一天晚上辞世。

（选自《华裔建筑大师贝聿铭辞世 享嵩寿102岁》，东森新闻网，2019年5月17日07：05）

上面两则网络新闻语篇文字上都是一句话新闻，例7-30超链接了央视新闻《华裔建筑大师贝聿铭去世 享年102岁》，实现了文字到视频信息的互文；例7-31则在新闻标题与文字正文之间插入了广播、图片，实现了文字到语音、图片介质的互文。

(二) 不同语体的篇际互文性

作为体现委托人意志对应不同社会秩序的一系列符号组合，网络新闻语篇的语言使用必然是不断选择之后的结果，语篇创作者预先设计了不同的体裁、风格的话语，采用融合、镶嵌、转换、链接等方式混杂在一起，构成不同的话语秩序再现社会现实。例如：

例7-32：

美籍华裔建筑大师贝聿铭16日辞世，享嵩寿102岁，被誉为现代主义的最后大师，台中"东海大学路思义教堂"是他的代表作品之一，在他上月生日当天，教堂获颁国定古迹证书，昨天许多东海师生到教堂缅怀大师，校方计划举办建筑纪念展，向一代大师致敬。

东海大学建筑系主任邱浩修表示，路思义教堂1963年落成，是贝聿铭为台湾、东海留下的重要文化资产，使用混凝土素材、教堂外观却能以优美曲面呈现，如同上帝的手或是方舟意象，展现宗教精神。

（选自《贝聿铭102岁辞世　东海教堂代表作》，《自由时报电子报》2019年5月18日09：36）

例7-33：

贝聿铭的弟子林兵向新京报记者回忆，2019年3月师生两人见面时，贝聿铭还曾念叨想回中国。"他说，我已经退休了，我要回中国去，想在那里吃好吃的。"

新京报：你最后一次见贝先生是什么时候？

林兵：今年3月底，我去家里看他。我每次回去都会去看他。上次去的时候，他状态很好，讲话兴致很足。我在家里待了一个多小时，和他一起吃了午餐，聊了会儿天。

（选自《建筑大师贝聿铭去世　曾建议禁止紫禁城附近建高楼》，

新浪网，2019年5月18日00：22）

例7-32语篇第一段是新闻报道体裁，第二段则运用评论体裁再现了贝聿铭大师的卓越成就，将新闻消息与新闻评论两种体裁结合一起，有助于读者更加全面地接收语篇信息。例7-33语篇在新闻事件报道中采用对话体裁追忆贝聿铭大师的生平，方便读者完整地理解语篇意义。

例7-34：

据粗略统计，贝聿铭设计的大型建筑在百项以上，获奖五十次以上。他在美国设计的近五十项大型建筑中就有二十四项获奖。贝聿铭1979年荣获了美国建筑学会金质奖章，美国建筑学会还把当年定为"贝聿铭年"。

此外，他还于1981年获得法国建筑学金奖，1983年获得建筑界的诺贝尔奖——第五届普利兹克奖，1989年获得日本帝赏奖，并于1986年获得里根总统颁发的自由奖章等。

（选自《华裔建筑大师贝聿铭去世 曾设计卢浮官玻璃金字塔》，中国新闻网，2019年5月17日10：24）

例7-34语篇中的这两段内容是关于贝聿铭大师获奖情况的统计，可以看作一则介绍性语篇，同时还执行了颂扬贝聿铭大师成就的目的，语篇创作者通过"百项以上"、"五十次以上"与"近五十项"、"二十四项"两组数字的对比，再加上"1979年、1981年、1983年、1986年、1989年"这一组年份标记的运用，兼用了介绍性与颂扬性两种语言风格，传达了语篇意义。

例7-35：

贝聿铭踏入建筑界后展现设计高楼大厦的长才，1955年与在地产商齐氏威奈（Webb & Knapp）共事的建筑师一同成立贝聿铭建筑师事务所（I. M. Pei & Associates），事业逐渐起飞。

贝聿铭作品以公共与文教建筑为主，被归类为现代主义建筑。他善用钢材、混凝土、玻璃与石材，强调光与空间的结合，留下"让光线来作设计"的名言。

（选自《贝聿铭102岁辞世 "罗浮宫金字塔"盛名永流传！》，三立新闻网，2019年5月17日08：11）

例7-35 语篇将贝聿铭作品类别、用材与风格的说明有机地链接于对贝聿铭生平的叙述中，把说明性语篇与叙述性语篇和谐地链接起来，同时也与语篇创作者颂扬贝聿铭大师的语篇目的较好地链接在一起，展现了篇际互文性。

篇际互文性打破了不同介质之间的鸿沟，跨越了不同体裁、语体、风格话语的界限，顺应了新媒体时代多元文化混杂的趋向，更加有利于创作者传达语篇意义，也使网络新闻语篇的解读更加便利。

本章小结

网络新闻语篇与传统新闻语篇的最大不同在于超语篇链接传播，使得依托于网络的新闻语篇充满了互文性写作的特质。超文本环境下的网络新闻语篇借助立体的网络结构和海量存储，具有了更宏观开放、更层次化的结构图式，再现了一个由互文性构成的多元多维的社会现实。一篇网络新闻报道周围集聚了大量相关新闻信息，丰富和延伸了所报道的内容，也为互文性理论提供了实际的表现。海峡两岸网络新闻语篇创作者顺应新媒体时代的发展与相应的社会文化系统、语言系统，运用各种情态手段来构筑与读者的关系，促进语篇意义的更好传达，实现了语篇内部与语篇之间的互文性。

海峡两岸网络新闻语篇是相应社会价值观与意识形态的载体，不仅反映社会现实,而且直接参与建构社会现实与社会生活,确立社会关系。两岸语篇创作者篇内互文与篇际互文策略的选用与新闻组织的背景、新闻事实的背景和相应言语社区文化价值背后的权力关系相关。互文话语的背后所隐含的语言、社会与社会认知之间的关系,在一定程度上揭示语篇创作者、新闻组织、社会权力的介入,使新闻语篇从单纯报道社会现实转变为在相应权力意志基础上建构社会现实,其语篇用语必然会受到社会权力的控制,传播语篇委托人的立场与观点,并使之成为语篇读者的共识,强化相应读者固化的意识形态。

结语与余论

多年来，由于地理与政治上的隔绝，海峡两岸的人们彼此抱有一定的"神秘感"。对于海峡两岸的人民而言，大众传媒是获取对方新闻、了解对方信息的重要渠道。在传统媒体语境下，由于技术条件、政策体制等多方面原因，两岸新闻信息的交流受到一定程度的限制与影响。新媒体技术的出现和发展逐渐改变了海峡两岸人们的生活方式和媒体使用方式，彼此的新闻信息沟通与交流可以借助发挥新媒体技术上的优势，与传统媒体形成合力，增强传播效果，建构更加开放、和谐的两岸交流公共领域。

本课题在自建千余篇两岸网络新闻语篇文本语料库的基础上，运用实证研究的方法，开展定性与定量结合分析，将网络新闻语篇视为社会性过程和结果，通过对海峡两岸网络新闻消息语料的对比分析，运用语料库语言学与数理统计学等现代研究手段，涉及语篇分析、语用学、社会语言学、符号学、传播学、文体学等诸多学科的研究，具体涉及海峡两岸网络新闻语篇在语篇结构、衔接与连贯、图式选择、指示现象、隐喻运用、言语行为、互文性等领域，从理论到实践，在此基础上分析网络新闻语篇文本与语境之间的社会认知作用，即新闻语篇作者及其委托人如何通过语篇文本把自己的意志传播给语篇读者，为我们展示了一个新媒体背景下的两岸网络新闻话语生态世界。

本课题第一章到第三章主要探讨海峡两岸网络新闻语篇在语篇结构、

语篇衔接连贯与语篇图式选择方面的异同。由于长期的历史隔绝，海峡两岸语言各成系统独立发展，逐渐形成同中有异的特点；同时两岸新闻人的知识经验与对各种经验的信念也不完全一致，造成双方对同一客观新闻事件的认识与理解不同，再加上特定意识形态的影响，从而基于同一新闻事件却建构起各自不同新闻图式的新闻语篇。两岸语篇创作者在相应社会因素和委托人意志的指导下，预设读者已有的新闻图式，选择不同的结构变体模式、链接连贯方式与特定的语篇结构和语言形式，再现拟态的新闻事实，网络新闻语篇文本实质上是意识形态过程和语言过程的互动结果。

  本课题第四章分析海峡两岸网络新闻语篇中的指示现象，指示现象是语篇/话语与相关语境关系反映在语言结构最典型的用例，因此本章在本课题中承担承上启下的作用。本章以2019年5月27—29日关于美国总统特朗普访日的共计10篇海峡两岸网络新闻语篇为语料，探讨指示语系统在两岸网络新闻语篇中的定位功能。两岸新闻语篇创作者以各种语言形式为媒介，运用人称指示语、社交指示语为语篇读者确立人际意义，传达委托人对新闻事实、新闻人物的立场与态度；通过时间指示语、空间指示语与语篇指示语为语篇解读定位时空要素，关联语篇上下文，使新闻语篇顺应两岸不同语境与网络文化，包装自己的观点，传播其服务的意识形态，促进语篇读者接收并认可语篇观点。

  本课题第五章到第七章研究海峡两岸网络新闻语篇中的隐喻、言语行为与互文性等问题。隐喻不仅是一种认知活动，而且也可以是一种说服与认同活动。语篇创作者对于隐喻模式种类的选择、隐喻现象频率的设置，都是为其语篇信念与语篇行为意图服务的。海峡两岸网络新闻语篇是相应社会价值观与意识形态的载体，不仅反映社会现实，而且直接参与建构社会现实与社会生活，确立社会关系。两岸语篇创作者将语篇动机隐藏于隐喻现象之后，运用不同的言语行为与隐喻模式，选择了各种篇内互文与篇际互文策略，暗含了语篇创作者及其委托人对社会现实与新闻事件的观点与评价,传播语篇委托人的立场与观点,并使之成为语篇读者的共识,强化相应读者固化的意识形态。

  当下,人类社会其实已经成为符号的集合体。在所有符号中,语言是符号的最基本形式,是所有其他类型符号的基础,也是不同社会和同一个社会中不同个人、群体、阶层或价值观和意识形态开始对话的地方。在人类的符号系统中,权力阶层和无权阶层在信息传播控制环节中处于不平衡的位置。权力等级中处于上层的有权阶层已经达到了转义水平,而底层无权阶层仍停留在本义水平。作为一种社会活动,人们使用语言的目的是用来交流观念、意识与思想。于是语言以丰富多彩的语篇形式呈现在社会大众面前。作为一种社会意识、一种价值体系,语篇具有建构、维持甚至重建社会身份与形象的功能。新闻语言是社会控制的工具。因此,作为批判论域分析的一部分,语篇文本分析应该成为新闻语篇语用分析的重要组成部分。

  探讨网络新闻语篇的意识形态问题,我们不得不先关注批评性语篇分析和批评性话语理论,这两个术语代表的是两种研究角度。"批评"在语篇分析中指的就是对语篇和社会辩证关系的探索,这是一种能够引发社会变革的实践活动,批评性语篇分析属于尖锐的"强式"批评,批评性话语理论属于"弱式"批评,角度广但是并不尖锐,批评性话语理论不注重文本分析,只注重研究语篇与社会的辩证关系,批评性语篇分析则是对原产语篇进行批评性研究并且探讨出语篇和社会之间的辩证关系,进而产生再创语篇,并让再创语篇参与社会实践进而引发社会变革。而我们所说的语篇的社会功能就是介于这两者的"弱强式批评",即既扬话语理论探索语篇与社会辩证关系之长,避其没有文本分析之短,又取批评性语篇分析借助文本分析研究语篇与社会辩证关系之长,避其政治使命锋芒。[①] 我们从中可以看出语篇的意识形态分析植根于批评性语篇分析

---

  ① 田海龙:《语篇研究:范畴、视角、方法》,上海外语教育出版社 2009 年版,第 109 页。

以及批评性话语理论，强调原产语篇和再创语篇，注重研究该语篇与社会之间的辩证关系以及它在社会生活中的功能和作用。

一　网络新闻语篇与语篇社会功能

Van Leeuwen 等（1993）对语篇与社会的关系其实也就是语篇的社会功能有比较经典的认识，他认为语篇本身就是一种社会实践或者可以说是社会实践的一部分，它是社会活动的一个代表形式，另外语篇也是再现社会实践的一个方法，是关于社会实践的东西，这在一定程度上明确了语篇的两个社会功能：作为社会实践的一种形式，语篇具有参与社会实践的功能；作为知识的一种形式，语篇具有再现社会实践的功能。[①] 随着研究的不断深入，人们对其认识也不断加深，Van Dijk（1988）明确指出在语篇的社会功能研究时也应该将其在社会政治文化生活上的功能考虑在内，不能仅仅是语言学的研究。Fairclough（1995）则认为语篇作为社会实践的一种方式，往往以语体的形式出现，以此来表达人们的想法，并且体现在再现社会现实的过程中。

作为社会性过程和结果的网络新闻语篇，日益成长为社会影响力巨大的媒介语篇，不仅反映社会现实，而且参与建构社会现实和社会生活，确立社会关系。其语篇社会功能特征表现如下。

1. 与社团利益相关

网络新闻语篇的社会功能与其代表的社团利益相关，这是因为社团语境体现出的是人们的意识形态，意识形态其实就是人们对社会认知的一种心智框架，而且就是这个框架对社会团体实施的认知和社会功能。[②] 其实，对意识形态的认识和定义学界还没有一个标准的结论，但是无论是哪种观点，都强调的是意识形态的认知属性和社会属性。认知属性说明意识形态是对客观世界的反映和认识，社会属性说明它是权力斗争的

[①] 田海龙：《语篇研究：范畴、视角、方法》，上海外语教育出版社 2009 年版，第 112 页。
[②] 田海龙：《语篇研究：范畴、视角、方法》，上海外语教育出版社 2009 年版，第 125 页。

工具，与社会地位或者是某个社会集团有关，且能够参与甚至再现社会现实，并能够从中发挥作用。社团语境并不是一个固定的社会团体，但是凡是能成为社团语境的集合都是有着共同的社团利益或者是社团兴趣，当某个人有属于自己的兴趣或者利益倾向，或者具有相同社团利益和兴趣的人组成的一个集合时，在进行生产的过程中都会倾向于选择和使用该兴趣，所做的努力和工作也都是以这个兴趣或者是利益为标准。当然，这种生产过程也与生产者的社会地位有关系。

田海龙（2010）认为：社团语境是一个特定的利益集团，其中的成员有共同的利益和兴趣，有共同的社会和历史根源，讲话人对讲话的语境、听众以及讲话的目的甚至是话题的论述方法都与其他成员的看法相一致。在社团语境中，一旦使用语言，整个社团的利益就会以意识形态的形式对事实进行再现，也就是这样，社团利益成为社会语境中一个重要的因素，也就构成了和语篇的密切关系。

网络新闻的互动特性为新闻话语叙述者与叙述对象带来新关系，进而影响语篇文本的声音。海峡两岸网络新闻语篇呈现不同的话语形式，必定有不同的意识形态功用，反映特定集团组织利益，语篇意义必然为它们服务。例如：

例8-1：
　　北韩今（5）日证实昨（4）日进行"火力攻击演习"，领导人金正恩也在演训现场，并且发表谈话"实力强大才有真和平"；网友闻语之后认为这与郭台铭所说的"国防靠和平"大相径庭，呼吁"郭董不要看"。（选自《郭董不要看！北韩射火箭炮　金正恩：实力强大才有真和平》，《自由时报电子报》2019年5月5日21：05）

　　田海龙（2010）认为：社团语境是一个特定的利益集团，其中的成员有共同的利益和兴趣，有共同的社会和历史根源，讲话人对讲话的语境、听众以及讲话的目的甚至是话题的论述方法都与其他成员的看法相一致。在社团语境中，一旦使用语言，整个社团的利益就会以意识形态的形式对事实进行再现，也就是这样，社团利益成为社会语境中一个重要的因素，也就构成了和语篇的密切关系。例8-1语篇借助转引方式讥讽国民党参选代表，体现语篇委托人民进党的意志，报道深植于相应的社团语境中，与社团利益密切相关。这不仅仅是价值观上的不同，而且是文化语境和历史语境的不同。总的来看，大陆地区的网络新闻语篇主要表现为国家利益，台湾地区则更多由党派利益与商业利益驱动。

2. 与权力关系相关

语篇能够参与实践、再现事实、构建关系，这就是和权力关系相关。权力关系可以通过语篇来实现，可以通过语篇来体现，例如在医患关系中，尤其是医患之间进行对话，医生往往会使用患者根本不明白的很多专业术语，这就是医患之间不平等地位的体现，因为专业性过强，也确立了医院和医生在医患关系中的统治和决定地位。这就与机构语境的特殊性分不开，并不单指一个机构或者一个集体，这个机构必须能够赋予其中的语言使用者一些权力能够实施某些行为，比较有代表性且比较好理解的就有医院、法院等，医院和法院都是专业性比较强，且里面的语言使用者都被社会赋予了权力，医生就是可以使用专业术语，就是能够为患者诊断，法官就是可以对犯人有宣判的权力，等等。我们这里所探讨的权力并非狭义上理解的政治权力，而是广义的由语篇来体现的，人与人之间在日常言语交际过程中形成的社会关系，与言语交际双方的社会身份地位密切相关。参与社会实践时，社会地位高的人自然会占据主导地位，这种关系不是简单的个人行为，而是机构赋予的，是一种机构行为。这种权力也不是固定不变的，参与者可以通过话语实践进行改变。语篇不仅成为权力斗争的场所，也成为权力斗争的手段。新闻语篇所具有的权力不仅是一种限制力量，而且是一种社会现实的创造力量，语篇便在这种权力关系不断变化的机构语境中发挥着重要作用。

网络新闻语篇作为信息时代的产物，在技术变革更新的同时，沿袭了传统媒介语篇的利益纠葛。两岸网络新闻语篇创作者利用信息掌控的不平等传播委托人意志，使语篇自然化，让语篇读者把它当作一个自然的新闻事实来接受，进而认同其立场与观点。例如：

例 8-2：
　　美国国务卿庞皮欧（Mike Pompeo）最新表示，华为确实与中国政府合作，并点名华为执行长并没有告诉美国人民真相，暗指任正非近期的发言有所隐瞒。（选自《抄袭窃密风波频传 美媒揭：华为不择手段企业文化》，《自由时报电子报》2019 年 5 月 26 日 10：54）

例 8-2 语篇创作者利用传播方优势，从自身角度间接转引新闻人物的话语，并运用词语"暗指"进一步凸显语篇的意志，让读者不知不觉中认同委托人观点。

二　网络新闻语篇与主观性

我们了解客观事物奠基于我们和世界的互动，依赖于历史传承的社会文化提供给我们的认知途径。由此可以推知，没有完全客观的真实，所谓"事实"其实是基于我们被引导而得到的了解之上的。这种引导往往是具有主观性的，可以是人为操控，也可以由情境知识激活。人类认知能力的有限性决定了人类对客观世界的反映是片面的、有限的。盲人摸象的故事告诉我们，人们习惯以自身的经验、知识对未知的事物、现象作出判断。新闻学推崇客观报道，但对于生活在一定社会政治经济文化体系下的个体新闻传播者，其认知能力必然存在一定限度，只能"按照自己的价值取向，对客观事实进行选择"[①]。对于同一新闻事件从不同

[①] 段业辉、李杰、杨娟：《新闻语言比较研究》，商务印书馆 2007 年版，第 187 页。

视角、不同立场的报道必然会带来不同的观点。例如：

例8-3：

如同上图所显示的对同一事件不同视角的观察会得到截然相反的结论，从而引起传播受众对图片主体狮子在情感上的好恶变化。

语言并非客观中立的传播媒介，在语言使用过程中，说话者往往借由自己所主张的观点及与互动者之间的关系来建立自身立场。人们根据自身立场选择词语、句法、语体、修辞、文本结构、情态、蕴涵、隐喻、预设等，建立指称、建构社会身份、社会关系，意识形态与社会权力关系借此介入话语之中。Englebretson（2007）指出，立场的理解、语言的使用和社会层面紧紧相扣。因此，语言的使用依赖于人们对这个世界的知识、观点和态度，而人类的认知能力与客观世界之间存在或多或少的差异，对于不同的语言使用者来说，同一文本的重要信息各不相同，即使只存在最小程度的重合以保证相互理解，但文本的主题仍具有主观性。所以，说话者如果希望让听话者确定无误地接受信息，不能一味地从自身角度出发，需要合理斟酌互为主观性因素。Traugott（2010）指出，主观性（subjectivity）是指传者的言论信息必然带有其自身的信念与主张；

互为主观性（intersubjectivity）则可以理解为传者传达言论信息要顾及情景与受者的具体情况。

"主体性"是指语言的这样一种特性，即在话语中多多少少总是含有说话人"自我"的表现成分①。语言的结构反映了社会的结构，语言反映客观世界是由主体收到信息并感知后，通过主观判断形成概念，编码形成约定的语言符号系统，形成命题。首先，在言语交际过程中，语篇创作者/说话人通过特定的话语来表达自己对客观事件和事物的立场、观点和态度。由于种种原因，纯客观的新闻报道是不存在的。在语篇中，创作者至多倾向一种语言上的客观氛围，但在这种氛围的背后，隐含着创作者的主观倾向。新闻的客观性原则要求新闻报道尊重事实，反映事物的本来面目；然而，由于新闻的产生和理解有赖于人们对世界的认识、看法和态度，不同主体对世界的认知能力和客观自然总是会存在方方面面的差异。对于不同的语言使用者，同一语篇文本的重要信息是不同的。即使有最小的重叠以确保相互理解，语篇的主题仍然是主观的。这使得新闻报道不可避免地带有主观性和偏见。其次，"新闻媒介组织总是要从属于社会或某一个集团、党派、阶级，而其本身，又是由一群按照一定方针、宗旨、任务聚集在一起的活生生的人所组成，因之，它必定有自己的传播意图和目的，并把这一切贯彻到新闻传播过程之中"②。新闻语篇中的语言运用是一定社会力量介入的结果。它是事实的再现，而非客观事实本身。新闻语篇的真正作者是新闻的委托人。作为最常见、最普遍的公共话语形式之一，新闻话语并非单纯反映社会，它直接参与社会事物和社会关系的构成。新闻消息语篇不仅报道新闻事实，同时也传达新闻作者及其委托人的观念和立场，体现新闻作者对新闻事实的认知并通过新闻语篇与受传者互动。新闻的创作者实际上是传达新闻当事人的意图，反映新闻当事人的自觉倾向，通过各种手段和方法，客观公正地

---

① 沈家煊：《语言的"主观性"和"主观化"》，《外语教学与研究》2001年第4期。
② 黄旦：《新闻传播学》，杭州大学出版社1995年版，第234页。

表达新闻事件，劝说接受者接受新闻客户的观点。有时新闻直接引用所谓当事人或专家的话，透露新闻当事人的意愿。因此，主张新闻报道语篇没有主观性而纯客观的说法，其本身就是不客观的。新闻语篇创作者不可避免地将自己置身于他所描述的情境中，不仅在于他自己的参与，更在于他对真实事物连续性的剪裁和他所使用的形式上。最后，新闻传播除了具有信息传播功能外，还具有舆论引导功能。合理表达倾向是新闻传播者的重要职责。记者对事实的主观认识和职业敏感性，真正体现了事实的"意义"，具有一定的主观倾向。以上原因解释了"新闻应该是一门选择的科学"①。例如：

例8-4：

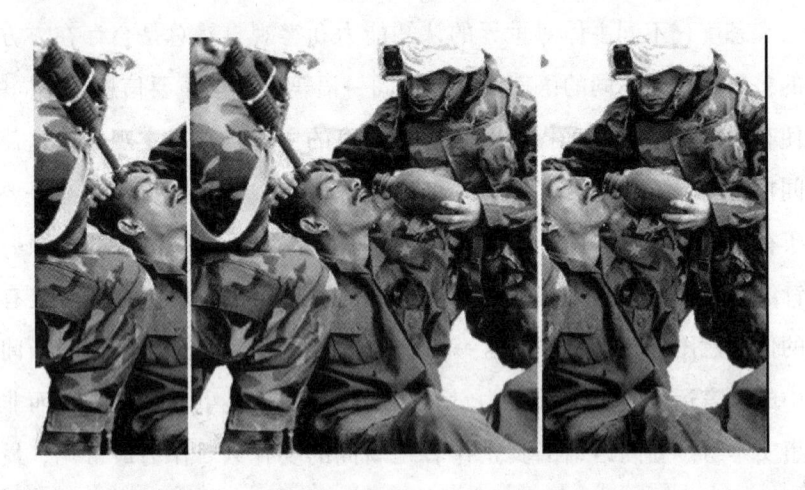

上例中左右两图对于中图不同部分的截取，显示了截图者本身的立场倾向。

语言学的研究已经证明主观性对于语言的使用与变迁扮演了举足轻重的角色。新闻作者报道新近发生的事实总是要受到时间或空间条件的制约。由于新闻常规工作对时间节奏的重视，以及空间、资金等方面因

---

① 张福民：《浅谈记者的主观议论》，《新闻爱好者》2003年第3期。

素的限制，新闻作者不可能常常在新闻事件发生时亲临现场，作者观察事物的有限性与真实全面、多角度、立体化地反映描摹客观事物之间，明显地构成了一对矛盾，因而必须转述"新闻来源"的话语以示客观。因此在很多情况下，新闻并不是以新闻作者对事件的直接观察为基础的，真正的新闻来源就是他们所掌握的事实是否发展为新闻报道的委托人，而新闻作者只不过是受当事人委托的代言人而已。也就是说，新闻来源如果对某一事件采取沉默的态度，那么，社会公众可能永远难以知晓这一事件的真相。同样，新闻来源对某一事件的解释与对事件真相的揭示程度直接影响了受传者对这一事件的认知程度。新闻来源与新闻委托人的关系可见下图：

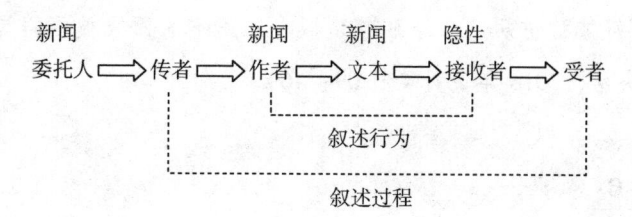

```
新闻              新闻    新闻   隐性
委托人 ⇒ 传者 ⇒ 作者 ⇒ 文本 ⇒ 接收者 ⇒ 受者
                  └─────叙述行为─────┘
         └──────────叙述过程──────────┘
```

在新闻来源的影响下，网络新闻语篇作者自觉或不自觉地按照新闻委托人的观点，凭借自己在新闻传播中的特殊地位，有意识地选择新闻事实要素，正面再现己方的立场与观点，负面再现对方的立场与观点，建构新闻事实。在这个传播过程中，以下五个方面会对网络新闻语篇理解造成影响。

一是语境。语境在制作、传达、理解话语的意义并体现话语的意识形态方面发挥很大作用，同样一句话，在不同的语境中会得到不同的理解。例如："你怎么这么早就来了？"有可能是疑问，有可能是惊讶，也有可能是赞扬，还有可能是厌烦。语境中与意识形态密切相关的有两个交际因素：交际事件类型与交际参与者。不同的交际事件，目标与意图也不一样，对意识形态影响的程度也会不同。交际参与者不同的背景，决定他们在话语中表现出来的意识形态程度不同。不同的网民对同一篇网络新闻的理解可能会有偏差。网络新闻语篇作者需要重视语境因素，关注语篇受传者的知识背景与理解接受度，才能顺利传播新闻信息、有效传达语篇观点。

二是话题。话题对新闻事件的组织与过程具有很大影响。话题对某些话语既能起到整体连接的作用，也能发挥激活听者和读者的相关背景知识、建立话语最高层次的作用。话题是通过宏观主题表现出来的，因此话题既表达观点，也表达意识形态。这些主题可能是在篇章中通过特殊的方式表达出来的，如新闻语篇的标题。例如：

例 8 - 5：

《媒体称伊朗"太空猴"造假 红痣不翼而飞被指骗局》（新华网重庆站，2013 年 2 月 4 日 09：46）

例 8 - 6：

《骗局？伊朗又送猴上太空》（《中时电子报》2013 年 12 月 15 日 04：49）

相比之下，例 8 - 5 以第三方视角报道，显得较为客观；例 8 - 6 直接表明自身观点，其标题中蕴涵的意识倾向显得较强。

三是局部意义。徐赳赳（2010）指出，话语中的意识形态再现受两个原则控制，一是话语中某些信息的出现或不出现，二是信息出现不出现是由说者和作者的兴趣所决定的。也就是说，语篇局部意义的作用可能被人忽视、被降级处理为不重要的信息，也有可能被强调、升级到最重要的地位，以偏概全。例如：

例 8 - 7：

《华尔街日报》指出，控诉华为抄袭、窃密的对象广泛，不仅同业受害,连一般民众也无一幸免。像是早前华为不仅曾被其同业思科(Cisco)、T-Mobile公司控诉抄袭软件与技术,也曾被一名西雅图安亲班老师指控,盗用他的创作的音乐作为铃声等。(选自《抄袭窃密风波频传　美媒揭:华为不择手段企业文化》,《自由时报电子报》2019年5月26日10:54)

在中美发生贸易战之际,这则网络新闻语篇完全采用美国媒体说法,显示了语篇创作者的意识倾向。新闻语篇塑造意识形态,局部意义是常用的策略。例如美国媒体经常提及恐怖分子,而恐怖分子常被刻板化为阿拉伯人,外族移民总被刻板化为触犯法律和规范的人,而美国人自己及其盟友中的暴力分子从来不会被贴上这个标签。

四是语式。话语不仅有全局的意义,也有全局的形式与语式。新闻消息实质上是在叙述新闻故事,通常具有完整的叙述体的性质,有开始、完成与结果的图式。新闻语篇通常由新闻标题对新闻消息进行最精炼的概述,然后在导语中作简要的扩展,接着在新闻正文中再详细叙述。新闻语篇标题的功能是表达某个主要话题,让语篇读者了解语篇传播何种事件,决定是否阅读语篇。新闻语篇的语式充满了意识形态,哪些信息作为标题、哪些信息不作为标题,新闻语篇中的导语与可能出现的评价等内容都具有意识形态的性质。新闻事件对客观事件再现的模式表明哪些要素能够显现、哪些要素被隐匿是由新闻作者及其委托人控制的。

五是修辞。亚里士多德告诫人们要贬抑修辞能力,精心构筑修辞文本,使人不注意体现在文本中的匠心,强调修辞无痕。话语受传者要不觉得受到技巧诱使才能真正被说服。肯尼斯·博克(1998)提出"认同说":"如果要用一个词来概括旧修辞学与新修辞学之间的区别,我将归纳为:旧修辞学的关键词是'规劝',强调'有意'的设计;新修辞学的关键词是'认同',其中包括部分的'无意识的'因素。"他认为,传播就是为了唤起和提高传播者和接受者的认同程度,"认同"是说服和有效传播的一个手段，具体包括同情认同、对立认同、误同（无意识认同）等三种形式。新闻语篇实质上是根据语篇作者的喜好及其所代表的社会阶层/团体的利益，通过对语篇的建构和控制，将传达的思想变得"自然"而又"符合逻辑"，来影响受传者的观点、看法和立场。

因此，新闻语篇用语并非如新闻学家自身所宣称的那样是一种客观透明的传播语言，而是一种社会实践语言，是社会过程的介入力量。一方面，新闻语篇创作者及其委托人的看法与意见通过新闻语篇中修饰性语词、语句与图片的安排以及新闻来源的选择等各种有形无形的媒介手段表现出来，以建构共识、排斥异议，用以建立并维持所谓的"新闻事实"；另一方面，语篇读者陷入传媒制造的各种信息烟幕中，在本身缺乏更多探寻事件真相途径的条件下，很难具有质疑、改变当前现实的意愿与能力。所以说，新闻语篇其实是一系列选择后的结果，"新闻传播者的立场和倾向是客观存在的，同时也是新闻传播活动的需要"[①]。网络新闻作者秉承新闻委托人的意旨，从一开始就确定新闻语篇的主题，并且控制主题的发展和表达方式，对新闻事实要素进行选择，构建新闻事实，运用符号隐含义的表现手法"隐喻"（深层意义）与"转喻"（潜在意义）将自己的意志和观点传递给受传者，可以达到不同的传播效果。这就是诸如官员、专家、明星等影响较大的人士出现在新闻语篇中的频率远远高于普通民众而底层民众即使出现在新闻语篇中却经常处于失语者、没有话语权的原因。

三 网络新闻语篇与意识形态

作为新时代公共话语的重要形式，网络新闻语篇不仅提供了关于社会新闻事件的社会文化、政治经济等多种认知模式的大致框架，还提供了证明这些框架有理有据并且占据主导地位的知识和态度架构。德国哲

---

① 段业辉、杨娟：《论新闻语言的主观化》，《江海学刊》2006年第6期。

学家尼采有句名言:"没有真相,只有诠释。"网络新闻语篇范畴的等级特征决定了受传者从语篇中只能得出新闻委托人及作者暗示的观念与解释,而不是其他内容。新闻语篇读者看到的一切实质上是被新闻语篇创作者、影像拍摄者特意安排的,或者是由分享者诠释过了的。有时语篇读者看到的甚至是只有预设的立场不顾真相而完全背离事实真相的报道。例如:

例8-8:

类似上面这样片面的语篇报道,容易引发的是撕裂社会、造成社会对立的声音。媒体如果越过这个边界,将会极大地妨碍语篇读者认知新闻事实真相。

随着社会文化传媒化的日益增强,意识形态和传媒的关系越来越密切。就广义而言,意识形态就是指系统的思想观点;就狭义而言,意识形态仅指特定的社会机构、组织、阶级或群体认识社会及表达是非善恶的思想体系,其本质是一个社会群体或者话语系统的世界观或占主导地位的哲学观念。意识形态实际上是把占有统治地位的阶级或者阶层的生活方式和价值观念固化、渗透到社会的一般精神生活中，演变成为一种集体无意识、自然化的观察、认知和评价世界的视角。这个词语的背后常常隐藏着权势的概念。也就是说，这种思想体系或者话语系统可以给这个社会群体带来社会权势，或者使其社会权势地位合法化、自然化。Woolard[①]认为有四层含义：①意识形态是心智现象，是概念化的产物，与意识相关，是主观的再现，是信仰与思想，属于文化的智力成分；②意识形态起源于、植根于某个特殊社会位置的利益和经历，是这个社会位置所代表的利益的反映和回应，在一定程度上取决于人们实际物质生活的诸多方面；③意识形态是获得与保持权力进行斗争的思想、话语和表意实践，如可以被视为权力斗争中的宣传工具；④意识形态是歪曲、假象、错误、蒙蔽与推理的象征，可以是保护权力与利益的需要，也可以是人类认知局限的结果。Van Dijk[②]认为一个新的意识形态理论应该具备以下三要素：①社会功能（Social Functions）：主要涉及人们发展和使用意识形态问题的原因；②认知结构（Cognitive Structures）：主要涉及意识形态究竟为何物以及如何监控社会实践的问题；③话语表达与再生产（Discursive Expression and Reproduction）：主要涉及意识形态在社会中的文本与谈话的结构中被表达、获得与再生产的方式。田海龙[③]认为以上观点强调了意识形态的认知属性与社会属性：认知属性表明意识形态是一个心智现象，是对客观世界的认识；社会属性则表明它与社会地位以及某个社会集团利益相关，是权力斗争的手段。

曾庆香（2005）指出，作为反映社会发展变化最为快捷、最为敏感的新闻语篇用语，毫无疑问也是意识形态操作的结果。但由于新闻语篇

---

① Woolard, K., "Introduction: Language Ideology as a Field of Inquiry", In Schieffelin, B. B., Woodland, K. A. & Kroskrity, P. V. (eds.), *Language Ideologies: Practice and Theory*, Oxford: Oxford University Press, 1998, pp. 5 – 7.

② Van Dijk, *Opinions and Ideologies in the Press*, in Bell, A. & Garret, P. (ed.), 1998.

③ 田海龙：《语篇研究：范畴、视角、方法》，上海外语教育出版社2009年版，第125页。

必须遵循客观公正的报道原则，其表达意识形态的功能只能更为隐匿、巧妙。因此，本课题研究中主要将意识形态认定为新闻语篇含而不露的观点、意图、价值倾向，是不同新闻语篇作者及其委托人运用语篇话语表征建构社会现实的体现。语言意识形态是社会结构与语言形式之间的协调环节，假如对于某些动态的言语过程，静态的修辞可以忽略不计的话，作为如此关键的环节，语言意识形态在协调性与分析性上的作用比以往更加值得重视。这个课题实际是对语用学的哲学思考。过去我们说到"意识形态"往往是指政治上的形态（为哪一个阶级服务），牵扯面太大。其实，作为全民工具的语言，是无法与某一个阶级相关联的。因此，意识形态应该具有更为广阔的含义，网络新闻语篇在表现意识形态方面还有更多的途径。海峡两岸网络新闻语篇的创作者分别代表着两岸社会的利益，其报道不可避免地具有一定的倾向性，以尽可能维护其本地区的政治经济体制和利益。一般而言，大陆地区坚持社会主义方向，坚持中国共产党的领导，坚持为人民服务，网络新闻语篇意义主要表现为国家民族利益；台湾地区由于蓝绿阵营对立，势均力敌且冲突不断的政治语境，网络新闻语篇意义则更多由政治党派利益与商业集团利益所驱动。

本书研究表明，网络新闻语篇立足于新闻事件的基本事实，运用言语表征新闻事实诠释新闻人物话语，通过对新闻事件的"解释、注释、评论、预测"等再语境化的方式，表达一定的报道目的与意识形态。社会意识形态在新闻人采集和写作过程就已经介入，新闻语篇撰写完毕呈现给语篇读者的同时，嵌入语篇报道中的意识形态在潜移默化地影响读者。

海峡两岸语篇创作者分别代表两岸各自社会的利益，其报道必然会具有一定倾向性，以尽量维护本社会区域的政治经济体制与利益。总的来看，大陆地区坚持社会主义方向，坚持中国共产党的领导，坚持为人民服务，网络新闻语篇意义主要表现为国家民族利益；台湾地区则由于蓝绿阵营对立，形成此消彼长且冲突不断的政治语境，网络新闻语篇意义更多由政治党派利益与商业集团利益所驱动。

新媒体时代的到来，促进了海峡两岸人民的相互了解，对促进双方人民的共同努力起到积极作用。海峡两岸新闻人之间有很多交流和往来，在不同领域存在共同的认知与行为。两岸网络新闻语篇在结构、衔接与连贯、新闻图式、指示、隐喻、言语行为、互文性等多个领域存在一定差异，但共性占主流，比如在新闻来源的选择上，两岸新闻人表现出较强的一致性。在这样的基础上，海峡两岸网络新闻话语的趋同性会逐渐增强，有利于两岸政治经济等诸多领域的交流融合。

参考文献

［美］埃里希·弗洛：《健全的社会》，孙恺祥译，贵州人民出版社 2011 年版。

常秀英：《消息写作教程》，中国广播电视出版社 2011 年版。

陈俊、王蕾：《〈纽约时报〉涉华环境报道的批评性话语分析》，《编辑之友》2011 年第 8 期。

陈丽婉：《从语用预设看美国新闻报道的客观性》，《长春大学学报》2011 年第 7 期。

陈伟红：《篇际互文性对意识形态意义的建构作用》，《集美大学学报》（哲学社会科学版）2016 年第 3 期。

陈新平：《新闻用语的六类偏误》，《修辞学习》2004 年第 1 期。

陈兴中：《两岸媒体新闻报道差异探析》，《东南传播》2013 年第 9 期。

陈阳：《符号学方法在大众传播中的应用》，《国际新闻界》2000 年第 4 期。

陈怡竹：《国际新闻之驯化——以两岸三地报导 2008 年美国总统大选为例》，硕士学位论文，台湾大学，2010 年。

程蕊：《英汉体育新闻报道中的概念隐喻对比研究》，硕士学位论文，西北师范大学，2015 年。

程晓堂：《基于功能语言学的语篇连贯研究》，外语教学与研究出版社 2005 年版。

崔煦：《认知视角下的高启诗歌隐喻研究》，硕士学位论文，江苏师范大学，2017年。

刁晏斌：《差异与融合：海峡两岸语言应用对比》，江西教育出版社2000年版。

丁和根：《大众传媒话语分析的理论、对象与方法》，《新闻与传播研究》2004年第1期。

丁建新、廖益清：《批评视野中的语言研究》，中山大学出版社2006年版。

丁金国：《语篇特征探析》，《当代修辞学》2014年第1期。

丁言仁：《语篇分析》，南京师范大学出版社2000年版。

董丽云：《网络新闻话语批评分析》，《社科纵横》2006年第3期。

董天策：《网络新闻传播学》，福建人民出版社2003年版。

董晓波：《中英文足球报道中的战争隐喻分析》，《体育与科学》2014年第4期。

杜骏飞：《网络新闻学》，中国广播电视出版社2001年版。

段业辉、李杰、杨娟：《新闻语言比较研究》，商务印书馆2007年版。

段业辉、杨娟：《论报纸、广播、电视、网络新闻语言的语境》，《南京师大学报》（社会科学版）2006年第5期。

段业辉、杨娟：《论新闻语言的主观化》，《江海学刊》2006年第6期。

方琰：《系统功能语法与语篇分析》，《外语教学》2005年第6期。

龚怡：《从王小丫"猝死"事件看网络新闻客观性的缺失与补偿》，《新闻传播》2003年第10期。

管洁：《"十九大"中美新闻语篇中概念隐喻的对比研究》，硕士学位论文，山东师范大学，2019年。

郭权：《受众对网络新闻文本的重组与解读》，《青年记者》2006年第6期。

［德］海德格尔：《存在与时间》，陈嘉映等译，生活·读书·新知三联书店2012年版。

韩畅：《中国大陆与台湾报纸对ECFA的报道框架比较论析——以〈人民日报海外版〉与〈联合报〉为例》，硕士学位论文，吉林大学，2012年。

韩晓晔、胡范铸：《中国新闻语言中的指称序列研究》，《语言文字应用》2014年第3期。

何自然：《语言中的模因》，《语言科学》2006年第6期。

何自然、何雪林：《模因论与语用》，《现代外语》2003年第2期。

何自然、冉永平：《新编语用学概论》，北京大学出版社2010年版。

胡范铸：《新闻语言客观性问题的言语行为分析》，《华东师范大学学报》（哲学社会科学版）2007年第2期。

胡范铸：《"言语主体"：语用学一个重要范畴的"日常语言"分析》，《华东师范大学学报》（哲学社会科学版）2009年第6期。

胡壮麟：《语篇的衔接与连贯》，上海外语教育出版社1994年版。

胡壮麟、朱永生、张德禄：《系统功能语法概论》，湖南教育出版社2003年版。

胡壮麟、朱永生、张德禄、李战子：《系统功能语言学概论》，北京大学出版社2005年版。

黄国文：《语篇分析概要》，湖南教育出版社1998年版。

黄国文：《语篇分析的理论与实践——广告语篇研究》，上海外语教育出版社2001年版。

黄国文、葛达西：《功能语篇分析》，上海外语教育出版社2006年版。

黄敏：《新闻话语中的言语表征研究》，华东师范大学出版社2012年版。

黄敏、李旻兰：《网络新闻的语用学分析——以中美官方网站有关中东和会的新闻报道为例》，《语言文字应用》2003年第4期。

黄铁蓉：《相融与异质：〈喜福会〉原著与电影的跨文本互文阐释》，《现代交际》2018年第14期。

黄裕峰：《两岸新闻用语比较研究》，博士学位论文，复旦大学，2011年。

黄榛萱：《两岸新闻标题语言对比研究》，硕士学位论文，复旦大学，2008年。

James Glen Stovall：《网路新闻学：新媒体的应用实务与展望》，杨慧娟译，五南图书出版股份有限公司 2006 年版。

纪玉华：《批评性话语分析》，《厦门大学学报》（哲学社会科学版）2001 年第 3 期。

姜敬槐：《海峡两岸常用差异词语互动融合研究》，硕士学位论文，渤海大学，2013 年。

蒋建国：《新媒体事件：话语权重构与公共治理的转型》，《国际新闻界》2009 年第 2 期。

蒋有经：《海峡两岸汉语词汇的差异及其原因》，《集美大学学报》（哲学社会科学版）2006 年第 3 期。

康怡：《大陆和台湾媒体新闻报道的框架建构——以两岸新闻报道为例》，硕士学位论文，厦门大学，2007 年。

［美］肯尼斯·博克：《当代西方修辞学：演讲与话语批评》，常春富、顾宝桐译，中国社会科学出版社 1998 年版。

雷鸣：《两岸媒体关于"雾霾"议题新闻报道的比较分析——以〈南方都市报〉与〈自由时报〉2014 年相关报道为例》，硕士学位论文，重庆大学，2015 年。

李国庆、孙韵雪：《新闻语篇的评价视角——从评价理论的角度看社论的价值取向》，《广东外语外贸大学学报》2007 年第 4 期。

李建利：《话语分析与新闻语言》，《西北大学学报》（哲学社会科学版）2005 年第 6 期。

李平：《当代海峡两岸词语差异比较研究》，硕士学位论文，黑龙江大学，2002 年。

李曙光：《新闻语篇对话性初探——情态语言资源视角》，《外语与外语教学》2006 年第 6 期。

李行健：《两岸差异词再认识》，《北华大学学报》（社会科学版）2013 年第 6 期。

李岩：《媒介批评：立场、范畴、命题、方式》，浙江大学出版社 2005 年版。

李幼蒸:《理论符号学导论》,中国社会科学出版1993年版。

李昱、施春宏:《海峡两岸词语互动关系研究》,《当代修辞学》2011年第3期。

廖美珍:《法庭问答及其互动研究》,法律出版社2003年版。

廖秋忠:《篇章中的论证结构》,《语言教学与研究》1988年第1期。

廖秋忠:《篇章与语用和句法研究》,《语言教学与研究》1991年第3期。

廖新玲:《海峡两岸现代汉语词汇读音差异比较研究》,《华侨大学学报》2010年第1期。

廖艳君:《新闻报道的语言学研究》,湖南大学出版社2006年版。

林纲:《网络新闻语言的语用分析》,南京师范大学出版社2012年版。

林纲:《网络语言的演变与网络言语社区分析》,《华语文教学研究》(台湾)2014年第2期。

林纲:《论网络新闻语篇中的互为主观性因素》,《新闻界》2014年第13期。

林纲:《海峡两岸网络新闻语篇流行语模因的互文性分析》,《新闻界》2015年第13期。

林金容:《篇际互文性与中国梦传播的话语策略》,硕士学位论文,华南理工大学,2016年。

林莉莉:《政治新闻语篇的批评隐喻分析——以2012年美国总统竞选新闻为例》,硕士学位论文,海南大学,2013年。

刘辰诞、赵秀凤:《什么是篇章语言学》,上海外语教育出版社2011年版。

刘虹:《会话结构分析》,北京大学出版社2004年版。

刘敏:《中英足球新闻标题中概念隐喻对比研究》,硕士学位论文,暨南大学,2015年。

刘水平:《媒介社会与意识形态变迁》,《贵州社会科学》2007年第3期。

娄开阳:《现代汉语新闻语篇的结构研究》,世界图书出版公司2008年版。

鲁忠义、彭聃龄:《语篇理解研究》,北京语言大学出版社2003年版。

［法］罗兰·巴特:《神话学》,许蔷薇、许绮玲译,桂冠图书股份有限公司1998年版。

［法］罗兰·巴特:《神话修辞术 批评与真实》,屠友祥、温晋仪译,上海人民出版社2009年版。

［美］罗兰·德·沃尔克:《网络新闻导论》,彭兰等译,中国人民大学出版社2003年版。

罗婷:《论克里斯多娃的互文性理论》,《国外文学》2001年第4期。

马庆株:《"V来/去"与现代汉语的主观范畴》,《语文研究》1997年第3期。

［美］曼纽尔·卡斯特:《认同的力量》,曹荣湘译,社会科学文献出版社2006年版。

毛浩然:《海峡两岸对话系统核心要素研究》,博士学位论文,福建师范大学,2013年。

倪海燕、唐德根:《语用预设的语篇功能体现》,《求索》2005年第11期。

聂仁发、杜纯梓:《新闻语篇的语境分析》,《湖南师范大学社会科学学报》2002年第1期。

［英］诺曼·费尔克拉夫（Norman Fairclough）:《话语与社会变迁》,殷晓蓉译,华夏出版社2003年版。

潘政宇:《俄汉政治新闻语篇中腐败概念隐喻的认知对比研究》,硕士学位论文,上海外国语大学,2019年。

彭公勋:《试论新闻话语的事实建构》,硕士学位论文,苏州大学,2012年。

彭兰:《网络传播概论》,中国人民大学出版社2001年版。

彭兰:《网络新闻报道碎片化的应对策略》,《中国编辑》2007年第1期。

彭兰:《网络新闻编辑教程》,武汉大学出版社2007年版。

钱敏汝:《篇章语用学概论》,外语教学与研究出版社2001年版。

屈承熹:《汉语篇章语法》,潘文国译,北京语言大学出版社2006年版。

任俊英:《典型报道的话语分析——从福柯的视点出发》,博士学位论文,复旦大学，2006 年。

单胜江：《新闻语篇的批评性话语分析》，《外语学刊》2011 年第 6 期。

尚智慧：《新闻语篇的对话性及其对意识形态的构建》，《外语与外语教学》2011 年第 4 期。

沈继荣：《新闻语篇中语法隐喻的工作机制及功能》，《当代修辞学》2010 年第 2 期。

束定芳：《认知语义学》，上海外语教育出版社 2008 年版。

宋雅智：《主位－述位及语篇功能》，《外语学刊》2008 年第 4 期。

苏以文：《隐喻与认知》，"国立"台湾大学出版中心 2005 年版。

苏以文、毕永峨：《语言与认知》，"国立"台湾大学出版中心 2009 年版。

孙惠燕：《领土争端新闻语篇中意识形态的批评性话语分析》，硕士学位论文，山东大学，2014 年。

索振羽：《语用学教程》（第二版），北京大学出版社 2014 年版。

谭晓：《网络新闻媒体的媚俗化现象及其治理对策》，《云南社会科学》2005 年第 4 期。

唐林源：《足球比赛解说的隐喻研究》，硕士学位论文，湘潭大学，2017 年。

田海龙：《语篇研究：范畴、视角、方法》，上海外语教育出版社 2010 年版。

［苏］T. M. 尼柯拉耶娃：《话语语言学和普通语言学问题》，梁达译，《语言学动态》1979 年第 2 期。

Van Dijk：《社会 心理 话语》，施旭、冯冰编译，中华书局 1993 年版。

王立、储泽祥：《海峡两岸汉语词语认知现状之探析》，《武陵学刊》2014 年第 6 期。

王茜：《海峡两岸时政新闻语篇的语用研究——以〈人民日报〉和〈中央日报〉为例》，硕士学位论文，浙江财经大学，2015 年。

王瑞琪：《网络新媒体环境下的两岸信息传播》，硕士学位论文，华中科技大学，2013 年。

王秀丽：《篇章分析——汉语话语范围导入词对比研究》，北京语言大学出版社2008年版。

王旸：《及物性与对新闻语篇的批评性话语分析》，硕士学位论文，东北师范大学，2003年。

王幼华：《海峡两岸汉语儿化词异同比较研究》，《语言文字应用》2016年第1期。

王正元：《概念整合理论及其应用研究》，高等教育出版社2009年版。

[美]卫真道：《篇章语言学》，徐赳赳译，中国社会科学出版社2002年版。

文雯：《海峡两岸报纸时政新闻用语对比研究——以〈人民日报〉和〈中国时报〉为例》，硕士学位论文，厦门大学，2017年。

翁路易：《党派立场对两岸新闻报道的影响——〈中国时报〉和〈自由时报〉对八次"江陈会"报道的比较研究》，硕士学位论文，厦门大学，2013年。

吴启主：《汉语构件语法语篇学》，岳麓书社2000年版。

吴礼权：《海峡两岸现代汉语词汇"同义异序"、"同义异构"现象透析》，《复旦学报》（社会科学版）2012年第2期。

吴琳琳：《全球化背景下的两岸财经网络媒体报——以和讯网、钜亨网"次级债危机"报道为例》，《东南传播》2008年第4期。

吴为善：《认知语言学与汉语研究》，上海复旦大学出版社2001年版。

武建国：《当代汉语公共话语中的篇际互文性研究》，上海教育出版社2010年版。

武建国：《篇际互文性在公共话语中的语用功能》，《外语教学》2012年第2期。

武建国：《篇际互文性研究述评》，《外语与外语教学》2012年第2期。

武建国：《篇际互文性的运行机制探析》，《中国外语》2012年第4期。

武建国、刘蓉：《篇际互文性的语用分析模式》，《外语学刊》2012年第1期。

肖璇:《系统功能语法及其在话语分析中的运用》,硕士学位论文,中南民族大学,2003年。

肖艳玲、陈鸣芬:《语篇与社会权力关系的实证分析——从批评话语分析的视角解读网络新闻专题报道》,《长江大学学报》2010年第4期。

谢文龙:《两岸电视新闻标题语言之对比研究》,《东南传播》2017年第10期。

谢之君:《隐喻认知功能探索》,复旦大学出版社2007年版。

辛斌:《新闻语篇转述引语的批评性分析》,《外语教学与研究》1998年第2期。

辛斌:《批评语言学:理论与应用》,上海外语教育出版社2005年版。

辛斌:《〈中国日报〉和〈纽约时报〉中转述方式和消息来源的比较分析》,《外语与外语教学》2006年第3期。

辛斌、高小丽:《批评话语分析:目标,方法和动态》,《外语与外语教学》2013年第4期。

邢福义:《汉语语法三百问》,商务印书馆2004年版。

徐大明:《言语社区理论》,人大复印资料《语言文字学》2004年第8期,原载《中国社会语言学》(澳门)2004年第1期。

徐腊梅:《政治新闻语篇中的批评隐喻分析——以中、美、菲三家媒体对南海争端的报道为例》,硕士学位论文,南昌大学,2017年。

徐燕青:《现代汉语语法的探微与求新:从词类到篇章》,辽宁大学出版社2009年版。

徐赳赳:《话语分析二十年》,《外语教学与研究》1995年第1期。

徐赳赳:《现代汉语篇章回指研究》,中国社会科学出版社2003年版。

徐赳赳:《现代汉语篇章语言学》,商务印书馆2010年版。

许家金:《青少年汉语口语中话语标记的话语功能研究》,外语教学与研究出版社2009年版。

许蕾:《海峡两岸词语差异的类型研究》,《江汉学术》2013年第4期。

许蕾、李权：《海峡两岸体育新闻语言多特征计量对比研究》，《江汉学术》2019 年第 3 期。

许余龙：《篇章回指的功能语用探索》，上海外语教育出版社 2004 年版。

杨必胜：《习惯互异形成的词语对应——海峡两岸新闻用语对比研究》，《语文建设》1998 年第 5 期。

杨建伟：《网络等新媒体在两岸交流中的作用》，《福建省社会主义学院学报》2013 年第 1 期。

杨娟、李杰、段业辉：《漫议网络新闻的主观性倾向》，《新闻与写作》2004 年第 8 期。

杨阳：《海峡两岸传媒语言差异研究》，硕士学位论文，山东大学，2011 年。

叶立：《网络新闻的叙事研究》，硕士学位论文，福建师范大学，2010 年。

袁毓林：《信息抽取的语义知识资源研究》，《中文信息学报》2002 年第 5 期。

袁毓林：《用逻辑和篇章知识来约束模板匹配》，《中文信息学报》2005 年第 4 期。

乐明：《汉语财经评论的修辞结构标注及篇章研究》，博士学位论文，中国传媒大学，2006 年。

乐明：《汉语篇章修辞结构的标注研究》，《中文信息学报》2008 年第 4 期。

张德禄：《语篇衔接与连贯的理论的发展及应用》，上海外语教育出版社 2003 年版。

张红：《批评话语分析视域下的新闻语篇分析中美新闻报道语篇比较》，硕士学位论文，中国海洋大学，2010 年。

张慧宇：《从"海峡两岸"节目嘉宾访谈看海峡两岸话语的差异》，《新闻与写作》2012 年第 4 期。

张佳佳：《中国大陆与台湾报纸之事件报道框架论析——以〈人民日报〉、〈联合报〉、〈自由时报〉对"三鹿问题奶粉"的报道为例》，硕士学位论文，南京理工大学，2010 年。

张磊夫：《汉英体育新闻的战争隐喻研究》，《新闻知识》2019 年第 11 期。

张权：《试论指示词语的先用现象》，《现代外语》1994 年第 2 期。

张晓坚：《选择与建构：两岸媒体对"赠台大熊猫"事件报道的比较研究——兼论海峡两岸文化的异同》，硕士学位论文，南京师范大学，2007 年。

张一凡：《大陆台湾报刊语言对比研究》，硕士学位论文，南京大学，2013 年。

张颖：《网络新闻话语建构的互文性分析》，硕士学位论文，中央民族大学，2012 年。

张跃：《政治新闻语篇的批评隐喻分析——以各国媒体对伊拉克问题的报道为例》，《话语研究论丛》2016 年第 2 期。

赵宏：《新闻语用研究》，中国社会科学出版社 2014 年版。

赵媛媛：《网络新闻文本结构模式探究》，硕士学位论文，郑州大学，2009 年。

郑贵友：《汉语篇章语言学》，外文出版社 2002 年版。

郑庆君：《汉语话语研究新探》，湖南教育出版社 2003 年版。

钟瑛：《论网络新闻的伦理与法制建设》，《新闻与传播研究》2000 年第 4 期。

周庆祥：《网路新闻：理论与实务》，风云论坛有限公司 2005 年版。

周子恒：《两岸新闻娱乐化现象的比较研究》，《东南传播》2014 年第 6 期。

朱小凤：《当代儿歌的隐喻现象研究》，硕士学位论文，江苏师范大学，2014 年。

朱永生、严世清：《系统功能语言学多维思考》，上海外语教育出版社 2001 年版。

朱永生：《话语分析五十年：回顾与展望》，《外国语》2003 年第 3 期。

朱永生：《概念意义中的隐性评价》，《外语教学》2009 年第 4 期。

祝克懿：《1949 年以来海峡两岸新闻叙事范式比较研究》，《信阳师范学院学报》（哲学社会科学版）2009 年第 5 期。

曾庆香：《新闻叙事学》，中国广播电视出版社 2005 年版。

Austin, J. L., *How to Do Things with Words*, Oxford: Oxford University Press, 1962.

Bell, Allan. & Garrett, Peter, *Approaches to Media Discourse*, Oxford: Blackwell, 1998.

Cappon, R. J., *Associated Press Guide to News Writing*, New York: Macmiallan, 1991.

Charteris-Black, J., *Corpus Approaches to Critical Metaphor Analysis*, Basingstoke: Palgrave MacMillan, 2004.

Danes, F., *Functional Sentence Perspective and the Organization of the Text*, Danes, F. (ed), Papers on Functional Sentence Perspective, Hague: Mouton, 1974.

Danes, F., "A Three-Level Approach to Syntax", *Travaux Linguistiqes de Prague*, Vol. 1, 1964.

De Beaugrande & Dressler, *Introduction to Text Linguistics*, London and New York: Longman, 1981.

Elizabeth Closs Traugott, *Subjectification, Intersubjectification and Grammaticalization*, Lieven Vandelanotte, and Hubert Cuyckens, eds. Berlin: De Gruyter Mouton, 2010.

Englebretson, Robert, *Stance taking in Discourse*, Amsterdam: John Benjamins, 2007.

Fairclough, N., *Discourse and Social Change*, Cambridge: Polity Press, 1992.

Fairclough, N., *Critical Discourse Analysis: the Critical Study of Language*, New York: Longman, 1995.

Fairclough, Norman, *Media Discourse*, London: Edward Arnold, 1995.

Fauconnier, G., Turner, Mark, *The Way We Think: Conceptual Blending and the Minds's Hidden Complexities*, New York: Basic Books, 2002.

Francis, G., "Theme in the Daily Press", *Occasional Papers in Systemic Lin-*

guistics, Vol. 4, 1990.

Halliday, M. A. K., *An Introduction to Functional Grammar*, London: Ewward Arnold, 1994.

Halliday, M. A. K. & Hasan, R., *Cohesion in English*, London: Longman, 1976.

Hasan, R., *Way of Saying: Way of Meaning*, C. Cloran, D. Butt & G., Williams (eds.), London: Cassell, 1996.

Jef Verschueren, *Understanding Pragmatics*, London: Routledge, 1998.

Jenny, L., "The strategy of from", In T. Todorov (ed.) (R. Carter trans.), *France Literary Theory Today*, Cambridge: Cambridge University Press, 1982.

John E. Richardson, *Analysing Newspapers: An Approach from Critical Discourse Analysis*, New York: Palgrave Macmillan, 2007.

Kozloff, S., "Narrative Theory and Television", In R. C. Allen (EDs), *Channels of Discourse, Reassembled Chiannels of Discouse*, Reassembled, London: Routledge, 1992.

Kristeva, J., *The Kristeva Reader*, Toril, Moi (ed.), Oxford: Basil Blackwell, 1986.

Labov, W. (ed.), *Sociolinguistic Patterns*, Philadelphia: University of Philadelphia Press, 1972.

Lakoff George, Johnson Mark, *Metaphors We Live by*, Chicago: University of Chicago Press, 1980.

Lakoff, George, *Women, Fire, and Dangerous Things*, Chicago, IL: University of Chicago Press, 1987.

Lakoff, G., "Metaphor and War: The Metaphor System Used to Justify War in the Gulf", In M. Putz (Ed.), *Thirty Years of Linguistic Evolution*, Amsterdam: John Benjamins, 1992.

Le Page, R. and Tabouret-Keller, A., *Acts of Identity: Creole-based Approaches to Language and Ethnicity*, Cambridge: Cambridge University, 1985.

Martin, J. R., *English Text*, Amsterdam: Bejamins, 1992.

Monika Bednarek, Helen Caple, *News Discourse*, London; New York: Continuum International Pub., Group, 2012.

Roger Fowler, *Language in the News: Discourse and Ideology in the Press*, London: Routledge, 1991.

Schiffrin, *Approaches to Discourse: Language as Social Interaction*, New Jersey: Wiley Blackwell, 1994.

Searle, J. R., *Speech Acts: An Essay in the Philosophy of Language*, Cambridge: CUP, 1969.

Traugott, E. C., "(Inter) subjectivity and (inter) subjectification: A reassessment", In K. Davidse, L. Vande lanotte & H. Cuyckens (eds), Subjectification, Intersubjectification and Grammaticalization. Berlin: de Gruyter, 2010.

Van Djik, *Macrostructures: An Interdisciplinary Study of Global Structures in Discourse, Interaction and Cognition*, Hillsdale, New Jersey: Lawrence Erlbaum, 1980.

Van Djik, *News as Discourse*, Hillsdale, NJ: Lawrence Erlbraum Associates, 1988.

Van Djik, *Ideology: A Multidisciplinary Approach*, London: SAGE Publications, 1998.

Van Leeuwen, Theodoor: "Genre and Field in Critical Discourse Analysis: A Synopsis", In *Discourse and Society*, London, Newbary Park and New Delhi: Sage, 1993.

Woolard, K., "Introduction: Language Ideology as a Field of Inquiry", In Schieffelin, B. B., Woodlard, K. A. & Kroskrity, P. V. (eds.), *Lan-*

guage Ideologies: *Practice and Theory*, Oxford: Oxford University Press, 1998.

Zhongdang Pana & Gerald M. Kosickib, "Framing analysis: An approach to news discourse", *Political Communication*, Volume 10, Issue 1, 1993.

附　　录

海峡两岸网络新闻语篇语料标注样例

编号：2019041501

范围：国际

题材：时事

标题：《世卫组织：利比亚军事冲突已致147人死亡614人受伤》

来源：中国新闻网

时间：2019年4月15日 11：12

一级图式：事件+反应+背景+后续事件

二级图式：导语事件+反应+背景+结果/反应+后续事件

结构关系：顺序

导语图式：信源+地点+时间+事实+结果/反应

【电头】中新网4月15日电【导语事件】【信源】据俄罗斯卫星网15日报道，世界卫生组织驻利比亚代表处发布消息称，自【地点】利比亚的黎波里【时间】4日【事实】爆发武装冲突以来，【结果】已造成147人死亡，另有614人受伤。据此前报道称，死亡人数为75人，受伤人数为320人。

【反应】世卫组织在社交网站"推特"上发布消息称："利比亚危机：147死亡和614人受伤。世卫组织已部署外科医疗队，帮助的黎波里地区一家医院内的伤员。"

【过去背景】2011年卡扎菲政权被推翻后，利比亚局势持续动荡。【组织背景】利比亚民族团结政府和军事强人哈夫塔尔领导的"国民军"是该国目前两支主要力量。【目前背景】"国民军"近日向民族团结政府控制的首都的黎波里进军，双方在的黎波里附近持续冲突。

据报道，【结果】"国民军"目前已取得对的黎波里以南的盖尔扬和索尔曼两市的控制。【后续事件】效忠利比亚民族团结政府的武装部队7日宣布，启动针对哈夫塔尔领导的"国民军"的"愤怒火山"军事行动。

编号：2019041701

范围：国际

题材：时事

标题：《利比亚爆内战　联合国安理会要求叛军对话》

来源：《自由时报》

时间：2019－04－17　21：55

一级图式：事件＋背景＋反应

二级图式：导语事件＋评析＋背景＋结果＋反应

结构关系：顺序

导语图式：人物＋时间＋事实＋地点＋结果＋反应

【电头】自由时报　即时　国际2019－04－17　21：55

〔实时新闻/综合报导〕【人物】利比亚反抗军领袖哈夫塔（Khalifa Haftar）于【时间】本月5日【事实】进攻【地点】首都的黎波里（Tripoli），【结果】至少造成800人罹难，2万人逃离原生地。【反应】联合国安全理事会（UNSC）于今日（17）召开会议，开始讨论要求利比亚停止战争的决议案，并希望尽速稳定局势。

【背景】综合媒体报导，2011年阿拉伯之春结束后，军事领袖格达费（Moammar Gadhafi）势力瓦解，反抗军领袖哈夫塔接收格达费遗留的军火,形成军事割据局面,除了联合国支持的黎波里中央政府与反抗军哈夫塔之外,还有数个军事组织分散各地,造成国内局势动荡不安。

【结果】根据报道,目前至少造成 800 人罹难,2 万人逃离原生地,【反应】联合国安理会今日召开会议,讨论停止利比亚内战的决议案,呼吁反抗军与联合国对话,尽速恢复和平稳定局势,确保首都的黎波里 300 万平民的安全。

后　　记

"行而不辍，未来可期，岁月不可辜负。"自 2009 年开始申报国家社科基金项目以后，几经更换选题，我终于在 2014 年以"新媒体环境下的海峡两岸网络新闻语篇对比研究"为题申报获得了立项（项目编号：14BYY056），至今已六年有余。在项目研究期间，遇到诸多困难，特别是由于技术原因，台湾地区的新闻网站只能打开《中时电子报》语篇语料，很难获得台湾地区其他新闻网站的新闻语料，以致一定程度上滞后了项目的研究进程。后期委托友人帮忙，获得了 2019 年 3 月 1 日至 5 月 31 日联合新闻网、《自由时报电子报》、中华日报新闻网、三立新闻网、东森新闻网等网站的新闻语篇语料，积累了近百万字的海峡两岸网络新闻语篇语料，在此基础上自建两岸网络新闻语篇文本语料库，才使得项目正常开展并于 2020 年 4 月顺利结项。本书即为项目的最终成果。

本书运用实证研究的方法，开展定性与定量结合的分析，从微观、宏观两大视角厘清两岸网络新闻语篇各自的文本结构要素，探讨两岸网络新闻语篇衔接与连贯的特点，从静态与动态两个视角剖析两岸网络新闻语篇结构范畴的呈现与推进，对比研究两岸网络新闻语篇内部与外部两个层面的衔接问题，深入系统地探寻两岸网络新闻语篇结构范畴的生成理据。在此基础上，本书结合具体的新闻案例，运用隐喻修辞理论对比研究两岸网络新闻语篇，定量分析修辞在两岸网络新闻话语事实建构与意识形态建构中运用形式与频率，考察隐喻修辞在两岸网络新闻话语建构中的功能与作用，探寻两岸网络新闻语篇语言过程与意识形态过程的互动结果。

本书在社会文化背景下，结合语用学、批判语言学、符号学等多门学科理论，以大陆地区新华网、人民网、中国新闻网等网站与台湾地区《中时电子报》、联合新闻网、《自由时报电子报》等的新闻语篇为语料，构建两岸网络新闻语篇对比研究的理论框架，展开微观与宏观、表层与深层的对比研究，具体涉及海峡两岸网络新闻语篇在语篇结构、衔接与连贯、图式选择、指示现象、隐喻运用、言语行为、互文性等领域。研究成果不足主要有三个方面。一是研究样本范畴有限。由于技术原因，获取的台湾地区网络新闻语篇语料大部分仅限于2019年3月1日至5月31日时段，研究只能在有限的语料范围内展开，研究所得观点或许偏颇。例如海峡两岸网络新闻语篇中的指示现象研究是以2019年5月27—29日关于美国总统特朗普访日的共计10篇海峡两岸网络新闻语篇为语料，研究样本范围实在有限，观点可靠性不足。二是对比分析深度有限。本课题的海峡两岸网络新闻语篇部分领域的研究只是描述现象、简单分析，原本设计的对比分析深度不够。例如：海峡两岸网络新闻语篇的篇际互文性分析不够深入。三是对海峡两岸网络新闻语篇的主观性、意识形态批判性分析不足。例如对海峡两岸网络新闻语篇的隐喻现象批判性分析没能完全展开，未能展现两岸网络新闻语篇隐喻现象的完整面貌。因此，本书研究尚需在研究样本范围方面有所拓宽，在海峡两岸语料对比分析方面有所挖深，在语篇批判性分析方面有所加强。

在本书的撰写过程中，我参阅了学界大量的相关研究成果，部分已经在书后的参考文献中列出，另有很多文献由于篇幅限制不能一一列出，在此一并感谢。本书得以顺利出版，要感谢江苏师范大学文学院院长沙先一教授和中国社会科学出版社编辑郭晓鸿老师的大力帮助，感谢江苏师范大学文学院汉语言教研室全体老师多年来的热情帮助，感谢江苏师范大学科文学院张晓雨老师对本书的认真校对。特别感谢中国修辞学会执行会长、上海市语文学会会长、《当代修辞学》杂志编委会主任胡范铸教授给予的巨大支持。胡老师看了书稿后不仅提出了修改意见，而且欣然作序，指出了本领域研究的发展方向，为本书增色良多。

海峡两岸的语言文化差异一直是国内外学界关注的研究热点之一，基于不同的情感与立场考察新闻事件，其观点自然会迥然不同。刻板印象、偏见与恐惧让海峡两岸新闻人观察、描述彼此地域的新闻事件发出不同甚至相反的论调与解释。新媒体技术的出现和发展逐渐改变了海峡两岸人们的生活方式和媒体使用方式。彼此的新闻信息沟通与交流可以借助发挥新媒体技术上的优势，与传统媒体形成合力，增强传播效果。对海峡两岸网络新闻语篇的研究，在一定意义上可以促进两岸新闻话语的互动，促进两岸人民友好交流，促进相互了解，打造两岸同胞共同的发声平台，建构更加开放、和谐的两岸交流公共领域。开展两岸网络新闻语篇进行全方位、多角度的对比研究显然是个非常重要的课题，同时也是一个难题。囿于本人的学术水平，书中难免存在各种缺憾，欢迎学界同仁多提宝贵意见、批评指正。

林　纲
2020 年 8 月于徐州